영적 전쟁
이렇게 승리하라

요단

영적 전쟁
이렇게 승리하라

2012년 7월 5일 | 제1판 1쇄 발행

지은이 | 제리 랜킨
옮긴이 | 서진영
펴낸이 | 안병창
펴낸데 | 요단출판사

주　소 | 158-053 서울특별시 양천구 목3동 605-4
기　획 | (02)2643-9155
영　업 | (02)2643-7290~1   FAX (02)2643-1877
등　록 | 1973. 8. 23. 제13-10호

ⓒ 요단출판사 2012

편집기획 | 이영림　　**편집** | 정연숙
디 자 인 | 이은주　　**제작** | 박태훈 권아름
영　　업 | 김창윤 정준용 이영은 송석훈

값 14,000원
ISBN 978-89-350-1425-5 03230

이 책의 성경 구절은 개역개정을 인용하였습니다.

이 책의 한국어판 저작권은 요단출판사가 소유하고 있습니다.
출판사의 사전 승인 없이 책의 내용이나 표지 등을 복제, 인용할 수 없습니다.

Copyright ⓒ 2009 by Jerry Rankin
All rights reserved.
Printed in the United States of America
978-0-8054-4880-1
Published by B&H Publishing Group Nashville, Tennessee
Translated and used by permission of B&H Publishing Group.
All rights reserved.

요단인터넷서점 www.jordanbook.com

SPIRITUAL WARFARE

The Battle For God's Glory

JERRY RANKIN

추천의 글

영적 전쟁에 관한 책들은 대부분 하나님보다는 사탄에, 성경 말씀보다는 일화에, 그리스도인의 훈련보다는 능력을 드러내는 데 초점을 맞추고 있다. 이 책은 당신이 생각해 보지 못한 영역으로 당신을 초대할 것이다. 당신이 동의하지 않는 부분도 있을 수 있다. 그러나 이 책은 영적 전쟁에서의 승리, 즉 매일의 삶을 하나님의 능력 안에서 살도록 인도할 것이다. 랜킨은 전 세계가 그리스도 중심의 승리를 거두기를 갈망하는 사람이다. 우리는 그에게서 이것을 배울 수 있다.

| 척 롤리스Chuck Lawless 박사
| 빌리 그레이엄 선교, 전도, 교회성장 학교 학장
| 남침례교신학대학 학장

우리의 이기심, 우리를 유혹하고 억압하는 환경, 보이지 않는 적의 어두운 힘과의 싸움에서 계속 승리를 거둘 수 있을까? 제리 랜킨은 이 질문에 대해서 분명하고 구체적인 성경적 근거를 가지고 확고하게 "그렇다"고 답한다. 이 책은 성경 말씀에 근거하고 있고, 복음주의적이며, 저자의 체험에서 나온 사례들에 기초하고 있다. 이 책은 승리하는 그리스도인의 삶을 살아가는 데 격려와 확신과 희망을 주는 길잡이가 될 것이다.

| 로버트슨 맥퀼킨Robertson McQuilkin 박사
| 콜롬비아 국제대학 명예총장
| 「성령 안의 삶」 「생명의 삶」의 저자

제리와 바비 랜킨은 하나님의 종들이 보이지 않는 적과 벌이는 치열한 전투에 대해, 그리고 하나님 나라의 사역을 막기 위해서 사용하는 온갖 방법에 대해 누구보다 잘 아는 사람들이다. 그리고 예상치 않은 적의 공격을 받았을지라도 어떻게 다시 두 발로 서서 두 배의 힘으로 이겨내는지에 대해서도 누구보다 잘 아는 사람들이다. 랜킨 박사야말로 전 세계에 흩어져 있는 수천 명의 선교사 군대의 전천후 지도자로서 하나님께서 전 세계에서 어떻게 일하고 계시는가를 말해 줄 수 있는 특별한 위치에 있다. 또한 그는 자신이 직접 보고 겪은 경험을 통해서 사탄이 어떻게 하나님의 역사를 막으려는지 말해 줄 수 있는 사람이다. 내가 아는 사람들 중에서 랜킨이야말로 이 전쟁이 얼마나 실제적인지, 또 여기에서 계속 승리하기 위해서는 어떻게 해야 하는지 가장 잘 알고 있는 사람이다. 그는 이 전쟁의 참전용사로서 성공하는 전술과 실패하는 전술이 무엇인지 알고 있다. 그는 이 전쟁에서 사랑과 용서의 역할이 무엇인지 알고 있다. 이것이 없이는 하나님의 나라는 분열되고 무너진다고 예수님은 말씀하셨다. 내가 랜킨을 좋아하는 가장 큰 이유는 교리에 관해서는 반석처럼 확고하지만, 이를 실생활에 적용하는 문제에서는 경직되어 있지 않다는 점이다. 이 책은 모두 예수님에 관한 것이며 예수님께서 어떻게 진실로 살아있는 사람들의 마음에 다가오시고 구원하시며 강하게 하시는지에 관한 것이다.

| 베스 모어Beth Moore
| 살아있는 증거사역Living Proof Ministries의 창시자

추천사문

　이 책은 성경의 중요한 주제이면서도 대다수의 사람들에게 거의 잊혀진 문제를 다루고 있다. 이 책의 내용은 제리 랜킨의 삶에서 나온 교훈이다. 나는 이를 옆에서 지켜보았다.

　우리가 이 땅에 사는 동안 이기심과의 전쟁에서 승리할 가망이 있는가? 우리를 유혹하고 억누르는 환경으로부터 자유로울 희망이 있는가? 보이지 않는 어두운 적의 힘으로부터 승리할 수 있는가? 랜킨은 확신에 찬 어조로 답한다. "그렇다!" "그렇다!" "그렇다!"

　그렇다면 이런 승리를 계속해서 경험할 수 있는 사람은 어떤 사람인가? 영적으로 뛰어난 소수의 사람들인가? "아니다!" "아니다!" "아니다!" 제리 랜킨은 말한다. 이 승리는 하나님께서 그의 모든 자녀들에게 탄생과 함께 주신 선물이다. 그러나 과연 어떻게 이 경험을 가질 수 있는가? 저자는 이 질문에 구체적이며 분명하고, 확고하고 살아있는 성경 말씀으로 답한다.

　이 책은 성경 말씀으로 가득 차 있다. 저자는 단순히 자신이 주장하는 바를 증명하기 위해서 성경을 인용하지 않는다. 말씀이 이야기 가운데서 능력으로 살아난다. 때로 그 해석에 동의하지 않을 수도 있다. 그러나 대부분은 말씀의 핵심적인 내용들이다.

　이 책은 또 강력하고 놀라운 사례들로 가득 차 있다. 나는 책을 읽고 쉽게 감동하는 사람이 아니지만, 이 책을 읽으면서는 여러 번 눈물을 흘렸다.

사례들이 너무나 확실해서 가끔은 읽기를 멈추고 하나님께 용서를 빌어야만 했다. 또 능력을 달라고 기도하기도 했다. 때로는 "예수님, 감사합니다"라는 말이 저절로 튀어 나왔다.

이 책은 저자의 배경에서 알 수 있듯이 누구보다도 선교사들에게 필요한 메시지다. 그러나 전 세계 여러 나라로부터 나온 사례들은 선교사가 아닌 사람들에게도 똑같이 유용하다. 왜냐하면 성경의 진리는 보편적이기 때문이다.

이 책은 또 복음주의적이다. 저자는 성경의 권위에 대해 완전히 확신하고 있지만 성령 충만한 삶에 관한 극단적인 가르침은 피하고 있다. 특정한 문제에 대해서는 이견이 있을 수 있지만 대다수의 사람들은 내가 그랬듯이 이 책에서 다음과 같은 것을 얻을 수 있을 것이다.

- 어떻게 약속된 삶을 살 것인가에 관한 분명한 지침.
- 성령과 함께한다는 깊은 확신.
- 전투에 가담할 큰 용기.
- 승리는 그리스도인의 타고난 권리라는 소망.

| 로버트슨 맥퀼킨Robertson McQuilkin

저자서문

그리스도인으로 가치 있는 삶을 살고자 하는 투쟁이 영적인 전쟁이라는 것을 내가 처음 깨닫게 된 것이 언제였는지는 확실치 않다. 열 살에 그리스도인이 되면서 나는 하나님과의 확실한 관계에 대해 의식하게 되었다. 예수 그리스도를 나의 구원자로 믿음으로써 내 죄를 용서받았다는 것을 알았다. 그러나 다른 한편으로는 나의 죄와 그리스도인으로서 합당하지 않은 태도와 행동들에 대해 더욱더 민감해졌다. 그것이 성령께로부터 온 죄에 대한 깨달음이라고 생각하지만 그 당시에는 부모님께 매를 맞거나 혼날 때 죄책감을 느끼는 정도였다. 믿음이 자라면서 진정으로 하나님의 말씀에 따라서 살기를 원했지만 나의 죄 된 옛 습성에 대한 승리는 요원하게 느껴졌다.

고등학교를 마치고 대학에 진학할 무렵 하나님께서 나를 사역자, 특히 선교사로 부르신다는 것을 확신하게 되었다. 그때 누군가가 C. S. 루이스가 쓴 「스크루테이프의 편지」*The Screwtape Letters*를 주었다. 그 책을 통해 나는 우리를 그리스도인으로 살아가지 못하게 하려고 결심한 원수가 있다는 것을 알게 되었다. 이 적은 주님을 위해서 살고 주님을 섬기려는 우리의 결단을 무너뜨리려 한다. 책의 내용은 이렇다. 루이스의 상상 속 인물인 스크루테이프라는 사탄이 그 부하 마귀 중의 한 명인 자기 조카 웜우드에게 보낸 편지로 되어 있다. 웜우드는 최근에 그리스도를 믿게 된 한 젊은 청년을 할당 받았다. 이 책은 웜우드를 책망하는 것으로 시작한다. 이 영혼에 대한 전투에서 패배한 것에 대해서 질책하는 것이다. 이 패배한 전쟁을 다시 돌이킬 수는 없기 때문이다. 그러나 사탄은 만약 적당한 전략과 지혜로운 전술을 사용한다면 이 남자가 하나님의 나라에 들어갈 수 없게 만들 수 있다고 확언한다.

이 편지들은 그리스도인들이 매일의 삶에서 패배하도록 하기 위한 충고들이다. 한 편지는 웜우드에게 그 청년으로 하여금 기도와 묵상을 게을리하도록 만들라고 조언을 하고, 또 다른 편지에서는 하나님 말씀의 진실성과 권위를 의심하게 만들라고 조언한다. 그렇게 하면 그는 완전히 능력이 없어질 것이고, 성령의 능력 안에서 성공적인 삶을 건설할 믿음의 기초가 없어질 것이기 때문이다. 당시 선교사가 될 꿈을 가지고 있던 내게 특별히 와 닿았던 전술은 주님을 섬기기 위해 앞으로 할 일에 대해 계획하도록 놔두라는 것이다. 그러나 늘 언젠가 할 거라고 생각하면서 이 계획을 계속 뒤로 미루게 하라는 것이다. 그렇게 하면 영원에 영향을 미칠 일을 현재 실행에 옮길 기회는 결코 갖지 못할 것이기 때문이다.

이 책을 통해서 나는 사탄이 아주 교활하고 교묘하게 우리를 죄로 유혹해서 하나님을 위해 살지 못하게 한다는 것을 깨닫게 되었다. 성령 충만한 삶을 살고자 하는 소망이 커짐에 따라 어려움도 더 크게 느껴졌다. 나는 이 어려움이 단순히 사탄이 어쩌다 가끔씩 덫을 놓아 유혹하는 것이 아니라 우리를 속여서 육적이고 자기중심적인 생활방식을 받아들이도록 하는 것임을 알게 되었다. 삶과 현실을 진리이신 하나님의 말씀이 아니라 나 자신의 감정과 경험으로 해석하려고 하는 것이 나의 갈등과 씨름의 원인이라는 것을 알게 되었다. 그리스도인으로서 성장하는 가운데 나는 잡을 수 없는 승리와 계속되는 패배에 좌절했다.

나는 죄와 의로움을 구별할 줄 알았고 이 전쟁에서 나 자신의 노력으로 이기려고 하기보다는 하나님의 은혜에 의지해야 한다는 것도 배웠다. 육적인 가치관과 부도덕한 생활방식에 대한 유혹은 줄어들었지만, 원수는 의심과 교만이라는 더욱 교활한 방법을 사용해서 나를 좌절시켰다. 내 마음 깊은 곳에 숨어 있는 불경건한 태도는 아직 완전히 십자가에 못 박히지 않은 나의 옛 습성의 증거였다. 선교지에서 마주 친 귀신들린 자와 영적으로 어두운 세상에서 악의 위압적인 존재를 통해 드러난 사탄의 힘과 지배의 외적 표현은 진짜 전쟁터가 우리의 내면이라는 것을 더욱 분명히 알게 해주었을 뿐이다.

이 책은 나의 순례를 통해 알게 된 것들을 나누기 위해서 쓰였다. 선교사역에서 은퇴한 나는 나의 경험을 신참 선교사들과 나누었다. 그들이 내가 겪은 것과 같은 투쟁에 시간을 소비하지 않고 적이 사용하는 문화적 장벽을 극복하는 문제뿐 아니라 선교를 위한 영적인 준비에 있어서 나보다 더 높은 승리의 고지를 점령하기를 바라는 마음에서였다. 여러 해 동안 이 자료는 남침례교 선교위원회에서 신임 선교사들을 훈련하는 자료로 사용되었다. 영적 전쟁에 관한 책이 이미 여러 권 있고, 나도 그 도움을 많이 받았지만 기본적으로 나의 초점은 성경이 이 문제에 관해서 어떻게 말씀하고 있는가 하는 것이다. 믿음은 세상을 이기는 승리다. 악한 자의 맹렬한 화살을 모두 막아내는 것은 믿음의 방패다. 그 믿음은 단순히 우리의 승리를 보장하신 예수 그리스도와 그분의 십자가 죽음에 대한 믿음뿐 아니라 우리의 적과 우리가 어떻게 이 싸움을 싸워야 하는지와 관련된 모든 하나님의 말씀에 대한 믿음이다.

이 책을 통해서 우리의 적과 영적인 전쟁에 관한 하나님의 말씀은 모두 승리라는 맥락에서 말씀하셨음을 알게 될 것이다. 그러므로 이 책을 통해서 여러분의 믿음이 성장하고 예수 그리스도 안에서 우리가 받은 승리를 확보

하여 하나님께서 영광을 받으시기를 기도한다.

나는 하나님을 영광스럽게 하는 삶의 모범을 보여준 많은 친구들과 동료들에게 빚을 졌다. 그들은 하나님의 진리를 증언하였고 내 안에 하나님을 영광스럽게 하는 순종의 삶을 살려는 불타는 열정을 계속 불어넣어 주었다. 그들은 나의 생각을 책으로 엮도록 격려해 주었다. 아내 바비의 지지와 도움에 대해 감사를 표한다. 그녀는 나의 문체에 대한 친절한 비평가로서 내가 하고자 하는 말을 잘 전달할 수 있도록 다듬어 주었다. 나의 친한 친구이자 동료인 척 롤리스Chuck Lawless와 클라이드 메도Clyde Meador, 일레인 메도Elaine Meador는 원고를 참을성 있게 꼼꼼히 읽고 내용과 표현을 다듬어 주었다. 원고 교정을 봐준 아니타 바우덴Anita Bowden과 기술적인 문제를 도와주고 사무적인 일들을 처리해 주고 이 책을 쓰는 데 필요한 개인적인 시간을 가질 수 있도록 내 스케줄을 조정해준 비서 폰세일 블레이크Fonceil Blake에게 특별한 감사를 전한다.

또한 B. N. H. 출판사의 직원들과 함께 일한 것은 특별한 기쁨이었다. 이 문제에 대한 책을 쓰는 것 자체가 영적인 전쟁이었다. 그러나 조지 윌리엄스George Williams와 데이비드 셰퍼드David Shepherd, 그리고 라이프웨이 기독교 자료Life Way Christian Resources의 존 크램프John Kramp는 참을성 있고도 끈질기게 몇 해 동안이나 이 책을 쓰도록 나를 격려해 주었다. 브래드 와그너Brad Waggoner, 토마스 월터스Thomas Walters, 킴 스탠포드Kim Stanford, 진 에켄로드Jean Eckenrode는 이 책을 진정한 공동저작으로 만들었다. 하나님 나라에 대한 이 책의 영향에 대한 그들의 분명한 비전은 단순한 출판과 판매를 넘어선 것이었다. 그들과 함께 일할 수 있었던 것은 축복이고 기쁨이었다.

| 제리 랜킨Jerry Rankin

그들은
종교적인 반대와 정부의 압력,
심지어는 박해에도 맞섰으며
적의 교묘한 전술,
즉 우리를 낙심시키고 주의를 분산시키고
패배시키려는 전술에
넘어가지 않았습니다.

그들은
하나님의 말씀에 대한 믿음으로
예수님이 사시고 인치신
승리를 선포했습니다.

그들은
자신의 목숨을 사랑하지 않고
죽음도 불사했기 때문에
하나님께서 영광을 받으셨습니다.

이 세상을 주님의 나라로 선포하기 위해서
사탄의 영역으로 위험을 무릅쓰고
선교지로 들어간 수천 명의 선교사들에게
이 책을 바칩니다.

CONTENTS

1장 영적 전쟁의 실재 … 16

2장 적의 본성 I … 44

3장 적의 본성 II … 78

4장 세상과의 싸움 … 106

5장 영과 육의 전쟁 … 136

6장 육을 부인하는 것은 고통을 수반한다 … 172

7장 사탄이 좋아하는 불화살 … 202

8장 사탄이 가장 좋아하는 무기, 시련 … 236

9장 승리의 기초 … 274

10장 하나님의 영광을 위한 궁극적인 승리 … 302

Note … 333

CHAPTER 1

영적 전쟁의 실재

> 우리의 씨름은
> 혈과 육을 상대하는 것이 아니요
> 통치자들과
> 권세들과
> 이 어둠의 세상 주관자들과
> 하늘에 있는 악의 영들을
> 상대함이라
>
> _에베소서 6:12

인도네시아 선교사로 파송된 지 몇 달 지나지 않았을 때였다. 새 언어를 배우고 열대의 기후를 즐기며 새로운 음식을 맛보는 즐거움과 친절하고 손님을 환대하는 인도네시아인들 사이에서 너무 순조롭게 적응하는 나 자신을 보며 예상했던 문화 충격을 겪지 않고 지나가는 것이 아닌가 하는 생각을 하기 시작했을 때였다. 어느 월요일 아침 집안일을 도와주던 순다인Sundanese[1) 아주머니가 완전히 정신이 나간 사람처럼 되어 출근을 했다. 그녀는 매주 주말마다 집에 다녀왔는데 이번에는 무슨 일이 있는 게 분명했다.

"왜 그래요? 무슨 일 있어요?" 우리는 걱정스럽게 물었다. 그녀는 딸이 귀신들렸다고 말했다. 우리는 그녀의 설명을 들어도 상황이 잘 이해가 되지 않았다. 그래서 자기 마을에 가서 딸을 위해 기도를 해달라는 그녀의 부탁에 선뜻 응할 수가 없었다. 우리는 그녀와 친한 관계였다. 그녀는 이슬람교도였지만 우리를 선교사로서 존경하고 그냥 나를 막연히 영적인 지도자 정도로 생각하고 있었다. 그녀에게는 우리가 이슬람교도인지 기독교인인지가 중요하지 않았다. 그냥 영적인 권위와 능력이 있는 사람이 자기 딸을 도와주기를 바랄 뿐이었다.

우리는 원래의 일정을 바꿔 주중에 그녀의 마을에 가서 딸을 위해 기도해 주겠다고 약속했다. 어떤 상황에 맞닥뜨리게 될지 알 수 없었기 때문에 나는 그 후 2, 3일간을 기도와 금식으로 보냈다. 마을은 아주 조용하고 평화스러워 보였다. 야자수 나무가 바람에 흔들리고 추수할 때가 된 논이 황금색으로 끝없이 펼쳐져 있었다. 가끔 개 짖는 소리와 아이들 노는 소리만이 정적을 깰 뿐이었다. 대나무를 엮어 만든 집들은 천정이 유리로 되어 있고 서로 가까이 붙어 있는 것으로 보아 한 공동체를 이루어 사는 것을 알 수 있었다. 반갑게 맞아주는 그들의 미소 띤 얼굴을 대할 때 잠시, 정말 그런 심각한 일이 있나 하는 생각이 들 정도였다.

그러나 햇살이 눈부신 마당에서 어두침침한 집 안으로 들어서자 처음에는 아무것도 보이지 않았지만, 차츰 한 예쁜 십대 소녀가 대나무 침대에 묶여 앉아 있는 것이 보였다. 찢어진 옷을 입고 온통 헝클어진 머리를 한 아이는 마치 짐승과 같은 소리를 내고 있었다. 우리가 방에 들어가자 그녀는 우리를 쏘아보며 분명하고도 완벽한 영어로 이렇게 말했다. "예수 그리스도는 하나님이 아니고, 무함마드가 가장 높으신 신의 종이다." '흠. 그렇지, 그것이 이슬람교도의 생각이지.' 나는 그녀의 말을 전혀 이상하게 생각하지 않았다. 그런데 집으로 돌아오는 길에 그 아이의 엄마가 말하기를 자기 딸은 그 외진 마을을 떠난 적이 없고 학교도 다닌 적이 없으며 영어도 배운 적이 없다는 것이었다!

우리는 예수님의 이름으로 기도를 했지만, 당시는 아무런 눈에 띠는 반응이나 결과가 없었다. 나는 달리 어떻게 해야 할지 알 수가 없었다. 그러나 이는 나를 각성하게 하는 경험이었다. "이런 일이 앞으로 인도네시아에서 마주 칠 일인가? 우리가 과연 이런 일을 대면할 준비가 되어 있는가?" 오래지 않아 우리는 복음이 선포되지 않고 예수님이 알려지지 않은 곳에서는 사탄의 힘과 권세가 상당히 크다는 것을 알게 되었다. 우리는 정말로 사탄의 영토에 발을 들여 놓은 것이다.

몇 달 뒤 우리는 가정교회를 시작하게 되었다. 예수님을 주님과 구원자로 고백할 준비가 된 사람들을 인도하는 중이었다. 나는 그들과 개인적인 대화를 통해서 그들이 성경공부와 말씀에 반응을 하고 있다는 것을 알 수 있었다. 흙바닥으로 된 집에 검은 피부의 자바인들이 꽉 차게 앉아 있었다. 흔들리는 어슴푸레한 등불에 그들의 눈이 희게 반사되었다. 창문은 호기심에 찬 이웃들의 그림자로 꽉 차 있었다. 나는 그들에게 개인적으로, 또한 동시에 집단적으로 예수님을 따르겠다는 기도를 하도록 요청할 때가 되었다고 생각했다. 신성하고 거룩한 순간이었다.

우리가 초청과 결단의 시간을 가지려고 하는 순간, 한 여인이 갑자기 소리를 지르며 웃기 시작했다. 그녀는 매주 교회에 나온 사람들 중의 하나로 늘 아주 정상이고 주의 깊게 말씀을 들었다. 그런데 갑자기 소동을 부리자 사람들은 다 놀라서 그녀를 조용히 시키려고 했다. 그러나 그녀는 계속해서 소리를 질렀다. 나는 그 순간 즉흥적으로 "예수의 이름으로 명하노니 조용히 해라!"고 말했다. 그녀는 갑자기 혼절할 것처럼 의자에 주저앉았다. 우리는 예배를 계속하자 그녀는 갑자기 자리를 고쳐앉더니 정신을 되찾았다. 그날 그녀는 예수님을 구원자로 영접했다. 사탄이 자기 지배 아래 있던 영혼을 잃어버리기 전에 최후의 발악을 한 것이었다.

해가 감에 따라 나는 점점 더 영적 전쟁에 대해서 민감해졌다. 선교지에 가기 전에 내가 사탄에 대해 어떤 생각을 가지고 있었는지는 나도 분명치 않다. 죄와의 투쟁에 대한 나의 생각은 영적인 전투보다는 개인적인 결단과 인간적인 노력에 더 초점을 두고 있었다. 그러나 선교지에 도착한 지 얼마 안 되어 그리스도가 알려지지 않은 곳의 문화에 드러난 사탄의 힘에 대한 의혹은 모두 사라졌다.

몇 해 뒤 우리는 인도네시아의 한 동료 선교사의 집을 방문했다. 그 집에 있는 동안 두 명의 대학생이 찾아왔다. 그들은 선교사 부부에게 영어를 배우고 있었는데 아주 사교적이고 유창한 영어를 구사했다. 그들은 미국인들을 만나서 영어 연습을 할 기회가 주어진 것을 기뻐하고 있었다. 이야기를 나누다가 아내 바비가 영적인 문제로 화제를 옮겼다. 그 선교사 가족으로부터 이미 복음을 전해 들었을 거라고 확신하고 아내는 두 젊은이에게 기독교 신앙에 대해 알고 있는지, 또 어떻게 생각하는지 물었다. 그러자 한 젊은이가 진땀을 흘리며 얼굴이 붉어졌다. 불편해하는 것이 분명했다. 그러더니 갑자기 벌떡 일어나 문 밖으로 뛰어나갔다. 또 다른 한 명이 친구의 갑작스런 행동을 사과하면서 가봐야겠다고 양해를 구한 뒤 떠났다. 선교사 친구에 따르면 그 젊은이가 아버지의 폭행으로부터 벗어나기 위해서 주술을 외우는 일종의 무당의사와 서약을 했다는 것이었다. 그 무당의사의 주술로 말미암아 그는 영적으로 묶인 상태가 된 것이다. 말하자면 마귀에게 자기의 영혼을 판 셈이었다.

그 젊은이가 지난 번 왔을 때는 영적인 문제에 관해 많은 질문을 했다고 한다. 선교사 친구는 자기가 하는 말이 단순히 자기의 말이 아니라는 것을 보여주기 위해서 그에게 성경을 건네주었다고 한다. 그런데 그가 "이건 글자가 없는 백지인데요"라고 말했다는 것이다. 분명히 글자가 인쇄되어 있음에도 불구하고 그는 계속해서 "백지잖아요. 아무 글자도 없어요"라고 말했다고 한다. 성경은 이 세상의 신이 사람들이 보고 듣고 알지 못하도록 보아도 보지 못하게 한다고 말씀한다(고후 4:3-4). 마음이 굳어지고 영적으로 장님인 사람들은 많이 있지만 사탄이 정말 문자 그대로 하나님의 말씀이 보이지 않게 한 이야기를 들으니 너무 놀라웠다.

서아프리카의 한 선교사는 아들이 귀신에 들린 한 남자의 이야기를 전해 주었다.

우리 아들이 한동안 밤마다 무서운 환상을 보더니 급기야 병이 들었다. 우리는 이슬람교의 지도자들과 우리 마을의 무당의사와 상의를 한 뒤 악령이 내 아들 아다무를 죽이기 전에 그에게 제물을 바쳐야 한다는 결론을 내렸다. 예식에 제물로 쓸 검은 염소 한 마리와 흰 닭 세 마리를 샀다. 예식 바로 전날 우리는 그 무당의사에게 가서 선물과 제물과 사례비를 주고 다음날 어떻게 해야 하는지 지도를 받았다.

　예식이 있기 전날 귀신이 아들을 찾아왔다. 아들은 온 마을이 떠나가도록 비명을 질렀다. 우리는 모두 아들이 그 영과 하나가 되는 것이 알라의 뜻이라고 믿었다. 예식을 진행하는 동안 닭의 목을 잘라서 그 피를 아들의 몸에 부었다. 그 순간 폰다 베리라는 이름의 강력한 영이 아들을 사로잡았다. 그는 우리가 여행할 때 지혜를 주고 안내를 해주겠다고 말했다. 마을에 있는 사람은 누구든지 여행을 떠날 때 반드시 그에게 가서 언제 떠나서 언제 돌아와야 하는지를 물어야 한다는 것이었다.

　그 영은 우리 아들을 모래에 뒹굴게 한 다음 떠났다. 예식이 끝나자 무당이 사는 아들에게 목에 걸고 있으라면서 아들과 영이 하나라는 것을 표시하는 부적을 주었다. 다음날 우리는 아들을 이슬람교 지도자에게 데리고 가서 팔에 두르는 부적을 또 하나 샀다. 이 부적에는 코란의 한 구절이 적혀 있어서 아들이 영에 사로잡힐 때 아들을 보호해 준다. 아들이 그렇게 강력한 귀신이 들린 후 나는 마을에서 굉장히 존경받는 사람이 되었다. 사람들이 여행을 떠나기 전에 아들의 영에게 지혜를 구하러 올 것이고 우리 가족은 많은 선물을 받게 될 것이다.

　당신이라면 이런 이야기를 어떻게 설명하겠는가? 단순히 우연의 일치거나 자연적인 현상일까? 아니면 어떤 영적인 힘이 나타난 것일까? 성경에는 마귀나 귀신이 등장하는데 그들은 예수님을 알아보았다. 예수님은 그들과 대화를 나누시고 그들을 쫓아내셨다. 단지 당시 사람들이 그렇게 생각했기 때문에 성경이 그들에게 맞춰주고 있는 것일까?

당시 사람들이 정신병이나 간질 발작, 기타 심리적인 현상들에 대해서 잘 몰랐기 때문에 귀신이 들린 것이라고 했던 것일까? 아니면 서구 사람들이 순진한 이성주의로 인해 영적인 세계의 현실을 이해하지 못하고 있는 것인가?

선교사들은 사탄과 마귀의 활동에 대해서 알고 있다. 서구 그리스도인들도 매일의 삶 속에서 사탄의 활동을 대면한다. 그러나 이를 인식하는 사람들은 드물다. 왜냐하면 사탄의 활동이 교묘하게 가장된 형태로 나타나고, 이를 그리스도인들이 이성주의적 세계관으로 평가절하하기 때문이다. 이것이 바로 이 책에서 다루는 것이다. 귀신들리는 현상이나 어떤 지역의 영, 대를 이은 저주, 혹은 겉으로 드러나는 이 세상에서의 사탄의 힘과 지배 등을 다루는 책들도 많이 있다. 그러나 이 책의 초점은 우리가 일상적인 삶에서 직면하는 사탄의 거짓말과 속임수와 공격이다. 사탄이 우리를 어떻게 패배하게 하고 우리가 받은 승리와 능력을 앗아가는지를 알아야 한다. 이것이 진짜 전쟁의 현장이다. 우리가 개인적으로 이 전쟁에서 마귀와 대항하여 승리할 때만 세상에서 널리 일어나는 외면적인 사탄의 역사를 대면할 준비를 갖출 수 있다.

이 책에서 우리는 영적인 전쟁의 현실과 적의 본성과 특징, 그가 잘 쓰는 전략들, 그리고 어떻게 매일의 삶에서 승리를 거둘 수 있는지를 살펴보고자 한다. 진리이신 하나님의 말씀을 통해서 사탄의 거짓말이 드러나고 믿음, 즉 하나님의 말씀에 대한 믿음이 승리인 이유를 알게 될 것이다.

영적 전쟁은 하나님의 목적이라는 맥락에서 이해해야 한다. 하나님은 우리 각자를 향해 특별한 목적을 갖고 계시지만 궁극적인 목적은 우리의 삶을 통해 영광을 받으시는 것이다. 성경은 여러 가지 말로 이를 강조한다. 로마서 8장 29절은 하나님의 목적은 우리가 그리스도의 형상으로 변화되는 것이라 말씀한다. "하나님이 미리 아신 자들을 또한 그 아들의 형상을 본받게 하기 위하여 미리 정하셨으니." 왜 하나님은 우리를 그리스도의 형상으로 만들기 위해서 미리 정하셨을까? 그것은 하나님을 영광스럽게 하기 위해서다. 사탄이 우리를 죄에 빠지도록 유혹하는 것도 하나님이 영광을 받지 못하시게 하기 위해서다. 우리에게는 우리의 삶을 통해서 하나님으로부터 그 영광을 빼앗으려는 원수가 있다. 우리가 그리스도의 형상으로 변화되고 그리스도처럼 살 때 하나님은 영광을 받으신다.

> 영적인 전쟁에서 귀신들림, 어떤 지역의 영, 혹은 대를 이은 저주보다 더욱 중요한 것은 우리가 일상생활에서 나타나는 사탄의 거짓말과 속임수를 물리치는 것이다.

이것이 하나님께서 우리를 구원하시는 목적이다. 구원의 목적은 단순히 지옥에서 건지는 것이 아니다. 타락으로 인해 잃어버렸던 그리스도의 형상을 회복하도록 하기 위해서 예수님께서 우리 죄의 대가를 대신 치르셔야 했던 것이다. 하나님이 우리를 은혜로 구원하시는 것은 단지 우리가 천국에서 영생을 누리게 하려는 것이 아니다. 그것은 우리가 그리스도의 형상으로 회복되는 데서 오는 보너스일 뿐이다.

바울은 에베소서 3장 16절의 기도에서 하나님의 목적을 이렇게 말한다. "그의 영광의 풍성함을 따라 그의 성령으로 말미암아 너희 속사람을 능력으로 강건하게 하시오며." 왜? 단순히 우리의 복과 혜택을 위해서일까? 그렇지 않다. 하나님의 영광을 위해서다. 이는 17절에 설명되어 있듯이 믿음으로 그리스도가 우리 안에 거하심을 통해서 이루어진다. 요한복음 15장 4절은 우리가 '그리스도 안에 거해야' 한다고 말한다. 요한일서 2장 6절은 "그가 행하시는 대로 자기도 행할지니라"고 권면한다. 에베소서 5장 18절은 "성령으로 충만함을 받으라"고 말한다. 이것은 모두 하나님께서 우리를 위해 행하시고 원하시는 것이다. 왜냐하면 우리가 그리스도 안에 거하고, 그리스도를 본받는 삶을 살고, 성령 충만하여 성령의 다스림을 받는 삶을 살 때 하나님께서 영광을 받으시기 때문이다. 단순히 우리를 위해서가 아니다. 하나님께서 우리를 구원하시고 대속하시고 하나님과의 관계를 회복하게 하시고, 그리스도 안에서 새 삶을 주시고 성령으로 충만케 하시는 것은 단순히 우리에게 복 주시기 위해서가 아니라 하나님의 영광을 위해서다. 그리스도인이 되는 것을 단순히 죄로부터 구원받는 것으로 생각하는 사람들이 많다. 그러나 하나님의 목적은 우리를 그의 아들의 형상으로 만드는 것이다. 우리를 죄에서 구원하신 것은 이를 위해서다. 하나님은 우리의 삶에서, 매일, 언제나, 우리의 모든 행동과 태도를 통해 영광 받기를 원하신다. 이것이야말로 하나님께서 하시는 모든 일과 우리에게 허용하신 모든 일의 목적이다.

우리 개인을 향한 하나님의 목적이 우리 삶에서 하나님께 영광을 받으시는 것이라면, 이 세상과 민족들을 향한 하나님의 목적은 무엇일까? 역시 영광을 받으시는 것이다. 이것이 하나님께서 전 세계의 민족과 백성들을 구원하시는 목적이다. 이것이 우리를 선교사역에 부르시는 이유다. 하나님은 시편 46편 10절에서 이렇게 말씀하셨다. "내가 뭇 나라 중에서 높임을 받으리라 내가 세계 중에서 높임을 받으리라." 하나님께서는 모든 나라와 백성들이 하나님을 찬양하고 높이기를 원하신다. 성경은 이를 반복해서 말해준다. 예를 들어 시편 96편 1~4절을 보자. "새 노래로 여호와께 노래하라 온 땅이여 여호와께 노래할지어다 여호와께 노래하여 그의 이름을 송축하며 그의 구원을 날마다 전파할지어다 그의 영광을 백성들 가운데에, 그의 기이한 행적을 만민 가운데에 선포할지어다 여호와는 위대하시니 지극히 찬양할 것이요 모든 신들보다 경외할 것임이여." 사탄은 당연히 하나님이 만민 가운데서 영광을 받으시는 것을 원하지 않는다. 그러므로 사탄은 우리가 하나님의 구원을 만민에게 선포하는 사명을 완수하지 못하도록 하기 위해서 전쟁을 일으킨다. 사탄은 또한 하나님께서 우리의 삶 가운데서 영광을 받는 것도 원하지 않기 때문에 우리의 개인적인 삶 속에서도 전쟁을 일으킨다.

성경에서 하나님께서 새 생명을 얻은 신자들에게 무엇을 주셨다고 말씀하고 있는지, 그런데 사탄이 어떤 거짓말로 우리를 속이는지 살펴보자.

- **평화** – "평안을 너희에게 끼치노니 곧 나의 평안을 너희에게 주노라 내가 너희에게 주는 것은 세상이 주는 것과 같지 아니하니라

너희는 마음에 근심하지도 말고 두려워하지도 말라"(요 14:27).
- **기쁨** – "내가 이것을 너희에게 이름은 내 기쁨이 너희 안에 있어 너희 기쁨을 충만하게 하려 함이라"(요 15:11).
- **능력과 힘** – "오직 성령이 너희에게 임하시면 너희가 권능을 받고 예루살렘과 온 유대와 사마리아와 땅 끝까지 이르러 내 증인이 되리라 하시니라"(행 1:8). "내게 능력 주시는 자 안에서 내가 모든 것을 할 수 있느니라"(빌 4:13).
- **승리** – "내가 너희에게 뱀과 전갈을 밟으며 원수의 모든 능력을 제어할 권능을 주었으니 너희를 해칠 자가 결코 없으니라"(눅 10:19).
- **거룩함과 축복** – "나의 하나님이 그리스도 예수 안에서 영광 가운데 그 풍성한 대로 너희 모든 쓸 것을 채우시리라"(빌 4:19). "그의 신기한 능력으로 생명과 경건에 속한 모든 것을 우리에게 주셨으니"(벧후 1:3).

우리는 이 모든 축복을 가지고 있다. 그리스도 안에 있기 때문이다. 이 축복들은 구원에 따라 오는 것이고 이것이 그리스도의 형상으로 회복된다는 말의 의미다. 우리는 평화, 기쁨, 능력과 죄에 대한 승리로 특징지어지는 삶을 위해서 투쟁하고 애쓸 필요가 없다. 하나님의 성령이 우리 안에 사시기 때문에 우리는 이 모든 것을 이미 받았다. 하나님의 말씀이 그렇게 말씀하시고 있다. "그런즉 누구든지 그리스도 안에 있으면 새로운 피조물이라 이전 것은 지나갔으니 보라 새 것이 되었도다"(고후 5:17).

이러한 약속의 말씀들은 낯익은 말씀들이다. 그러나 당신의 삶이 정말로 그러한가? 이런 것들이 당신의 일상생활의 특징인가? 아니면 매일 모든 상황에서 평화 가운데 거하지 못하고 걱정 근심 가운데 지내는가? 돈과 안정감, 자식들, 혹은 다른 문제들 때문에 근심하는가? 예수님은 우리에게 평화를 주셨는데, 그렇다면 그 모든 걱정들은 어디서 온 것인가? 분명 하나님께로부터 온 것은 아니다. 누가 예수님이 주신 평화를 빼앗아 가는가? 하나님께서 우리에게 온전한 기쁨을 주셨다는 말씀과는 반대로 낙심, 우울증, 내적인 혼란, 갈등과 싸우고 있는가? 누가 우리 마음의 생각을 비틀어서 예수님이 주신 것들을 의심하고 소홀히 여기게 만들고 있는 것일까?

전도를 하려고 하면 두렵고 주저되고 쑥스러워서 예수님의 증인이 되지 못하는가? 우리가 성령을 받았을 때 우리에게 능력을 주셨다는 증거는 어디로 갔는가? 승리 가운데 행하지 못하고 죄와 유혹과의 싸움에서 패배하고 그리스도인의 삶이 비그리스도인들과 별로 다를 게 없다고 생각하는가? 왜 하나님께서 이미 족하게 주셨다고 확언하신 축복을 받아들이는 대신 이 세상의 가치관과 세상적인 생각에 사로잡혀 자신의 편안함과 안정감을 찾는 데 많은 시간을 쏟는가? 하나님께서는 우리에게 필요한 모든 것을 주시겠다고 약속하셨다. 그런데 우리는 하나님이 실수하시거나 잊어버릴 경우에 대비하여 우리 스스로 필요를 채우려고 애쓴다. 우리는 하나님을 믿지 못하고 하나님의 부족한 것을 메워 드리려고 한다.

우리 내면에 거하시는 하나님께로부터 오는 경건과 거룩함 대신에 우리는 유혹과 정욕과 욕망의 충족을 놓고 씨름한다. 마치 이것들이 그리스도와 함께 십자가에 못 박히지 않은 것처럼. 히브리서 6장 9절은 말한다. "사랑하는 자들아 우리가 이같이 말하나 너희에게는 이보다 더 좋은 것 곧 구원에 속한 것이 있음을 확신하노라." 우리가 하나님의 말씀과는 상반되는 삶을 살고 있다면 누군가가 우리를 속이고 있는 것이 아닐까? 단지 우리의 연약함과 결단력 부족 때문일까, 아니면 우리를 패배하게 하려는 적이 존재하기 때문일까? 우리 삶 속에서 하나님께 영광을 돌릴 수 있는 모든 것을 앗아가려고 획책하는 자가 있는 것은 아닐까?

진실은 우리가 전쟁 중이라는 것이다. 전도와 선교의 결실이 너무 미미한 것이 현실이다. 우리는 기독교를 반대하고 거부하는 포스트모더니즘이 구축한 장애물에 순순히 굴복한다. 그러나 이것이 하나님께서 의도하신 방법일까? 복음전파에 저항하는 지역 선교사들을 방문해 보면 낙심하고 있는 경우가 많다. 나는 그들에게 묻는다. "하나님께서 이곳에서 무엇을 하기를 원하신다고 생각하시나요?" 그들의 대답은 흔히 "모르겠어요. 하나님께서는 이 사람들이 그리스도를 믿기를 원하시겠지요. 하지만 그 증거를 찾을 수가 없어요. 뭔가 반응이 있기만을 기대할 뿐입니다." 이런 태도는 도대체 어디서 온 것일까? 하나님께서는 "내가 하나님 됨을 알지어다 내가 뭇 나라 중에서 높임을 받으리라"(시 46:10)고 말씀하셨다. 예수님은 "내가 땅에서 들리면 모든 사람을 내게로 이끌겠노라"(요 12:32)고 하셨다. 누가 우리를 낙담케 하고 하나님의 말씀과는 반대되는 말을 믿고, 분명한 하나님의 뜻인 세계 선교가 어려움이 있다고 해서 물러서게 만드는가? 끈질기게 예수님을 증언하지 못하고, 아무리 해봤자 사람들이 반응하지 않을 거라고 믿게 만드는 것은 누구인가? 심지어는 전도나 선교에서 성공을 거둔 후에도 분열이나 도덕적 실패가 잇따른다. 우리는 내면에서 패배주의적인 생각과 끊임없이 싸워야 한다.

서아프리카에서 사역하는 선교사 부부의 편지가 생각난다. 그들은 이렇게 썼다. "우리는 결혼할 때 이혼이라는 단어는 절대로 입 밖에 내지도 말고 생각도 하지 말자고 다짐을 했습니다. 이혼이란 결코 있을 수 없다고 생각했습니다. 그래서 그런 생각조차 허용하지 않기로 했습니다. 심지어 살인이라는 단어가 떠오를 수는 있을지 모르지만, 이혼이라는 말은 생각도 하지 않기로 한 것입니다. 선교사로 임명을 받았을 때도 우리는 비슷한 결정을 했습니다. 우리를 이곳으로 인도하신 분은 하나님이시니까 사퇴라는 말은 입 밖에 내지도 않기로 한 것입니다. 어떤 대가를 치르든 하나님께서 인도하신 곳에서 하나님을 섬기는 것에 불순종하려는 생각은 애초에 떠올리지도 않기로 했습니다." 이어서 그들은 낙심과 질병, 집에 강도가 들고, 길에서 강도를 만난 일 등 서아프리카 선교사들이 대부분 겪는 어려움을 이야기했다. 이런 일들로 인해서 포기하고 귀국하는 선교사들도 있다. "그러나 우리는 귀국하지 않겠다고 결심했습니다. 우리는 하나님을 믿고 하나님의 소명에 순종할 것입니다."

어떻게 해서 사탄이 우리의 생각 속에 발 디딜 곳을 마련하고 우리를 낙심시키는 생각과 패배주의적인 태도를 불어넣는 것일까? 사탄은 어떻게 그리도 쉽게 우리로 하여금 우리 자신의 안락과 필요에 초점을 맞추게 하고 우리가 그것을 누릴 자격이 있다는 생각과 하나님께 불순종하려는 생각을 불어넣는 것일까? 우리의 자기중심적인 본성과 우리가 스스로 누릴 자격이 있다고 생각하고 원하는 것들 때문이다. 이 과정에서 하나님은 우리의 삶과 사역에서 받기를 원하시는 영광을 빼앗기신다. 우리가 전도를 게을리하거나 하나님의 뜻에 명백하게 불순종하는 일은 없을지도 모른다. 하지만 우리가 그리스도의 성품과 반대되는 행동을 하거나 그런 태도를 보일 때 하나님은 영광을 받지 못하신다.

그러나 이런 것을 영적인 전쟁이라고 생각하는 경우는 드물다. 이런 경우는 너무 흔하기 때문에 그냥 인간의 본성 때문이라던가, 혹은 영적으로 성숙하지 못해서 그렇다거나 믿음과 헌신이 약해서 그렇다는 식으로 넘어간다. 이것이 그냥 우리의 현실이고 정상적인 모습이라고 받아들인다. 그러나 사탄의 전략은 익명성을 필요로 한다. 드물게 사탄이 아주 공개적으로 드러내놓고 일을 벌일 때가 있다. 하지만 대부분의 경우 사탄의 속임수는 비밀스럽게 어둠 속에서 일할 때 가장 성공적이다. 사탄의 전략이 드러나서 사탄이 어떻게 하나님의 말씀을 왜곡하고 있는지를 알게 되면 우리는 곧장 저항할 것이다. 사탄의 속임수인 줄 깨닫지 못하기 때문에 그리스도께서 주신 것을 과소평가하고 하나님의 약속을 믿지 않는 것이다.

우리는 이 영적 전쟁의 현실을 인정해야 한다. 이것이 그저 우리가 매일매일 살아가는 생활의 정상적인 현실이라고 받아들일지 모르지만 이것은 하나님이 우리를 위해 뜻하신 것이 아니다. 반대로 이것은 사탄이 불어넣는 생각이다. 사탄은 자기를 드러내지 않으려고 하기 때문이다. 실제로 사탄과 그의 전술을 폭로하는 것이 사탄을 이기는 첫 걸음이다. 사탄은 어둠과 속임수 가운데서 가장 성공적으로 일하기 때문이다. 요한복음 3장 20~21절은 사탄의 행위를 이런 시각에서 보고 있다. "악을 행하는 자마다 빛을 미워하여 빛으로 오지 아니하나니 이는 그 행위가 드러날까 함이요 진리를 따르는 자는 빛으로 오나니 이는 그 행위가 하나님 안에서 행한 것임을 나타내려 함이라 하시니라."

지난 몇 해 동안 나는 선교사 오리엔테이션과 훈련시간에 이런 생각을 나눠왔다. 사실 나는 정말로 이런 연구를 하고 싶지 않다. 매번 어떤 형태든 공격을 당하리라는 것을 알기 때문이다. 꼭 무슨 일인가가 일어난다. 비판을 받거나, 나의 정직성을 의심하는 편지나 전자메일이 오고, 동료와의 사이에 오해가 생기는 등 완전히 비정상적인 일이 발생한다. 마음속에 분이 치밀면서 내 안에서 이런 목소리가 들린다. "네가 누군데 영적인 전쟁에 대해서 말하고 영적인 승리를 선포하는 거냐?" 회의가 들면서 자격이 없다는 생각이 나를 사로잡는다. 갑자기 강의 노트가 순전히 말뿐이고 확신이 결여되어 있으며, 진정한 내 경험에서 나온 것이 아닌 것처럼 느껴진다. 이런 일들이 어김없이 일어나기 때문에 나는 종종 영적 전쟁에 대해서 그냥 가르치지 않는 편이 낫겠다는 생각이 든다. 영적 전쟁에 대해 가르치는 동안 나만이 아니라 다른 사람들에게도 종종 뭔가 이상한 일들이 일어난다. 갈등이 일어나고 주의가 분산되는 일들이 생긴다. 사탄은 우리의 주의를 분산시키고, 의심을 불어넣고 개인적인 공격을 가한다. 여러분도 이 책을 읽는 동안 하나님의 보호를 구하기 바란다. 사탄은 당신이 사탄에 관한 성경 말씀을 알고 삶에 적용하기를 원하지 않기 때문이다. 사탄은 드러나기를 원하지 않고 우리가 하나님이 주신 승리를 선포하기를 원하지 않는다.

성경은 반복해서 우리에게 깨어있으라고 경고한다. 우리는 이런 경고를 너무나 쉽게 넘겨버리고 하나님께서 우리에게 하시는 말씀을 너무나 가볍게 무시한다. 전투부대가 가장 위험할 때는 적이 가까이 있지 않다고 생각할 때다. 적이 수백 킬로미터 떨어져 있다고 생각하고 느긋하게 쉬려고 생각할 때가 가장 위험하다. 적이 바로 언덕 너머 있고 언제든지 쳐들어오리라는 것을 알면 병사들은 정신을 똑바로 차리게 된다. 이것이 바로 성경이 영적인 적에 대해 말하는 바다. 성경은 수도 없이 반복해서 우리의 적이 울부짖는 사자처럼 우리를 삼키려고 한다고 말한다. 이 적은 항상 우리 곁에 있으며 언제든지 공격하려고 호시탐탐 노리고 있다. 성경은 그의 전술을 알려준다. 우리는 확고히 서서 깨어있어야 한다. 마귀에게 틈탈 기회를 주면 안 된다. 그를 대항하라. 그런데 누가 이 모든 경고를 무시하게 하는가? 우리 생각 가운데 이러한 경고에 깨어있지 못하게 하는 자가 누구인가? 우리 삶 속에 그리스도의 영과 하나님이 우리를 부르신 거룩하고 믿음 있는 삶과는 반대되는 일이 일어날 때 이를 인식하지 못하게 하는 것은 누구인가?

기도나 성경공부 중에 마음이 딴 데 가 있었던 적이 있는가? 나의 아내 바비와 나는 대개 매일 아침묵상을 한 뒤 같이 기도를 한다. 때로 바비는 내게 묻는다. "오늘은 어느 구절을 묵상했어요?" "음, 레위기 16, 17, 18장이요." "하나님이 당신에게 뭐라 말씀하셨어요?" 나는 가끔 말을 더듬는다. "음, 당신도 알잖아요. 레위기 16, 17, 18장." 방금 읽은 말씀이 기억이 나지 않는 것이다! 아침에 기도할 때도 이런 일이 자주 있다. 할 일과 기도제목이 산적해 있다. 이 모든 것에 대해 다 기도를 하지 못한다. 나는 이 모든 일에 대해서 마음을 쏟아놓기 시작한다. 그러다가 갑자기 내가 전혀 기도하지 않고 있다는 사실을 깨닫는다. 그러나 난 그냥 불안해하고 고민하고 있을 뿐이다. 내가 할 일과 계획을 생각하고 있을 뿐이다. 하나님과 대화하고 하나님께 예배를 드리는 것이 아니라 단지 내가 할 일을 생각하고 있을 때가 많다.

이런 일이 단순히 일어난 것일까? 나의 의도는 하나님과 교제하고 기도함으로써 하나님을 영광스럽게 하는 것이었다. 물론 나만 그럴 수도 있다. 하지만 우리의 적이 있어서 끊임없이 하나님과의 대화에 끼어들고 아버지와 친밀한 시간을 갖는 것을 방해하는 것은 아닐까? 나로 하여금 온전한 축복을 경험하고 하나님께서 내 안에 드러내고자 하시는 것에 대한 확신을 갖지 못하도록 하는 존재가 있는 것은 아닐까? 우리를 속여서 이런 일들이 그냥 생긴 일이고 기도할 때 하나님께 집중하고 하나님의 말씀을 이해하기가 어렵다고 생각하게 만드는 것은 아닐까?

당신은 "마귀를 무시하라, 그러면 도망갈 것이다"라는 말을 떠올릴

지도 모른다. 우리는 대개 실제로 마귀를 무시한다. 마귀에게 아무런 주의도 기울이지 않는다. 그러나 마귀를 무시하고 마귀를 대적하라는 성경 말씀을 무시하는 것은 마귀의 속임수에 넘어가는 길이고 마귀에게 마음을 활짝 열어놓는 길이다.

영적인 전쟁에 대한 잘 알려진 성경구절을 보자. 영적 전쟁을 염두에 두고 성경을 읽어 보면 성경이 이 주제에 대해 얼마나 많이 말씀하고 있는지 놀라게 된다.

끝으로 너희가 주 안에서와 그 힘의 능력으로 강건하여지고 마귀의 간계를 능히 대적하기 위하여 하나님의 전신 갑주를 입으라 우리의 씨름은 혈과 육을 상대하는 것이 아니요 통치자들과 권세들과 이 어둠의 세상 주관자들과 하늘에 있는 악의 영들을 상대함이라 그러므로 하나님의 전신 갑주를 취하라 이는 악한 날에 너희가 능히 대적하고 모든 일을 행한 후에 서기 위함이라(엡 6:10-13).

근신하라 깨어라 너희 대적 마귀가 우는 사자 같이 두루 다니며 삼킬 자를 찾나니 너희는 믿음을 굳건하게 하여 그를 대적하라(벧전 5:8-9).

또 아는 것은 우리는 하나님께 속하고 온 세상은 악한 자 안에 처한 것이며 (요일 5:19).

우리가 육신으로 행하나 육신에 따라 싸우지 아니하노니 우리의 싸우는 무기는 육신에 속한 것이 아니요 오직 어떤 견고한 진도 무너뜨리는 하나님의 능력이라 모든 이론을 무너뜨리며 하나님 아는 것을 대적하여 높아진 것을 다 무너뜨리고 모든 생각을 사로잡아 그리스도에게 복종하게 하니(고후 10:3-5).

모든 것 위에 믿음의 방패를 가지고 이로써 능히 악한 자의 모든 불화살을 소멸하고(엡 6:16).

그런즉 너희는 하나님께 복종할지어다 마귀를 대적하라 그리하면 너희를 피하리라(약 4:7).

사탄이 그리스도와 교회, 하나님 나라의 확장, 그리고 하나님을 영광스럽게 하는 능력과 축복과 승리와 성령 충만을 경험하고 있는 개개인들을 완전히 반대한다는 것은 분명하다. 영적인 실패, 불화, 갈등, 육적인 생활, 세상적인 삶들의 배후에는 사탄이 있다. 사탄은 우리를 패배시키고 하나님께서 우리에게 주신 모든 것을 빼앗음으로써 하나님께서 우리 삶에서 영광을 받지 못하시게 하려고 획책한다.

요한복음 10장 10절에서 예수님은 우리에게 이렇게 경고하셨다. "도둑이 오는 것은 도둑질하고 죽이고 멸망시키려는 것뿐이요 내가 온 것은 양으로 생명을 얻게 하고 더 풍성히 얻게 하려는 것이라." 그리스도는 우리에게 승리를 주셨다. 그는 우리가 그분의 소명을 완수하고 그를 위해 살기 위해서 필요한 모든 것을 주셨다. 그러나 사탄은 우리에게서 그리스도가 주신 기쁨과 평화를 빼앗아 간다. 사탄은 우리에게 하나님을 잘 섬기고 증언할 능력이 있음을 의심하게 만든다. 그는 우리를 속여 하나님의 뜻과 어긋나는 것을 받아들이도록 만들어 그리스도 안의 거룩한 삶과 축복을 빼앗아 간다. 우리가 그리스도를 믿고 새 생명을 얻었을 때 사탄은 이미 우리 영혼에 대한 싸움에서 진 것이다. 우리는 하나님께 속하였기에 사탄은 결코 우리를 되찾을 수 없다. 그러나 하나님의 영광을 시기하는 사탄은 이에 대한 보복으로 모든 방법을 동원하여 우리를 패배시키고 우리가 그리스도 안에서 얻은 승리를 앗아 가고자 한다.

사탄은 거짓말을 하고 속임수를 써서 우리 마음에서 하나님의 진리를 왜곡시키고 하나님의 말씀을 믿지 않고 우리 자신의 시각으로 상황을 보게끔 한다. 우리는 흔히 아침에 눈을 뜨면서 사탄의 거짓에 속은 상태로 하루를 시작한다. 어찌 된 일인지 자명종이 또 울리지 않아서, 결국 늦잠을 자고 말았다. 아이들은 아침부터 티격태격하고, 바깥에는 비가 부슬부슬 온다. "아이구, 또 지겨운 하루가 시작되었구나!" 이미 패배한 자세로 하루가 시작된다. 하나님의 말씀과 반대되는 이런 생각을 심는 것은 누구인가? 하나님께서는 "이 날은 여호와께서 정하신 것이라, 이 날에 우리가 즐거워하고 기뻐하리로다"(시 118:24)라고 말씀하신다. "여호와의 인자와 긍휼이 무궁하시므로 우리가 진멸되지 아니함이니이다 이것들이 아침마다 새로우니 주의 성실하심이 크시도소이다"(애 3:22-23). 당신은 하나님의 생각대로 생각하는가? 하나님의 진리를 받아들이는가? 하나님께서 말씀해 주시는 대로 현실을 보는가? 아니면 사탄이 우리 마음에 불어넣는 생각대로 우리의 일상의 경험과 환경을 해석하는가? 사탄은 끊임없이 우리에게 말을 걸어서 교묘하게 비뚤어진 생각을 불어넣어 결국 하나님의 말씀과는 반대되는 태도를 취하게

끔 만든다. 사탄은 하나님 말씀의 진실성을 부인하게 만들고 본성과 습성에 굴복하게 하며, 하나님께서 우리에게 주신 승리를 무효화한다.

고린도후서 2장 11절은 사탄에 대해 이렇게 말한다. "우리는 그의 계책을 알지 못하는 바가 아니로라." 사탄의 계책을 모르면 마귀에게 패하여 세상을 따라 살게 되고 육신에 따라 타락한 삶을 살게 된다. 사실상 우리에게는 삼중의 적이 있다. 마귀가 우리를 대적한다. 세상이 우리의 주의를 분산시킨다. 또 우리 안의 육(죄 된 옛 습성)이 우리를 타락시키려고 한다. 이 세 가지가 협력해서 우리를 패배시키고 우리 삶에서 하나님의 영광을 빼앗고자 한다. 전쟁터는 우리의 삶, 우리의 영혼이다. 사탄은 우리의 죄 된 옛 습성을 이용하여, 옛 습성이 아직도 십자가에 못 박히지 않았고 무력해지지 않았다는 확신이 들게 한다. 그러나 하나님께서는 우리의 옛 습성이 이미 십자가에 못 박혔다고 말씀하셨다. 그리스도가 승리하셨지만 우리가 하나님을 주인으로 삼아 순종하지 않고 이 세상의 가치관과 세상의 유혹들에 이끌릴 때, 우리는 하나님의 능력과 그 승리의 현실을 빼앗긴다. 우리가 현세에 사는 동안 사탄은 우리의 옛 자아를 이용해서 우리의 생각과 가치관을 지배하려고 할 것이다. 영적 전쟁은 우리가 날마다 마주치는 현실이다.

C. S. 루이스는 「스크루테이프의 편지」에서 우리가 흔히 상반되는 두 가지 잘못을 범한다고 말한다. 하나는 사탄의 존재를 믿지 않는 것이고 다른 하나는 사탄의 존재를 지나치게 의식하는 것이다. 두 가지 모두가 사탄을 기쁘게 하는 것이다. 우리는 이 두 가지 위험을 다 경계

해야 한다. 사탄의 존재와 영적인 어둠의 세력이 존재한다는 것을 믿지 않으면 사탄의 공격에 아주 취약한 상태에 놓이게 된다. 이것은 하나님 말씀의 진실성을 부인하는 것이고 그러한 의심은 사탄에게 문을 열어놓는 것이다. 그러나 한편으로 사탄을 지나치게 의식해서 모든 일에 대해서 사탄이 나로 하여금 그렇게 하게 만들었다든지, 모든 일 뒤에 마귀가 숨어 있다든지 하는 태도를 취하게 되면 사탄에게 실제보다 더 큰 능력과 권세를 주는 것이다. 적을 지나치게 의식하는 것은 사탄의 속임수에 넘어가는 것으로, 결국 이것은 우리를 사탄의 시각으로 보고 생각하고 행동하게 만든다. 우리는 하나님의 말씀을 믿고 하나님께서 우리에게 주신 승리를 현실로 받아들여야 한다.

> 마귀는 우리와 맞서고, 세계는 우리를 둘러싸며, 육은 우리 안에서부터 협력하여 우리가 그리스도인다운 삶을 살지 못하게 하려고 획책한다.

우리는 또한 성령과 관련해서, 특히 영과 육의 싸움에 관한 문제에 있어서 사탄에 대해 잘못된 생각을 하는 경우가 많다. 우리는 흔히 영과 육이 서로 대등한 것처럼, 마치 이 둘이 우리의 행동을 통제하려고 서로 싸우고 있는 것처럼 생각한다. 선과 악 사이의 전쟁이 있는 것은 사실이다. 사탄은 우리가 자기를 따르도록 유혹하고, 성령께서는 우리를 하나님의 소유로 만들기 위해서 질투하신다. 그러나 우리는 이 전쟁에 대해 잘못 생각할 때가 많다. 사탄이 사실상 갖고 있지 않은 힘을 가지고 있다고 생각해서 자신의 이기적인 습성, 죄 된 습성에 굴복하고 육적이고 세상적인 가치를 받아들이는 것이다. 사탄이 그런 힘이 있다는 생각은 그의 속임수에 의한 환상일 뿐이다.

우리 안에 사시는 성령님이 누구신가? 그분은 전능하신 하나님이시다. 모든 능력과 권세를 받으신 예수 그리스도시다. 그러나 사탄은 누구인가? 사탄은 피조물이고 타락한 천사에 불과하다. 성경에서 천사란 '사자' messenger를 뜻한다. 천사들은 하나님을 예배하도록 창조된 영적인 천상의 존재들로 사자의 역할을 부여받았다. 사탄도 사자이며 주로 우리 마음을 향해 말한다. 구약에는 사탄이 일으킨 재난과 고난의 이야기가 있다. 예수님은 사탄의 멍에에 묶인 여인에 대해서 이야기하셨다. 그러나 사탄은 하나님께로부터 받지 않으면 이 육적인 세계에 대해 아무런 힘이 없다. 만약 사탄이 이 육적인 세상에 대해서 권세와 능력을 부여 받았다면 고속도로는 교통사고가 난 차들로 즐비할 것이고, 모든 사람들이 암에 걸릴 것이다. 그러나 사탄에게는 이렇게 삶을 파괴할 능력이나 자유가 없다. 욥의 경우에서 알 수 있듯이 사탄은 하나님께로부터 허락을 받지 않고는 아무것도 할 수 없으며 하나님께서 욥에게 육의 고난을 주도록 허락하신 유일한 이유는 궁극적으로 하나님께서 영광을 받으시기 위해서였다. 하나님께서는 전 세계의 주권자이시며 사탄은 겨우 메신저에 불과하다. 그것도 타락한 천사일 뿐이다. 그의 능력과 권세란 우리의 마음을 향해 말하는 것뿐이며 그의 전략은 우리를 속여서 하나님의 말씀과 반대되는 거짓말을 믿도록 하는 것이다.

그 한 사례는 로마서 8장 28절이다. "우리가 알거니와 하나님을 사랑하는 자 곧 그의 뜻대로 부르심을 입은 자들에게는 모든 것이 협력하여 선을 이루느니라." 우리는 우리에게 일어난 일에 대해서 하나님을 원망하지 않는다. 하나님의 주권과 섭리를 인정한다. 즉 하나님은 인생의 어떤 재난이나 비극이나 슬픔으로부터도 선을 이루실 수 있는 권세와 능력이 있으시다. 하나님은 이것들을 우리의 행복을 위해 사용하실 수 있다. 그러나 사탄은 하나님처럼 모든 시험과 역경을 일어나게 할 수 없다. 그러나 만약 우리가 하나님보다 사탄을 믿는다면 사탄은 이같은 상황을 사용해서 악을 이루고 우리를 패배하게 한다. 그는 하나님의 진리를 왜곡시키고 거짓을 가지고 우리가 처한 상황과 매일의 생활에 대한 우리의 시각을 바꾸려고 한다.

바울은 데살로니가의 성도들이 핍박과 역경 속에서도 믿음을 지킨 것을 칭찬했다. 그는 그들을 위해 이렇게 기도했다. "우리 하나님과 주 예수 그리스도의 은혜대로 우리 주 예수의 이름이 너희 가운데서 영광을 받으시고 너희도 그 안에서 영광을 받게 하려 함이라"(살후 1:12). 지금 데살로니가 교인들이 고난을 받고 있지만 하나님께서 사탄에 대해 승리를 거두게 하셨다고 말한다. "주는 미쁘사 너희를 굳건하게 하시고 악한 자에게서 지키시리라"(살후 3:3).

잭 테일러Jack Taylor는 「마귀에 대한 승리」Victory over the Devil[2]라는 책에서 이렇게 썼다. "우리는 전투가 벌어지고 있다는 사실을 알아야 하고, 주님의 편에 서기를 선택해야 하고, 주님이 승리하셨다는 것을 선포해야 하며 승리에서 승리로 나아갈 것을 결단해야 한다." 영적인 전쟁에서 승리를 거두는 데 첫 번째로 중요한 것은 이 전쟁의 현실을 인식하는 것이다. 매일매일 전투가 벌어지고 있다는 것을 아는 것이다. 그다음으로 적의 책략과 전술을 알고 이해해야 하고, 주님의 편에 서기를 택해야 한다. 그리고 우리가 주님 안에서 모든 일을 할 수 있음을 확실히 믿어야 한다. 우리는 그리스도 안에서 하나님께서 우리에게 주셨다고 말씀하신 모든 것을 가지고 있다. 그렇지 않다고 말하는 사탄에게 속아 넘어가서는 안 된다. 우리는 그리스도께서 이미 승리하셨으며 우리도 승리할 수 있다는 것을 선포해야 한다.

CHAPTER 2

적의 본성 I

> 큰 용이 내쫓기니
> 옛 뱀 곧 마귀라고도 하고
> 사탄이라고도 하며
> 온 천하를 꾀는 자라
> 그가 땅으로 내쫓기니
> 그의 사자들도
> 그와 함께 내쫓기니라
>
> -요한계시록 12:9

나와 아내는 23년간 아시아에서 선교사로 일했다. 그 후 나는 국제 선교위원회의 회장으로 임명되어 버지니아 리치몬드로 이사를 하게 되었다. 우리는 그때까지 오지에서 살았기 때문에 미국으로 가지고 올 만한 물건이 별로 없었다. 집을 사고 가구를 들여놓고 실내 장식을 해야 했다. 실내 장식에 대해 의논하던 중 아내는 "방마다 하나님의 말씀을 걸어놓고 싶어요"라고 말했다. 아내의 말은 '하나님께서 우리와 함께 하시고 우리가 하나님께 속한다는 것을 상기시켜 주는 것을 방마다 다 놓고 싶다'는 뜻이었다.

나는 그때 영적인 전쟁에 관해 연구하고 있었다. 나는 생각했다. '사탄도 어쩌면 지옥의 모든 방과 복도마다 하나님의 말씀을 붙여놨을지도 몰라.' 사탄이 특히 붙여놓았으리라고 생각되는 구절은 마태복음 24장 14절이었다. "이 천국 복음이 모든 민족에게 증언되기 위하여 온 세상에 전파되리니 그제야 끝이 오리라." 왜 사탄이 이 말씀을 그렇게 좋아할까? 사탄은 끝이 올 것을 알고 있고 그 의미도 분명히 알고 있다. 그때 그의 모든 사악함과 속임수가 다 끝날 것이다. 사탄과 그의 모든 귀신들은 불못과 어둠 속으로 던져질 것이다. 그러나 예수님은 복음이 전 세계 모든 민족에게 전파되기 전에는 끝이 오지 않을 것이라고 말씀하셨다.

사탄이 선교사들을 받아들이지 않는 독재 정권과 관련이 있을까? 이 전략은 소련과 동유럽에서 70년 동안 유용했다. 그러나 이 장벽은 하나님의 섭리 안에서 무너졌다. 그 지역에서는 더이상 이 전략을 사용할 수 없게 되었다.

우리가 전 세계 소수민족의 관점에서 선교사역을 이해하기 시작한 것은 겨우 20여 년 전의 일이다. 이제 우리의 과제는 단순히 지도상에 나타난 모든 국가들에 선교사를 파송하는 것이 아니다. 예수님은 우리에게 전 세계의 모든 족속들(모든 언어, 민족, 문화 집단)을 제자 삼으라고 명령하셨다. 그 전에는 단위를 나라로 생각했기 때문에 엄청나게 많은 사람들에게 우리의 생각이 미치지 못했고, 그 결과 많은 사람들이 선교 대상에서 누락되어 아직도 복음을 들어보지 못한 사람들이 있다. 이것도 사탄과 관계가 있을까? 그럴지도 모른다. 그러나 확실한 것은 수세기 동안 성공적이었던 이 전략을 사탄이 더이상 사용할 수 없게 되었다는 것이다. 연구를 통해 지구상에 천 백 개 이상의 소수민족이 존재하고 있다는 것이 밝혀졌고 이 사람들에게 복음을 전하기 위해 체계적인 계획이 세워지고 있다.

그러나 사탄에게는 하나님의 나라와 영광의 진전에 반대하는 또 하나의 전략이 있는 것 같다. 어쩌면 이것이 가장 효과적인 전략인지도 모른다. 즉 그리스도인들로 하여금 선교가 선택이라고 생각하도록 속이는 것이다. 선교에 참여할 수도 있고 안 할 수도 있다고 믿게 만드는 것이다. 남침례교단은 5천 명의 선교사를 자랑하지만 이것은 전체 교인의 0.03퍼센트에 불과하다. 우리 교단의 4만 3천여 개 교회가 해외 선교에 쓰는 예산은 전체 예산의 2.5퍼센트에 지나지 않는다. 사탄은 모든 나라와 족속에게 복음이 전해지는 것을 효과적으로 막음으로써 예수님의 말씀이 실현되는 것을 방해하고 있다.

우리가 주님을 위해서가 아니라 자신을 위해서 살 때, 우리가 남들을 축복하고 품성을 향상시키는 데 도움이 되지 않는 말과 행동을 할 때, 그리스도의 품성과 인격에 반대되는 행동을 할 때, 사탄은 승리하고 하나님의 영광을 앗아간다.

> 영적인 전쟁에서의 승리는 공식이 아니라 예수님께서 이미 우리에게 주신 승리를 믿음으로 내 것으로 만드는 법을 배우는 것이다.

왜 우리는 영적 전쟁을 치러야만 하는 것일까? 하나님께서는 전능하지 않으신가? 예수님께서 십자가에서 마귀를 이미 이기지 않으셨는가? 하나님께서 우리 주위에 보호벽을 둘러주시기만 하면 될 텐데 왜 그렇게 하지 않으실까? "얘들은 나한테 속해 있다. 너 사탄은 이들의 삶에 간섭해서 나의 축복을 앗아가지 마라. 네가 이 형제를 유혹하고 속이는 것을 가만 놔두지 않겠다" 이렇게 말씀만 하시면 될 텐데, 왜 예수 그리스도를 믿은 순간 유혹에 면역이 생기지 않는가? 우리가 예수님의 보혈을 외치든지, "내 안에 계신 이가 세상에 있는 자보다 크심이라"(요일 4:4)라고 외치기만 하면 다 해결될 수는 없을까?

우리가 하는 말과 우리가 믿는 바가 일치해야 한다. 우리의 말 뒤에 실체가 있어야 한다. 우리 입술의 말이 우리 마음의 진정한 헌신을 드러내야 한다. 그렇지 않다면 우리가 하는 말은 빈말이 되고 영적인 영역의 능력에 관한 한 아무런 의미도 없게 된다. 영적 전쟁의 승리는 단순한 공식이 아니다. 이는 정해진 순서에 따라 무엇을 어떻게 하면 되는 문제가 아니다. 승리는 우리와 주님과의 관계의 열매다. 우리는 예수님과 동행하면서 주께서 이미 우리에게 주신 승리를 믿음으로 내 것으로 만드는 법을 배워야 한다. 예수님께서 우리의 승리이시다. 예수님께서 사탄을 이기셨다. 그러나 승리는 전투를 내포한다. 우리가 이 전투에서 승리하기 위해서는 적의 속성을 알아야 한다.

사탄은 피조물이며 하나님께서 만드신 타락한 천사다. 모든 것을 다 아시는 하나님께서는 사탄이 반역할 것과 그 결과에 대해서 완전히 알고 계셨다. 그렇다면 하나님께서 악에 책임이 있으신가? 어쨌든 하나님께서 일부러 사탄을 만들 필요는 없지 않으신가? 하나님께서는 그런 일이 일어나지 않게 하실 능력이 있으시다. 어떤 사람들은 하나님께서 우리에게 선택의 자유를 줄 필요가 있어서 일부러 사탄을 만드셨다고 주장한다. 선택을 하기 위해서는 서로 다른 선택방안들이 있어야 하기 때문이다. 우리가 선택을 할 수 없다면 진정한 자유의지란 있을 수 없다. 그렇다면 우리는 로봇이나 꼭두각시에 불과하다. 그러나 우리는 하나님의 형상으로 자유의지를 갖고 하나님과 그분의 뜻을 선택하거나 거부할 수 있는 가능성을 지닌 채 창조되었다. 사탄이 타락하여 이 세상에 악을 가져올 줄 알고도 사탄을 창조하는 것이 도덕적으로 필요한가? 만약에 그렇다고 대답한다면 하나님의 본성과는 반대된다는 결론에 도달하게 된다. 그러나 일부 신학자들과 많은 그리스도인들이 세상의 악과 영적인 전쟁에 대해 하나님을 원망한다.

또 다른 사람들은 '사탄의 이원론'이라는 주장을 받아들인다. 이들에 따르면 하나님은 사탄에 대해 책임이 없으므로 하나님께 악의 책임을 돌릴 수 없다. 하나님은 악을 창조하시지 않았고 악은 하나님의 원래 계획의 일부가 아니다. 악은 마치 하나님의 통제를 벗어난 암과도 같다. 악과 불의는 오늘날 전 세계에 만연하고 있다. 육적인 가치관과 부도덕이 미국뿐 아니라 전 세계에 퍼졌다. 하나님께서 이것을 의도하셨거나 기뻐하지 않으시는데도 하나님의 통제를 벗어나서 이렇게 퍼지고 있다는 것이다. 하지만 이런 생각은 성경적이지 않으며 하나님의 어떠하심과 하나님의 능력을 폄하하는 것이다. 이런 생각은 또 그리스도께서 이미 십자가에서 거두신 승리와 하나님의 구속의 활동을 무시하는 것이다. 하나님의 능력과 권세와 주권을 부인하고서 세계의 현실과 영적인 전쟁과 그 전쟁 뒤의 세력을 이해할 수는 없다.

테러리스트의 손에 미 국방성과 세계 무역센터에서 일하던 수천 명의 사람들이 목숨을 잃은 2001년 9월 11일의 비극을 겪으면서 세속적인 대중매체와 평론가들은 흥미로운 견해를 제시했다. 전형적인 회의주의의 입장에서 하나님의 존재에 의문을 제기한 것이다. 하나님이 계시다면 전능하지 못하시거나 아니면 선하지 않으시다는 것이다. 그게 아니라면 이렇게 많은 생명을 앗아가는 일이 없도록 하셨어야 한다는 것이다. 2004년 아시아의 해일로 인해서 25만 명 가량의 사람들이 생명을 잃었을 때도 같은 논리가 펼쳐졌다. 하나님은 전능하지 않으시거나 선하지 않으시다. 왜냐하면 하나님이 선하시다면 이런 일이 일어나지 않도록 하셨어야 하기 때문이라는 것이다. 만약 하나님께서 전능하시다면 선하지 않으신 것이 틀림없다. 왜냐하면 이런 일을 막을 수 있음에도 불구하고 그렇게 하지 않으셨기 때문이다. 이런 잘못된 논리의 결론은 뻔하다.

거룩하고 의롭고 전지전능하신 우주의 창조자이신 한 분 하나님의 종으로서 우리는 하나님의 말씀에 나타난 것과 모순되는 사탄의 설명을 거부해야 한다. 우리는 하나님의 거룩하시고 선하시고 의로우신 완전한 성품에 대한 확고한 이해에서부터 출발해야 한다. 사람들은 오랫동안 죄와 악의 기원에 대해서 논쟁을 벌여왔고 앞으로도 그럴 것이다. 그러나 하나님의 영광에 반대하는 존재에 대해 이해하고자 할 때 하나님이 누구시고 어떤 분이신가에 대한 근본적이고 확실한 이해에서 출발해야 한다.

창조는 하나님의 계획과 디자인의 일부다. 하나님은 그의 형상대로 우리를 만드셨고 여기에는 자유의지가 포함된다. 우리에게 다른 선택 가능성이 없다면 하나님을 사랑하고 섬기는 것이 자발적인 선택이 되지 않을 것이다. 하나님을 섬기고 예배하도록 창조된 천상의 존재들, 영적인 존재들 역시 같은 선택권이 있다. 사탄은 하나님의 영광을 탐하여 하나님의 권위에 반역하기를 택한 타락한 천사다.

이사야 14장 12~14절은 이 사건에 관한 구절로 이해되고 있다. "너 아침의 아들 계명성이여 어찌 그리 하늘에서 떨어졌으며 너 열국을 엎은 자여 어찌 그리 땅에 찍혔는고 네가 네 마음에 이르기를 내가 하늘에 올라 하나님의 뭇 별 위에 내 자리를 높이리라 내가 북극 집회의 산 위에 앉으리라 가장 높은 구름에 올라가 지극히 높은 이와 같아지리라 하는도다." 에스겔 28장과 요한계시록에도 비슷한 말씀이 있다. 주목해야 할 것은 그 교만함이다. "내가 하늘에 올라 내 자리를 높이리라, 내가 지극히 높은 이와 같아지리라."

자기중심적인 삶보다 더 부도덕한 악은 없다. 하나님을 배반하고 자기 자신을 위해서 사는 삶은 하나님의 영광을 빼앗는 것이며 하나님의 뜻을 거역하는 것이다. 자기를 높이고 불순종하는 것이 바로 사탄의 특징이다. 그리고 이것이야말로 영과 육의 싸움에서 육의 기본적인 특징이다. 육은 단순히 파렴치한 죄나 부도덕이 아니라 본질적으로 자기중심적인 삶, 하나님이 아니라 자신을 위해 사는 삶이다.

사탄은 반역을 했기 때문에 하늘에서 쫓겨났고 전쟁이 시작되었다. 예수님께서 누가복음 10장 18절에서 하신 말씀은 창세 이전에 있었던 이 사건에 대한 말씀이라고 생각된다. 제자들이 전도여행에서 하나님 나라를 선포하고 병든 자를 고치고 돌아와 주의 이름이면 귀신들도 항복하는 것을 놀라워하며 예수님께 고했다. 예수께서는 하나님과 함께 영원 가운데 계시던 때를 말씀하셨다. "사탄이 하늘로부터 번개 같이 떨어지는 것을 내가 보았노라"(눅 10:18).

그렇다. 하나님은 사탄이 하늘에서 떨어진 뒤의 결과를 알고 계셨다. 하나님께서는 사탄이 창조의 왕관인 인간을 유혹할 것을 알고 계셨다. 하나님은 악과 분쟁이 세계에 만연할 것을 알고 계셨다. 그러나 하나님의 사랑은 너무나 놀라워서 앞으로 다가올 전투를 아시면서도 창조를 하셨다. 하나님은 사탄의 반역과 자기중심의 동기에 대해 책임이 없으시지만 하나님은 우리가 겪을 끊임없는 전쟁을 잘 알고 계셨다. 그러나 이미 창세 이전에 구속의 계획은 세워졌고 승리는 확인되었다. 단순히 궁극적으로 혹은 이론적으로가 아니라 그리스도 안에 있는 사람들에게 매일의 현실로써 확인되었다. 사실 에덴동산에서의 첫 번째 범죄가 일어났을 때 하나님은 그 결과를 분명히 말씀하셨다. 창세기 3장 14~15절에서 하나님께서는 사탄, 즉 뱀은 저주를 받을 것이며 여자의 자손, 대속자가 와서 그의 머리를 밟으리라고 말씀하셨다.

하나님께서 욥에게 악과 고난을 겪도록 허용하신 것은 그의 신실함을 통해서 더 큰 영광이 있도록 하시기 위해서였다. 마찬가지로 우리도 유혹이나 시험에서 신실하게 승리함으로써 아무런 어려움이 없을 때보다 더 큰 영광을 돌릴 수 있다. 성경은 영적인 전쟁의 현실에 대해 많이 말씀하지만 모든 경우에 다 승리라는 맥락에서 말씀하고 있다. 그러나 앞으로 살펴보겠지만 사탄은 우리로 하여금 승리는 환상이고, 사탄이 우리를 좌우하는 힘이 있다고 믿게 하기 위해서 성경 말씀을 왜곡하고 있다.

사탄은 우리의 적이다

먼저 성경이 우리의 적에 대해 어떻게 말씀하시는지 알아야 한다. 사탄의 특징을 알면 그 전략과 일하는 방식을 아는 데 도움이 된다. 성경은 사탄이 우리의 적이라고 말한다. 마귀devil라는 말은 그리스어 디아볼로스diabolos, 즉 '반대하다' 라는 말에서 왔다. 사탄은 하나님의 계획과 목적에 반대한다. 사탄은 끊임없이 전쟁을 일으키고 하나님께 영광을 돌릴 수 있는 모든 일에 반대한다. 그러나 그는 승리할 수 없다. 그는 이미 십자가에서 패배했다.

골로새서 2장 14~15절은 이렇게 말한다. "우리를 거스르고 불리하게 하는 법조문으로 쓴 증서를 지우시고 제하여 버리사 십자가에 못 박으시고 통치자들과 권세들을 무력화하여 드러내어 구경거리로 삼으시고 십자가로 그들을 이기셨느니라." 히브리서 2장 14절은 이렇게 말씀한다. "자녀들은 혈과 육에 속하였으매 그도 또한 같은 모양으로 혈과 육을 함께 지니심은 죽음을 통하여 죽음의 세력을 잡은 자 곧 마귀를 멸하시며." 예수께서는 죽기 위하여 육신이 되셨다. 하나님은 죽을 수 없다. 하나님은 영원하시다. 그러나 우리의 죄를 위해서 죽으시기 위해 그분은 우리와 같이 되셔서 유일하게 죄 없는 분으로서 인간이 되셔서 육과 혈이 있는 자녀가 되셨다. 구속을 위한 죽음에는 마귀를 쳐부수고 그를 무력하게 하는 계획이 포함되어 있었다.

사탄이 이미 무장해제 되고 패했다면 왜 우리가 계속해서 사탄의 비난과 유혹을 받아야 하는가? 요한일서 3장 8절은 이렇게 말한다. "하나님의 아들이 나타나신 것은 마귀의 일을 멸하려 하심이라." 그리스도가 오셨는가? 죽으셨는가? 그렇다. 그리고 그가 죽으심으로 사탄은 패배했다. 그렇다면 이 세상과 우리의 삶 속에 이렇게 만연한 사탄의 능력과 영향은 어떻게 설명할 수 있는가? 왜 우리는 계속해서 그의 거짓말과 속임수에 넘어가는가?

근본적으로 이는 사탄의 복수다. 사탄은 패배했고 하늘에서 쫓겨났다. 언젠가 그는 어두운 바깥으로 던져질 것이고 그의 사악함과 속임수는 영원히 끝날 것이다. 요한계시록 20장 2~3절은 미래의 심판에 대해서 이렇게 말한다. "용을 잡으니 곧 옛 뱀이요 마귀요 사탄이라 잡아서 천 년 동안 결박하여 무저갱에 던져 넣어 잠그고 그 위에 인봉하여 천 년이 차도록 다시는 만국을 미혹하지 못하게 하였는데."

그런데 그때까지 사탄은 열방 가운데 높임을 받으시려는 하나님의 목적을 훼방하고 하나님의 나라가 땅 끝까지 확장되는 것을 지연시키고자 한다. 사탄은 우리가 하나님의 뜻에 순종하고 의롭고 거룩한 삶을 살아감으로써 하나님을 영광스럽게 하는 대신 죄와 우리 자신을 선택하는 것을 기뻐한다. 사탄은 세상 사람들이 피상적이고 그릇된 세상적인 가치를 받아들이도록 속이면서 만족을 느낀다. 사탄은 특히 하나님의 소유된 거룩한 백성이 하나님의 영광을 드러내지 못하게 만들 때 특히 의기양양해진다. 사탄은 복수심에서 하나님으로부터 그 영광을 빼앗으려고 획책한다.

진짜 전쟁은 사탄이 하나님을 대항하는 것이다. 사탄은 하나님의 권능과 영광을 시기한다. 사탄은 복수심에 불타서 우리의 실패와 육적인 생활을 통해서 하나님께 수치

> 영적 전쟁에 관한 모든 성경 말씀은 다 승리의 맥락에서 쓰여 있다!

를 안겨드리려고 한다. 우리는 끊임없이 공격을 받고 있다. 사탄은 우리를 파괴시키고 패배시키려고 하지만 우리는 그가 하나님과의 전쟁에서 사용하는 손바닥이다. 우리가 거룩하고 하나님께 순종하는 삶을 살지 못하고 자기중심적인 동기로 행하고 정욕을 채우기에 급급한 삶을 살 때 사탄은 하나님 앞에 콧대를 쳐들며 기뻐한다. 우리가 성령의 능력을 받아들이는 대신 우리 자신의 힘으로 그리스도인의 삶을 살려고 노력할 때도 사탄은 하나님을 비웃는다. 우리가 하나님께서 주신 승리를 받아들일 믿음이 부족하기 때문이다.

성경은 모든 족속에게 복음을 전하는 선교사역에 대해서 특별히 승리를 확언하고 있다. 하박국 2장 14절은 이렇게 말한다. "이는 물이 바다를 덮음 같이 여호와의 영광을 인정하는 것이 세상에 가득함이니라." 시편 22편 27~28절은 또 이렇게 말한다. "땅의 모든 끝이 여호와를 기억하고 돌아오며 모든 나라의 모든 족속이 주의 앞에 예배하리니 나라는 여호와의 것이요 여호와는 모든 나라의 주재심이로다." 이것은 비록 미래에 속한 것이지만 엄연한 현실이다. 이것이 바로 하나님께서 행하고 계신 일이다. 이것이 이루어지길 사탄이 원하지 않는 것은 당연하다.

하나님 나라를 대적하는 사탄의 목적은 예수님을 유혹한 것에서 명

백히 드러난다. 누가복음 4장 5~7절은 이렇게 기록하고 있다. "마귀가 또 예수를 이끌고 올라가서 순식간에 천하 만국을 보이며 이르되 이 모든 권위와 그 영광을 내가 네게 주리라 이것은 내게 넘겨 준 것이므로 내가 원하는 자에게 주노라 그러므로 네가 만일 내게 절하면 다 네 것이 되리라." 물론 예수님은 이 유혹에 넘어가지 않으셨다. 하지만 또한 천하의 권위와 영광이 사탄에게 넘겨졌다는 사탄의 주장을 반박하지도 않으셨다. 그리스도가 알려져 있지 않은 곳, 그리스도가 주님으로 인정되지 않은 곳의 문화와 나라와 백성들은 사탄의 왕국인 어둠의 힘의 지배 아래에 놓여 있다. 그는 이 세상이 주님의 나라가 되는 것을 반대한다.

인도네시아에 교회를 개척하려고 갔을 때 우리는 사람들을 그리스도께로 인도하는 복음의 능력을 믿고 우리의 소명에 헌신되어 있었다. 나는 인도네시아 연안에 도착하면서 사도행전의 페이지가 다시 한번 펼쳐지며 매일 많은 사람들이 구원을 받는 모습을 상상했다. 그들이 우리가 복음을 들고 오기를 기다리고 있다고 생각했다. 하지만 현실은 내 생각과 달랐다. 우리는 이슬람 국가인 이 나라에서 공개적으로 말씀을 전할 놀라운 기회들을 얻을 수 있었지만 대다수의 사람들은 무관심했고 심지어는 적대적이었다. 나의 말재주가 특별히 뛰어나지 않다는 것은 이미 알고 있었지만 사람들은 내가 하는 말이 자신들과 무슨 상관이 있느냐는 듯이 공허한 눈동자로 나를 바라보았다. 나는 그들을 흔들면서 "내 말뜻을 모르겠어요?"라고 말하고 싶었다. 하지만 나는 인도네시아의 이슬람교도가 복음에 반응하기를 기대하는 것은 마치 장님에게 신문을 읽으라고 하는 것과 크게 다를 바 없다는 것을 깨닫게 되었다.

성경은 이 세상의 신이 사람들이 듣고 깨닫고 돌아서서 구원을 받지 못하도록 사람들의 눈을 가려 놓았다고 말한다. 고린도후서 4장 4절은 복음이 멸망하는 자들에게는 가려져 있다고 말한다. "그 중에 이 세상의 신이 믿지 아니하는 자들의 마음을 혼미하게 하여 그리스도의 영광의 복음의 광채가 비치지 못하게 함이니 그리스도는 하나님의 형상이니라."

꼭 외국에 가야 복음에 눈멀고 사탄이 그 마음을 굳어지게 만든 사람들을 만날 수 있는 것은 아니다. 내가 신학교에 다니면서 포트워스 Fort Worth에서 청소년 사역을 맡고 있을 때 교회 근처에 사는 스티브라는 학생이 있었다. 교회에 이 학생을 모르는 사람이 없었고 우리 교회 아이들과 친한 친구였지만 스티브와 그 가족은 교회를 다니지 않았다. 그의 이름은 우리의 전도대상자 명단 중에 첫 번째에 있었다. 거의 매주일 누군가가 스티브를 만났다. 청소년 사역자로서 나는 스티브와 친구가 되기 위해 힘쓰면서 계속 전도를 했지만 성과가 없었다. 스티브는 절대 교회에 오지 않았고 내가 할 수 있는 모든 방법을 다 동원해서 복음을 설명해 보았지만 아무런 흥미도 보이지 않았다. 그러다 마침내 스티브가 우리 청소년 수련회에 참석했고 함께 야구팀에 있는 친구가 복음을 전해서 예수님을 영접했다. 우리는 스티브가 마침내 구원을 받았다는 사실에 너무나 기뻤다. 수련회 마지막 날 청소년들이 나와서 간증을 하는 시간에 스티브도 나와서 주님을 믿게 된 과정을 나누었다. 그는 놀라운 말을 했다. 친구가 자기에게 복음을 전할 때까지 한 번도 복음을 들어본 적이 없다는 것이었다! 나는 생각했다. '아니, 그렇게 많은

사람들이 복음을 전했는데 어떻게 저런 말을 할 수 있을까?'

길 잃은 자들은 보지 못한다. 아무리 자주 복음을 전해줘도 그들은 이해하지 못한다. 이것은 우연이 아니다. 이 세상의 신인 사탄이 그들의 이해를 막은 것이다. 이 원수가 사람들로 하여금 그들의 마음과 삶을 예수 그리스도께 드리지 못하도록 가로막고 있다. 그는 사람들의 마음을 굳어지게 하고 죄와 어둠에 묶어둔다. 바울은 사도행전 26장 18절에서 전도와 선교의 핵심을 말하고 있다. 그는 하나님께서 자기를 부르신 것은 '그 눈을 뜨게 하여 어둠에서 빛으로, 사탄의 권세에서 하나님께로 돌아오게 하기' 위해서라고 말한다. 잃어버린 사람들에게 전도하는 일은 보지 못하는 눈을 뜨게 하고 죄의 어둠에서부터 구원자의 빛으로, 사탄의 권세에서 하나님의 권세로 돌아오게 하는 일이다. 잃어버린 자들은 사탄의 권세 아래 있기 때문이다.

누가복음 8장의 씨 뿌리는 자의 비유에서 예수님은 굳어지고 다져진 길가에 뿌려져서 뿌리를 내리지 못하는 복음의 씨에 대해서 말씀하셨다. 많은 선교사들이 복음을 즉각 받아들이지 않고 저항하는 문화로 들어간다. 하지만 미국에도 이렇게 사람들의 마음이 굳어지고 받아들이지 않는 지역과 공동체가 많이 있다. 예수님은 씨를 뿌려도 공중의 새가 와서 쪼아 먹어버린다고 하셨고 12절에서 공중의 새는 바로 마귀라고 하셨다. 사람들이 신실하게 전도하더라도 원수가 그들이 알아듣고 회개하지 못하도록 적극적으로 사람들의 마음에서 복음의 진리를 빼앗고 이해하지 못하게 한다. 사탄은 복음을 거부하는 사람들 가운데서 자신이 하는 역할을 우리가 알기를 원치 않는다. 하지만 사탄의 역할을 과소평가해서는 안 된다.

대부분의 이슬람 국가에서 복음을 전하는 것은 어려운 일이다. 단단한 땅에 떨어진 씨는 쉽게 뿌리를 내리지 못한다. 복음을 분명히 선포하더라도 사탄은 거짓과 속임수로 복음의 진리를 빼앗는다. 사탄은 이슬람교도에게 그리스도인들은 세 명의 신을 믿는다고 말하면서, 이것은 신성모독이며 십자가에서 죽은 것은 그리스도가 아니라 사기꾼이라고 말한다. 이슬람교도들은 운명론을 믿고 자신들이 죄에 대한 책임이 있다고 믿지 않는다. 그들은 기독교는 외국의 종교이고 서양의 영화와 미국인들의 생활방식에서 알 수 있듯이 부도덕한 종교라고 믿고 있다. 사탄은 사람들이 자신의 생각과 그릇된 사고방식에서 벗어나지 못하게 만든다. 사탄은 그들의 문화와 세계관과 전통적인 종교를 통해서 자기의 거짓말을 믿게끔 하고 복음을 들어도 이해하지 못하도록 한다.

이런 기만은 특히 힌두교와 불교 나라에서 두드러진다. 한번은 인도에서 한 학생에게 전도를 한 적이 있었다. 그는 내가 만난 사람들 중에서 처음으로 복음을 듣고 가장 마음이 열리고 열심을 보인 사람이었다. 그는 하나님의 사랑과 예수님이 자기의 죄를 위해서 어떻게 돌아가셨는가를 들으면서 너무나 감격했다. 그는 내 말에 다 동의하고 그리스도를 영접하는 기도를 했다. 그러고 나더니 이렇게 말했다. "정말 멋져요. 이제 나는 다른 모든 신에 더해서 구원자까지 갖게 되었네요." '아니, 이럴 수가. 뭔가 잘못되었군.' 나는 생각했다. 사탄은 그들에게 모든 종교는 다 마찬가지고 한 종교만 따르든 여러 종교를 동시에 믿든 상관이 없다고 가르친다. 예수님이라고 특별한 것이 없고 예수님만이 옳은 것이 아니다. 이렇게 사탄은 속임수와 거짓을 통해서 복음의 진리를 빼앗아 간다.

수년 동안 태국을 비롯한 불교 국가의 선교사들은 이제 어려움이 끝나고 수확의 때가 왔다고 생각했다. 사람들이 관심을 보이고 반응을 하는 것 같았기 때문이다. 그러나 정말로 예수님을 믿은 사람은 소수에 불과했다. 사탄은 종교적 장애보다는 문화의 장벽을 사용했다. 그는 그리스도인이 되는 것은 태국인이기를 포기하는 것이라고 거짓말을 했다. 그리스도인이 되는 것은 가족과 문화와 민족의 정체성을 버리는 것이라고 믿게 한 것이다.

확실히 복음은 모든 사람을 예수 그리스도께 이끄는 하나님의 능력이다. 그러나 전도가 단순히 사람들에게 다가가서 관계를 맺고 복음을 전하는 것이라고 생각하는 것은 잘못이다. 우리에게는 적이 있다는 사실을 알아야 한다. 이 적은 적극적으로 우리가 전하는 진리를 그것을 들은 사람들로부터 빼앗고 왜곡시킨다. 우리에게는 복음에 대항하고 하나님 나라의 확장을 방해하는 적이 있다. 사탄은 이방의 세계관과 관념들을 가지고 복음의 진리를 걸러내고 왜곡시킨다.

방콕에서 사역하던 우리 동료 한 명이 몇 년 동안 한 사업가에게 전도를 해왔다. 마침내 그가 그리스도를 구원자로 영접하는 결단을 내릴 순간이 되었다. 그런데 그가 한 첫 번째 질문은 "내가 지금까지 쌓아온 이 모든 선행은 어떻게 되나요?"였다. 사탄이 그의 사고를 왜곡하여 선행이 영원한 운명을 결정한다고 생각하게 만든 것이다. 이 세상의 신은 손쉽게 사람들의 생각을 오도하여 심지어는 절실히 진리를 믿기 원하는 사람들의 생각조차 왜곡시킨다.

사탄은 전 세계의 많은 문화적인 천주교 신자들에게서 복음의 씨앗을 가로채고 있다. 자신이 개인적으로 예수님을 믿어 새 삶을 얻은 적이 없는데도 불구하고 이미 그리스도인이라고 믿게 만든다. 그들은 예수를 믿어야 한다는 것에는 동의하지만 교회의 성사도 필요하다고 믿고 선행을 통한 구원을 믿는다. 사탄은 이런 거짓말들을 통해서 그들이 하나님과 개인적이고 올바른 관계를 갖는 것을 가로막는다.

사탄은 종교적인 전통만 이용하는 것이 아니다. 사회적인 장벽들도 이용한다. 미국 문화에서도 사람들은 흔히 "나는 하나님이 필요 없어요" "교회에는 위선자들이 있기 때문에 가기 싫어요"라고 말한다. 그 외에도 그리스도를 거부하는 수없이 많은 이유들을 댄다.

인도네시아의 한 도시에서 만난 사람 중에 복음에 마음이 열린 한 남자가 있었다. 예수님을 영접할 준비가 된 것처럼 보였다. 하지만 내가 예수님을 영접하라는 말을 하기 직전에 그가 물었다. "그런데 내가 그리스도인이 되면 내 딸은 누구와 결혼합니까?" 나는 이것이 문제가 되리라고는 생각해 보지 못했다. 하지만 대부분의 사회에서 사람들은 딸들을 잘 시집보내기 위해서 빚을 지거나 평생 번 돈을 다 쓴다. 그러지 않으면 사회에서 인정받지 못하고 사회적인 지위를 보장받을 수 없다. 딸에게 좋은 남편을 찾아주지 못하는 것이야말로 가장 큰 수치다. 그리스도인이 되는 것은 소수, 천민이 된다는 뜻이며 사회적인 지위와 이웃의 인정을 받고자 하는 기대를 다 버리는 것이다. 그리고 아무도 그의 딸과 결혼하려 들지 않을 것이다.

그리스도인이 되려고 생각하는 사람들이 제기하는 또 하나의 질문은 "내가 죽으면 어디에 묻히나요?"였다. 동네의 묘지에 묻힐 수 없다는 것은 분명했다. 이슬람교도들에게는 그리스도인을 자기들의 묘지에 묻는 것은 묘지를 더럽히는 배교행위다. 이것은 그 가족에게는 중대한 문제다. 이것이 믿음의 발걸음을 내딛고 그리스도를 따르는 데 있어서 중요한 장애 중 하나가 되고 있다. 성령이 그들의 마음속에서 일하고 계실 때조차 사탄이 복음의 씨앗과 소망을 빼앗아 갈 소소한 방법들이 수없이 많은 것이다.

모든 문화에서 가장 큰 장애는 만약 내가 '예수 그리스도가 길이요 진리요 생명'(요 14:6)이심을 받아들이면 이미 돌아가신 내 조상들은 어떻게 되는가 하는 질문이다. 그들은 예수님을 몰랐고 구원을 받을 기회도 없었으니 결국 지옥에 갔다는 결론이 난다. 복음을 받아들이면 예수님 없이 죽은 사람들의 현실도 받아들여야 하므로 차라리 복음을 부인하고 받아들이지 않는 편이 사랑하는 사람들과 조상들이 지옥에 있다는 것을 인정하는 것보다 쉽다. 나는 이 문제에 대해서 이렇게 대답하게 되었다. "성경은 진리이고 예수님만이 하나님께로 갈 수 있는 유일한 길입니다. 당신의 조부모와 조상님들은 불행히도 구원을 받지 못하셨지만 당신은 지금은 예수님만이 하나님과 구원에 이르는 길이라는 것을 알고 있습니다. 그분들이 당신을 사랑하신다면 지금 당신에게 기회가 주어질 때 예수님 믿기를 바라고 있지 않겠습니까?"

사탄은 우리를 속인다. 그는 복음의 진리를 왜곡한다. 그는 사회적, 문화적 장애를 사용해서 사람들이 그리스도를 믿지 못하게 한다. 그들이 구원을 받아서 하나님께 영광이 되는 것을 막기 위해서다. 사탄은 나라들이 복음 전도에 문을 닫게 만든다. 사탄은 소수민족들을 우리 눈에서 가린다. 개개인이 예수 그리스도를 믿는 것을 방해하는 것처럼 사탄은 나라와 민족 가운데 하나님의 나라가 확장되고 하나님께서 영광을 받으시는 것을 방해하려고 한다. 사탄은 그리스도인들이 복음을 전하지 못하도록 갖은 수를 써서 방해한다. 예수님은 요한복음 12장 40절에서 이사야를 인용하여 제자들에게 이 원수에 대해 경고하셨다. "그들의 눈을 멀게 하시고 그들의 마음을 완고하게 하셨으니 이는 그들로 하여금 눈으로 보고 마음으로 깨닫고 돌이켜 내게 고침을 받지 못하게 하려 함이라."

많은 선교사들이 수세기 동안 하나님 없이 영적인 어둠 속에서 살아온 지역으로 들어간다. 그곳 사람들은 하나님의 계시를 거부한 결과 대대로 사탄의 손에 들어갔다. 데살로니가후서 2장 1~12절은 적그리스도의 출현에 대해서 설명하면서 그가 사탄의 활동을 따라할 것이라고 말한다. 성경이 사탄의 활동에 대해 어떻게 말씀하는지 주의 깊게 살펴보아야 한다. "누가 어떻게 하여도 너희가 미혹되지 말라"(살후 2:3). "악한 자의 나타남은 사탄의 활동을 따라 모든 능력과 표적과 거짓 기적과 불의의 모든 속임으로 멸망하는 자들에게 있으리니 이는 그들이 진리의 사랑을 받지 아니하여 구원함을 받지 못함이라 이러므로 하나님이 미혹의 역사를 그들에게 보내사 거짓 것을 믿게 하심은 진리를 믿지 않고 불의를 좋아하는 모든 자들로 하여금 심판을 받게 하려 하심이라"(살후 2:9-12).

마치 겉보기에는 하나님께서 이 미혹의 역사에 책임이 있으신 것처럼 보인다. 하지만 이것은 이스라엘 백성이 자신들이 지은 죄의 결과를 마주해야 했던 것과 마찬가지다. 그들이 범죄하고 하나님께 불순종하고 바알과 우상을 숭배했을 때 거기에는 결과가 따랐다. 하나님의 도덕적 본성에서 오는 벌이다. 거짓된 길을 따르는 사람들은 미혹의 역사에 넘어가고, 결국 하나님의 심판을 받게 된다. 그리스도를 모르는 자들은 진리를 거부하고 수세대를 미혹해 온 거짓을 받아들였기 때문에 심판을 받을 것이다. 수백 년간 사람들은 어둠과 하나님을 알지 못하게 하는 그릇된 종교적 믿음에 익숙해졌다. 그들은 하나님을 알지 못하고 수세대에 걸쳐 하나님을 거부해 왔기 때문에 무지와 자기 조상들로부터 물려받은 유산들로 인해서 아직도 죄 가운데 있고 결국은 심판을 받고 벌을 받을 것이다. 그러나 그리스도의 복음은 그 요새를 파괴하고 그들을 수백 년간 예속시켜 온 속박을 부술 힘이 있다. 복음은 구원에 이르게 하는 하나님의 능력이며 하나님은 모든 사람이 진리 알기를 원하신다. 그렇지 않다면 선교사를 보내지 않을 것이다.

한번은 중앙아시아 여행길에 그 지역의 지도자와 함께 여행을 한 적이 있었다. 그는 구소련이 무너지자마자 그 지역에 들어간 초창기 선구자적 선교사 중 한 사람이었다. 그와 그의 가족은 우즈베키스탄의 사마르칸트 시에서 언어를 배웠다. 수백 년 전 이 지역은 중국과 러시아, 남아시아 대부분을 차지했던 몽고제국의 일부였다. 쿠빌라이 칸의 조카 테무르 황제(원나라 성종)는 사악한 독재자였다. 그는 몽고제국에서 기독교의 흔적을 없애버리겠다고 결심했다. 그가 통치할 당시 시리아에서 넘어온 네스토리아파 그리스도인들이 있었다. 지금도 고대에 그들이 중국에 살았던 증거가 남아 있다. 황제는 증오심으로 잔인하게 교회를 탄압하고 교인들을 학살했다. 결국 1405년 그가 죽을 무렵에는 몽고제국에서 기독교를 말살하는 데 성공했다. 그 후로 이 지역은 수백 년간 영적인 어둠 가운데 있었다. 이 땅은 이슬람교가 번성했을 뿐 아니라 그 후에는 소련의 지배로 무신론이 덧씌워졌다. 거의 6백 년간 기독교가 전파되는 것이 금지되었고 수많은 사람들이 희망 없이 죽어갔다.

사마르칸트에는 테무르 황제의 무덤이 있다. 이 선교사는 1990년대에 이곳에 처음 왔을 때 테무르 황제의 무덤에 올라가 소리쳤다. "우리는 다시 왔다!" 정말로 우리는 다시 왔다. 중앙아시아 사람들 가운데 복음이 선포되고 교회가 세워지고 있다. 사탄이 한동안은 지배할 수 있을지 모르지만 하나님께서 섭리와 능력으로 그분의 왕국을 세울 때가 왔다고 선언하시면 더이상 사탄은 설 수 없다.

사탄은 속이는 자요 거짓말하는 자다

성경은 또한 사탄을 속이는 자요 거짓말쟁이라고 규정한다. 사탄은 교활하여 우리에게 그른 것이 옳고 옳은 것이 그르다고 확신하게 한다. 성경은 사탄이 천사나 빛의 사자로 가장한다고 말한다. 이렇게 해서 사탄은 죄 되고 육적인 태도와 행동을 정당화하도록 우리를 속인다. 사탄은 우리로 하여금 남들을 비판하고 공격하도록 만들고 하나님을 섬긴다는 미명 아래 갈등과 분쟁을 일으키게 만든다. 그리고 우리가 선행을 하느라고 바빠서 실제 하나님의 뜻에서는 멀어지는 것을 보고 기뻐한다. 또한 많은 시간과 날들을 육적인 오락과 활동으로 낭비하면서 감사하지 않게 만든다. 사탄은 우리 마음에 부정한 생각들을 심고 우리는 은혜 아래 있으므로 그런 부정한 생각을 해도 대가를 치르지 않아도 된다고 생각하게 만든다.

고린도후서 11장 14~15절은 이렇게 말한다. "이것은 이상한 일이 아니니라 사탄도 자기를 광명의 천사로 가장하나니 그러므로 사탄의 일꾼들도 자기를 의의 일꾼으로 가장하는 것이 또한 대단한 일이 아니니라 그들의 마지막은 그 행위대로 되리라." 우리는 모두 타락하여 거짓 일꾼이 되고 거짓된 삶을 사는 기독교 지도자들과 목사들을 알고 있다. 그들은 의의 종으로 가장하지만 거짓된 삶을 살면서 다른 사람을 그릇된 길로 인도한다. 하나님의 사람들, 하나님의 말씀을 선포하는 사람들이 말씀과 상반된 죄 된 삶을 살 수 있다는 사실이 너무 놀랍기는 하지만 이것이 사탄이 하는 속임수의 능력이다.

「스크루테이프의 편지」에서 웜우드에게 하는 충고 중에 이런 것이 있다. "자신에 대해 죽고 시간과 소유를 다 하나님께 바치는 대신 자기가 여전히 이런 것들의 주인이라고 주장하도록 혼란시켜라. 그 젊은이가 자기 뜻대로 사용할 수 있다고 생각하는 시간을 찾아내서 그 시간에 뜻하지 않은 방문객이 찾아가도록 만들어라. 그로 하여금 시간이 자기 것이라고 생각하게 만들고 자기 시간을 도둑맞았다고 느끼게 만들어라. 항상 뭔가에 대해 자기 것이라는 생각을 불어넣어서 이것들을 남과 함께해야 하거나 남에게 줘야 하거나 잃어버릴 때 쉽게 원망하는 마음이 생기게 해라. 실제로는 하나님께 속한 것들에 대해 말할 때 내 집, 내 차, 내 가족, 내 시간이라는 식으로 말하는 습관을 갖게 만들어라."

우리는 개인적인 시간과 공간을 가질 권리를 주장하는 것이 사탄의 속임수라고는 생각하지 않는 경향이 있다. 어쨌든 누구나 평화롭고 조용한 시간을 누릴 권리가

> 하나님의 말씀과 반대되는 모든 생각은 사탄의 미혹으로부터 나오는 것이다.

있지 않은가. 내 시간은 내 것이다. 나의 계획을 흐트러뜨리는 요구를 해오는 사람들이 있을 때 우리는 원망을 하고 결국 하나님께서 우리에게 주시는 기회를 잃어버리게 된다. 선교사들은 특히 이런 문제들을 많이 겪는다. 사생활을 중시하지 않는 문화가 많기 때문이다. 그들의 집은 열려 있다. 사람들은 아무 때나 오고 가며 남들의 필요에 즉각 반응하면서 공동체적인 친교를 나눌 것을 기대한다. 그러나 우리는 자기만의 계획을 짜고 남들에게 할당해 줄 수 있는 시간을 내가 결정하고 자신의 것이라고 생각하는 시간을 이기적으로 보호한다. 우리가 사랑하고 섬겨야

할 사람들에 대해서 마음에 원망이 솟아나는 것은 사탄이 우리가 개인적인 권리와 특권이 있다고 속이기 때문이다. 모든 것을 버리고 그를 따르라는 명령이 우리에게는 적용되지 않는 것처럼 무시해 버린다!

바울은 고린도후서 11장 3절에서 신도들에 대한 염려를 표현한다. "뱀이 그 간계로 하와를 미혹한 것 같이 너희 마음이 그리스도를 향하는 진실함과 깨끗함에서 떠나 부패할까 두려워하노라." 이것이 바로 사탄이 하는 일이다. 사탄은 우리로 하여금 순수하고 단순한 믿음에서 떠나게 한다. 그리스도를 믿고 따르며 그가 우리에게 주신 것들을 받아들이기만 한다면 우리가 모든 것을 그리스도에게 바치고 하나님을 영광스럽게 하는 삶을 사는 데 정말 부족함이 없다. 승리는 하나님의 말씀을 믿고 받아들이는가 아닌가에 달려 있다.

베스 모어Beth Moore는 「경건한 사람들이 불경한 일을 할 때」When Godly People Do ungodly Things[3]라는 책에서 이 문제를 다루고 있다. 이 책의 요점은 우리가 쉽게 자기중심적이고 남들에게 상처를 주는 행동을 한다는 것이다. 이는 하나님께로부터 오는 것이 아니다. 사탄은 우리를 속여서 우리가 자신의 의견을 가질 권리가 있다고 생각하게 만들고, 우리 행동으로 인해 누가 상처를 받든 말든 자기 자신의 권리를 주장하라고 말한다. 그리고 승리의 삶을 살고 그리스도를 위해서 사는 것은 어렵다고 확신하게 만든다. 이것이 모두 사탄의 미혹의 일부분이다. 사탄은 그리스도인의 삶은 언제나 투쟁이며 승리는 어렵다고 생각하게 한다. 계속 노력은 해야 하지만 이 땅에서 사는 동안은 죄를 완전히 정복하기는 불가능하다고 속인다. 우리는 마치 하나님께서 우리가 하는 일을 모르시는 것처럼 우리의 죄 된 행동을 합리화한다. 에스겔 당시 하나님은 이스라엘 지도자들의 이런 가식을 드러내셨다. "이스라엘 족속의 장로들이 각각 그 우상의 방안 어두운 가운데에서 행하는 것을 네가 보았느냐 그들이 이르기를 여호와께서 우리를 보지 아니하시며 여호와께서 이 땅을 버리셨다 하느니라"(겔 8:12). 그러나 하나님께서는 우리를 보시며 우리의 행동뿐 아니라 우리의 태도와 동기까지도 보신다. 우리는 너무 쉽게 사탄의 미혹과 거짓말에 넘어간다.

고린도후서 10장 4~5절은 어떻게 사탄의 속임수를 피할 수 있는지 실마리를 제공한다. "우리의 싸우는 무기는 육신에 속한 것이 아니요 오직 어떤 견고한 진도 무너뜨리는 하나님의 능력이라 모든 이론을 무너뜨리며 하나님 아는 것을 대적하여 높아진 것을 다 무너뜨리고 모든 생각을 사로잡아 그리스도에게 복종하게 하니." 사탄은 우리의 마음에 대고 말한다. 우리를 속여서 자기의 거짓말을 믿게 하고 하나님의 말씀 대신 세상의 가치관을 받아들이게 한다. 이에 대한 처방은 무엇인가? 이런 생각을 그리스도의 말씀 아래 사로잡아 복종케 함으로써 축복을 받고 힘을 얻고 하나님을 영광스럽게 할 수 있다. 그렇게 하지 못한다면 사탄의 속임수에 굴복하는 것이다.

최근 남침례교 교단 내에 성경의 무오류에 대한 논쟁이 일어났다는 사실에 나는 곤혹을 느꼈다. 나는 평생 성경은 하나님이 성령님을 통해 주신 하나님의 말씀이라고 믿어 왔다. 하나님은 성경이 하나님께서 원하시는 대로 기록되게 할 수 없는 분이 아니시다. 원본을 쓴 사람들에게 성령으로 말씀하실 뿐 아니라 만대에 걸쳐서 말씀이 보존되도록 하실 수 있다. 오류가 있는 성경을 어떻게 믿을 수 있다고 생각하는지 나는 이해할 수 없다. 성경의 권위와 신빙성은 말씀을 주신 하나님의 본성에 기초하고 있다. 내가 설명할 수 없고 이해하지 못하는 부분이 있지만 그것은 내 문제이지 하나님이나 말씀에 관한 문제가 아니다.

바울이 고린도후서 10장에서 하는 말이 바로 이것에 관한 것인 듯하다. 하나님 말씀의 진실성을 우리 이성으로 판단하려는 생각과 주장이 어디서 난 것인가? "성경에는 그렇게 써 있지, 그렇지만 …."이라고 서두를 떼면서 성경의 진실과 의미에 반대되는 주장을 하는 사람들이 있다. 사탄이 우리로 하여금 성경 말씀을 의심하게 만들 때는 손쉽게 우리를 패배시킬 수 있다. 왜냐하면 오류를 범하기 쉬운 우리 자신의 생각과 판단에 의지하게 되기 때문이다. 그렇기 때문에 이론과 그리스도를 대적하여 높아진 생각을 무너뜨리라고 하는 것이다.

디모데전서 4장 1절은 이런 일이 일어날 것이라고 경고한다. "성령이 밝히 말씀하시기를 후일에 어떤 사람들이 믿음에서 떠나 미혹하는 영과 귀신의 가르침을 따르리라 하셨으니." 디모데후서 3장 13절에서도 다시 한 번 말한다. "악한 사람들과 속이는 자들은 더욱 악하여져서 속이기도 하고 속기도 하나니." 바울은 디도에게도 그릇된 길로 인도하는 적의 책략을 만날 것이라고 경고한다. "불순종하고 헛된 말을 하며 속이는 자가 많은 중 할례파 가운데 특히 그러하니"(딛 1:10). 바울은 때로 가장 강력한 속임수는 종교적인 경건의 형태를 띤다는 것을 말해 준다.

사탄의 미혹이 우리를 어디로 이끄는지 알 수 있지 않은가? 성경의 어떤 구절들이 잘못된 것 같고 성경의 원래 내용이 아닌 것 같다고 생각하게 되면 성경의 권위와 신뢰성 자체가 무너진다. 그렇게 되면 우리 믿음의 기초가 흔들리고 당연히 사탄이 기뻐하는 결과를 낳는다. 이렇게 될 때 사탄은 하나님을 영광스럽게 하는 것과 반대되는 믿음과 가치관으로 손쉽게 우리를 미혹할 수 있다.

성경이 얼마나 여러 번 "속지 말라"고 말하고 있는지 알고 있는가? 에베소서 5장 6절은 이렇게 말한다. "누구든지 헛된 말로 너희를 속이지 못하게 하라 이로 말미암아 하나님의 진노가 불순종의 아들들에게 임하나니." 갈라디아서 6장 7절도 "스스로 속이지 말라 하나님은 업신여김을 받지 아니하시나니 사람이 무엇으로 심든지 그대로 거두리라"고 말한다. 야고보서 1장 16~17절은 "내 사랑하는 형제들아 속지 말라 온갖 좋은 은사와 온전한 선물이 다 위로부터 빛들의 아버지께로부터 내려오나니 그는 변함도 없으시고 회전하는 그림자도 없으시니라"고 말한다. 요한일서 3장 7~8절은 "자녀들아 아무도 너희를 미혹하지 못하게 하라 의를 행하는 자는 그의 의로우심과 같이 의롭고 죄를 짓는 자는 마귀에게 속하나니 마귀는 처음부터 범죄함이라"고 말한다. 고린도전서 6장 9절은 이렇게 말한다. "불의한 자가 하나님의 나라를 유업으로 받지 못할 줄을 알지 못하느냐 미혹을 받지 말라 음행하는 자나 우상숭배하는 자나 간음하는 자나 탐색하는 자나 남색하는 자나 도적이나 탐욕을 부리는 자나 술 취하는 자나 모욕하는 자나 속여 빼앗는 자들은 하나님의 나라를 유업으로 받지 못하리라." 왜 이렇게 속지 말라고 말하는 것일까? 이런 문제들에 대해서 우리가 속임을 받아서 진실과는 다르게 생각할 수 있기 때문이다. 성경은 우리가 속을 수 있다고 경고한다. 우리의 적은 우리를 속이고 예수님을 시험할 때처럼 하나님의 말씀을 왜곡하기를 좋아한다. 속지 말라, 하나님의 말씀을 믿고 경고를 받아들여라. 왜냐하면 실제로 이것이 현실이기 때문이다. 하나님의 말씀이 진리이며 사탄의 조작을 받아 합리화하는 우리의 생각은 진리가 아니다. 그러나 사탄은 하나님의 말씀까지 왜곡시키는 교묘한 이론을 가지고 우리를 손쉽게 속인다.

인도네시아에 간 첫 임기 동안 교회를 개척하면서 첫 열매를 거두기 시작했을 때, 나는 문제에 봉착했다. 그곳에 있는 한 무리의 사람들이 그리스도를 영접하면 침(세)례식을 하고 교회를 세우는 식으로 일했다. 나는 그들에게 그리스도에 관한 기본적인 것들을 가르쳤다. 구원의 계획과 우리의 죄, 하나님으로부터의 분리, 예수님을 믿어야 할 필요성과 그 의미 등을 가르친 뒤 그리스도인의 삶과 제자도, 그리스도인의 성장, 교회의 본질에 대해서 가르쳤다. 그 마을의 첫 침(세)례식을 마친 뒤 다음 주에 다시 그 마을에 갈 생각을 하면서, 스스로에게 질문했다. 이제 이 사람들에게 제일 먼저 뭘 가르쳐야 하나? 나는 가장 중요하다고 생각되는 것들의 목록을 작성했다. 기도하는 법, 구원의 확실성, 교회의 기능과 운영, 교인들 간의 관계 등등에 대해서 가르쳐야 했다. 그 목록을 다 만들고 보니 매주 한 번씩 삼 년은 가르칠 주제들이 나왔다. 그런데 그 주제들은 전부가 다 가장 중요한 것으로 당장 가르쳐야만 한다고 생각되는 것들이었다. 이 모든 주제를 다 우선적으로 가르치는 것이 불가능한 것은 물론이거니와 그들을 그렇게 오랜 시간 가르침으로써 그들이 계속해서 나의 리더십에 의존하게 되는 상황을 만들고 싶지 않았다.

예수님은 "내가 너희에게 분부한 모든 것을 가르쳐 지키게 하라"(마 28:20)고 하셨다. 나는 이 명령을 지키고 싶었다. 진퇴양난의 상황을 통해서 나는 예수님의 이 명령이 성경에 있는 예수님의 모든 가르침과 교회와 그리스도인의 삶에 관한 내용을 일일이 다 가르치는 것을 의미하는 것이 아니라는 것을 깨닫게 되었다. 예수님의 말씀은 그들에게 순종을 가르침으로써 제자를 삼아야 한다는 뜻이다. 새신자들에게 하나님의 말씀에 대한 순종을 가르치면 여기에 예수님의 모든 가르침이 다 포함된다. 물론 나는 기회가 있을 때마다 계속해서 그들을 가르쳤지만 기본적으로는 그들에게 성경을 주었으므로 "성경을 읽고 믿으며 거기 기록된 대로 행하십시오"라고 말하면 되었다. 그리고 그들은 내 말을 받아들였다. 왜냐하면 그것이 하나님의 말씀이기 때문이다.

하나님께서는 이 새신자들의 단순한 믿음을 통해서 나를 가르치기 시작하셨다. 그들은 질문이 많았다. 나는 다른 사람들을 가르칠 수 있는 지도자들을 가르치고 훈련하는 일을 주로 했는데 그들은 어려운 구절의 적용을 놓고 씨름을 하곤 했지만 성경 말씀에 순종해야 한다는 것에는 아무런 의문이 없었다.

한번은 침(세)례를 받으려고 준비하는 무리와 함께 있을 때였다. 그 중에 팩 스잠술이라는 노인 한 분이 계셨다. 모든 모임에 성실히 참석하고 예수님을 영접했는데 그날 오지 않으셨다. 얘기인즉 병이 나셨다는 것이었다. 고열이 나서 이미 혼수상태라 아무 치료도 받을 수 없는 형편이었기 때문에 아마도 돌아가실 것 같다고 했다. 나는 그분을 위해서 기도하자고 말했다. 그런데 우리가 기도를 시작하자 그중 한 명이 나서서 성경에 보니까 아픈 사람을 위해서 기도할 때 그 사람에게 안수하고 기도하더라고 말했다. 나는 이 기회를 빌어 기도는 언제 어디서나 할 수 있다는 것을 가르칠 수도 있다고 생각했지만 마음을 바꿔서 성경에 나와 있는 대로 하자고 말했다. 이미 사람들은 일어나서 문을 향해 몰려가는 중이었다. 팩 스잠술 노인의 집에 가서 그에게 손을 얹고 기도하기 위해서였다. 그의 집은 우리가 기도하는 곳에서 몇 발자국만 가면 되었다. 팩 스잠술 노인은 의식을 잃고 고열에 시달리고 있었다. 사람들은 그의 침대를 둘러싸고 그에게 손을 얹고 기도했다. 무슨 극적이거나 감정적인 일은 일어나지 않았다. 우리는 그냥 하나님께 그를 고쳐달라고 기도했다. 그리고 기도가 끝나고 다시 돌아와서 성경공부를 했다.

나는 이 일로 인해서 매우 고민이 되었다. 이 노인은 전혀 의사의 치료를 받지 못하고 있었고 돌아가실 것이 분명하다고 생각되었기 때문이다. 그다음 주 침(세)례를 주기 위해서 이 마을에 또 가야 하는데 나는 이 노인의 죽음에 대해서 어떻게 설명을 한단 말인가. 그렇게 단순한 믿음을 가지고 말씀에 순종해서 고쳐달라고 기도했는데. 그러나 그다음 주에 그 마을에 갔을 때 팩 스잠술 노인은 살아계셨을 뿐 아니라, 건강한 모습으로 침(세)례받을 준비를 하고 계셨다. 내가 모든 교회와 지도자들에게 성경의 모든 가르침을 세세히 가르칠 수는 없다. 하나님의 말씀에 순종해야 한다는 사실 하나만 확실히 알면 이런 사람은 사탄이 쉽게 꼬여 딴 길로 빠지게 할 수 없다.

요한복음 8장 44절은 이렇게 말한다. "너희는 너희 아비 마귀에게서 났으니 너희 아비의 욕심대로 너희도 행하고자 하느니라 그는 처음부터 살인한 자요 진리가 그 속에 없으므로 진리에 서지 못하고 거짓을 말할 때마다 제 것으로 말하나니 이는 그가 거짓말쟁이요 거짓의 아비가 되었음이라." 하나님의 진리와 하나님의 약속과 반대되는 모든 생각은 사탄으로부터 오는 것이다. 누가 거짓말쟁이고(이것이 사탄의 본성이다) 누가 진리를 말하는지 기억해야 한다.

요한계시록은 우리와 전 세계를 속이는 자와의 전투의 최후 결과를 말해 준다. "하늘에 전쟁이 있으니 미가엘과 그의 사자들이 용과 더불어 싸울새 용과 그의 사자들도 싸우나 이기지 못하여 다시 하늘에서 그들이 있을 곳을 얻지 못한지라 큰 용이 내쫓기니 옛 뱀 곧 마귀라고도 하고 사탄이라고도 하며 온 천하를 꾀는 자라 그가 땅으로 내쫓기니 그의 사자들도 그와 함께 내쫓기니라"(계 12:7-9). 이 전쟁의 승리에 대해 10절은 계속해서 이렇게 말한다. "내가 또 들으니 하늘에 큰 음성이 있어 이르되 이제 우리 하나님의 구원과 능력과 나라와 또 그의 그리스도의 권세가 나타났으니 우리 형제들을 참소하던 자 곧 우리 하나님 앞에서 밤낮 참소하던 자가 쫓겨났고." 요한계시록 13장 14절은 이렇게 말한다. "짐승 앞에서 받은 바 이적을 행함으로 땅에 거하는 자들을 미혹하며 땅에 거하는 자들에게 이르기를 칼에 상하였다가 살아난 짐승을 위하여 우상을 만들라 하더라." 그러나 우리는 그의 거짓말을 믿어서는 안 된다. 우리는 그리스도가 승리를 주셨는데도 불구하고 마귀가 우리의 실패를 참소하고 그리스도인의 삶에 죄책감의 덫을 놓아 실패하게 놔두어서는 안 된다. 우리는 하나님의 말씀을 믿을 때 승리할 수 있다.

바비와 나는 이전에 공공연히 비판받는 아주 고통스런 상황에 처한 적이 있었다. 그때 오랫동안 나의 기도 동반자였던 사람이 손으로 쓴 작은 메모지를 전해 주었다. 거기에는 이렇게 쓰여 있었다. "보좌에서 바라보세요. 당신을 둘러싼 이 모든 소동은 실재가 아닙니다." 우리에 대한 비판과 우리에게 닥친 문제들은 다 현실이었다. 그러나 그는 하나님의 시각을 상기시켜 주었다. 우리가 시험과 역경을 겪을 때 사탄은 우리를 속여서 낙심하게 하고 우리가 패배하고 버림받았다고 느끼게 한다. 그러나 이것은 하나님의 시각이 아니다. 하나님은 어려운 상황을 사용하셔서 우리를 더 가까이 인도하기를 원하신다. 하나님이 고통스러운 상황과 비난까지도 허용하는 것은 우리에게 무언가를 가르치시기 위해서다. 하나님께서는 우리가 성장하기를 원하신다. 하나님께서는 우리가 그분의 은혜를 경험하기를 원하신다. 하나님의 시각과 목적은 무엇인가? '보좌로부터 보는 것'이다. 우리가 하나님의 시각에서 인생의 경험들을 보면 사탄의 속임수에 넘어가지 않을 것이다. 하나님을 믿는 것은 정말로 어렵지 않다. 그리스도에 대한 단순하고 완전한 헌신에서부터 다른 길로 벗어나지 말자.

CHAPTER 3

적의 본성 II

> 이 세상이나 세상에 있는 것들을 사랑하지 말라
> 누구든지 세상을 사랑하면
> 아버지의 사랑이 그 안에 있지 아니하니
> 이는 세상에 있는 모든 것이
> 육신의 정욕과 안목의 정욕과 이생의 자랑이니
> 다 아버지께로부터 온 것이 아니요
> 세상으로부터 온 것이라
> 이 세상도, 그 정욕도 지나가되
> 오직 하나님의 뜻을 행하는 자는
> 영원히 거하느니라
>
> 요한일서 2:15-17

국제 선교위원회는 버지니아 주 리치몬드의 마뉴먼트가에 자리하고 있다. 이곳 사거리에는 남북전쟁 기념탑이 있다. 차를 몰고 이 거리를 지나면서 스톤월 잭슨Stonewall Jackson, 로버트 E. 리Robert E. Lee, 젭 스튜어트Jeb Stuart 등이 말을 타고 있는 모습의 동상을 바라볼 때 나는 가끔 오래 전에 들은 이야기를 떠올린다.

　　말을 아주 생동감 있게 조각하는 유명한 조각가가 있었다. 어떤 사람이 그에게 어떻게 그런 기술을 익히게 되었냐고 물었다. 그는 간단하게 대답했다. "그냥 큰 화강암 덩어리를 가지고 말처럼 보이지 않는 건 무조건 다 쪼아내 버립니다!" 이것이 바로 하나님께서 우리 삶에서 하고자 하시는 것이다. 하나님은 우리의 삶에서 예수님과 같지 않은 것은 뭐든지 쪼아내 버리기를 원하신다. 우리가 예수 그리스도를 믿고 그분의 은혜와 구원을 받아들일 때 하나님은 영광을 받으신다. 그러나 질투하시는 하나님은 우리의 삶이 온전히 그분께 바쳐지고, 우리가 삶 속에서 그분의 사랑을 드러내고, 그리스도와 같은 거룩한 삶을 살아서 하나님께 영광을 돌리기를 원하신다.

　　사탄은 이를 막기 위해 우리로 하여금 자기 자신을 위해서 살고, 죄에 빠지고, 육적인 욕망을 추구하고, 세상적인 가치와 기준을 받아들이도록 유혹한다. 그리고 복음이 열방에 선포되는 것을 끈질기게 방해하며 하나님의 나라가 확장되는 것을 대적한다. 사탄은 우리로 하여금 하나님의 말씀을 따지고 의심하게 만들고 그리스도의 몸 안에서 갈등과 분쟁과 분열을 일으키고 하나님이 영광을 받지 못하게 하는 모든 상황의 배후에 있다. 성경은 사탄이 우리의 적이고 속이는 자일뿐 아니라 우리 육신의 죄 된 옛 본성을 유혹하여 죄를 짓게 하는 자라고 말한다. 사탄이 손쉬운 속임수로 우리를 속이고 더럽히고 패배시킬 수 없으면 그다음은 우리로 하여금 하나님께서 원하시는 것을 하지 않고 하나님께서 원하시는 대로 살지 못하도록 방해한다.

사탄은 어둠 속에서 몰래 일한다. 사탄의 본성과 수법을 드러내는 것은 그 영향력을 무효화시키는 방법이다. 영적인 전쟁의 승리는 이 전투에 대해 인식하고 사탄의 교묘한 작전과 수법을 아는 것에서 시작된다. 성경은 사탄의 본성과 수법을 우리에게 말해 준다. 그리고 우리에게 언제나 깨어서 그의 공격을 알아채고 대적할 수 있도록 경각심을 가지라고 말한다.

사탄은 유혹하는 자다

성경은 사탄이 유혹하는 자라고 말한다. 우리는 유혹을 받는다는 것이 무엇인지 알고 있다. 우리가 가장 잘 알고 있는 사탄의 역할도 유혹하는 역할이다. 사탄이 유혹의 근원이라고 되어 있으므로 우리는 유혹에 넘어가 죄를 짓는 책임을 사탄에게 떠넘길 때가 많다. "마귀의 역사야." 하지만 모든 유혹의 배후에 사탄이 있다고 해서 사탄을 탓하는 것이 우리의 책임을 없애주지는 않을 뿐더러 이는 하나님의 뜻에 반대되는 것이다. 그리스도 안에서 우리는 죄를 이길 능력을 받았다. 사탄은 우리가 스스로 선택하지 않으면 우리로 하여금 아무것도 하게 만들 수 없다!

사탄이 우리를 죄로 유혹하는 것은 우리가 죄를 범할 때 하나님을 영광스럽게 할 수 없기 때문이다. 사탄은 이 세상의 것들로 우리를 유혹하고 육적인 가치관을 받아들이도록 꼬드긴다. 그리고 우리 자신에게 초점을 맞추도록 설득하고 이기적인 욕망을 충족시키는 데 몰두하도록 이끈다. 데살로니가전서 3장 5절은 이렇게 말한다. "이러므로 나도 참다 못하여 너희 믿음을 알기 위하여 그를 보내었노니 이는 혹 시험하는 자가 너희를 시험하여 우리 수고를 헛되게 할까 함이니." 앞으로 살펴보겠지만 사탄의 첫 번째 방법은 우리의 믿음을 약하게 하는 것이다. 그렇게 해야만 우리가 하나님의 말씀과 반대되는 행동을 하는 것을 정당화할 수 있기 때문이다. 데살로니가의 성도들이 사탄의 유혹에 넘어가 믿음을 부인한다면 바울의 모든 증거와 노고가 다 헛될 것이다. 야고보서 1장 13~15절은 이렇게 말한다. "사람의 시험을 받을 때에 내가 하나님께 시험을 받는다 하지 말지니 하나님은 악에게 시험을 받지도 아니하시고 친히 아무도 시험하지 아니하시느니라 오직 각 사람이 시험을 받은 것은 자기 욕심에 끌려 미혹됨이니 욕심이 잉태한즉 죄를 낳고 죄가 장성한즉 사망을 낳느니라." 죄는 옛 본성에 호소하여 하나님께 영광이 되지 않는 것을 통해서 만족을 얻을 수 있다고 유혹한다. 사탄은 이 죄 된 옛 본성을 잘 알고 우리를 옭아맨다. 사탄은 유혹하는 자다. 사탄은 하와에게 했던 것처럼 "정말 하나님께서 그렇게 말씀하시더냐?"고 묻는다. 그렇다. 하나님께서는 정말로 그 금지된 과일을 먹으면 안 된다고 말씀하셨다. 그러나 하와처럼 우리는 하나님께서 하신 말씀과 그 말씀이 지금 우리의 상황에서 어떻게 적용되는지 의심하기 시작한다. 우리는 자신의 행동을 합리화하고 정당화하기 시작한다. 그러나 이러한 탐심과 불의한 욕망과 자기중심적인 동기 뒤에 마귀가 있다는 것은 깨닫지 못한다.

성경에는 세 가지 기본적인 유혹이 나온다. 요한일서 2장 15~17절은 이렇게 말한다. "이 세상이나 세상에 있는 것들을 사랑하지 말라 누구든지 세상을 사랑하면 아버지의 사랑이 그 안에 있지 아니하니 이는 세상에 있는 모든 것이 육신의 정욕과 안목의 정욕과 이생의 자랑이니 다 아버지께로부터 온 것이 아니요 세상으로부터 온 것이라 이 세상도, 그 정욕도 지나가되 오직 하나님의 뜻을 행하는 자는 영원히 거하느니라."

육신의 정욕은 우리의 죄 된 옛 본성의 만족을 구하는 것이다. 이는 간음과 배우자에 대한 불성실, 육적이고 일시적인 쾌락을 추구하게 하고, 뭐든지 기분 좋은 것이 좋은 것이라는 태도를 취하게 한다.

안목의 정욕은 우리의 미적인 본성에 호소하여 탐욕으로 이끄는 것이다. 텔레비전의 광고는 우리가 갖지 못한 것들에 대한 욕망을 부추기도록 고안된 것이다. 쇼핑센터의 물질주의는 물질에 대한 욕망을 자극한다. 신용카드는 우리에게 지금 사고 돈은 나중에 내라고 설득한다. 더 많은 물건을 소유하고 더 편안한 생활, 더 많은 쾌락을 추구하라고 부추긴다.

그다음은 인생의 자랑이다. 사람들이 좋아해주기를 바랄 뿐 아니라 관심의 초점이 되기를 원하는 우리의 내적인 욕구에 호소한다. 우리는 남들보다 앞서기 위해서 남에게 상처를 주고, 인정과 명예를 위해서 무엇에나 성공하려고 애쓴다. 우리가 얻는 성공과 명예와 지도자의 위치에 대해서 하나님께 모든 공로와 영광을 돌리고 계속해서 신실하게 하나님을 위해서 산다면 성공이나 명예, 지도자의 위치 자체가 나쁜 것은 아니다.

이 세 가지 유혹을 창세기 3장 6절에 나타난 하와가 받은 유혹과 비교해 보자. '여자가 그 나무를 본즉 먹음직도 하고'(육신의 정욕, 육신이 원하는 것), '보암직도 하고'(안목의 정욕), '지혜롭게 할 만큼 탐스럽기도 한 나무인지라'(이생의 자랑). 사탄은 하와로 하여금 하나님을 의심하게 하기 위해서 5절에서 하나님의 동기를 모독한다. "너희가 그것을 먹는 날에는 너희 눈이 밝아져 하나님과 같이 되어 선악을 알 줄 하나님이 아심이니라." 사탄은 하와로 하여금 하나님께서 그녀로부터 무언가를 빼앗고 계시다고 믿게 만들었다. 진리를 다 드러내는 것은 사탄의 본성이 아니다. 하와는 범죄하여 하나님께 불순종하라는 사탄의 악한 유혹에 넘어감으로써만 선과 악의 차이를 알게 될 것이었다.

이것은 또한 예수님이 받으신 유혹과도 일치한다. 돌을 떡으로 만들라는 유혹은 육신의 정욕에 대한 시험이었다. 예수님은 굶주리셨고 그의 육신은 먹을 것이 필요했다. 이것은 육신의 자연적인 욕구다. 그리고 사탄이 이 세상의 왕국을 보였을 때 이는 안목의 정욕을 시험하는 것이었다. 그분이 원하고 바라는 것, 즉 그분이 하나님의 왕국으로 만들기 위해서 온 이 세상의 왕국이었다. 마지막으로 성전 꼭대기에서 떨어짐으로써 순식간에 명성과 인정을 받을 수 있었다. 십자가를 질 필요가 없는 것이다. 그렇다면 이러한 유혹에 빠지는 것이 왜 나쁘단 말인가? 모든 것이 그분의 목적, 기본적인 인간의 본성, 그리고 그분이 이루고자 하시는 것과 합하는 것처럼 보인다. 문제는 그것이 아버지로부터 나온 것이 아니라는 데 있었다. 그것은 하나님의 방법이 아니었고 따라서 하나님을 영광되게 할 수 없었다. 뒤에서 우리는 유혹의 전쟁터인 영과 육의 싸움에 대해서 살펴볼 것이다. 사탄은 손쉽게 우리의 육, 죄 된 옛 본성과 이기적인 욕망을 사용해서 우리로 하여금 하나님의 뜻과 반대되는 일을 행하고 하나님께서 우리의 삶에서 영광을 받으시는 것을 가로막는다.

예수님은 이렇게 기도하라고 가르쳐주셨다. "우리를 시험에 들게 하지 마시옵고 다만 악에서 구하시옵소서"(마 6:13). 이것을 보고 하나님께서 우리를 계속해서 유혹하고 시험에 들게 하신다고 오해할 수 있다.

그러나 사실은 하나님이야말로 우리를 유혹과 악에서 지켜주실 수 있는 유일한 분이시다. 하나님은 사탄보다 크시고 사탄을 이기셨기 때문이다. 누가복음 22장 31~32절을 보고 혼동이 되는 사람들도 있다. "시몬아, 시몬아, 보라 사탄이 너희를 밀 까부르듯 하려고 요구하였으나 그러나 내가 너를 위하여 네 믿음이 떨어지지 않기를 기도하였노니 너는 돌이킨 후에 형제를 굳게 하라." 베드로는 곧 유혹을 받아 예수님을 부인할 것이었다. 그러나 예수님께서 사탄에게 베드로의 믿음과 헌신을 시험하라고 허락하셨다는 것에 주목해야 한다. 예수님께서는 또한 베드로의 믿음이 떨어지지 않도록 중보하셨고 베드로가 돌이킨 뒤에 믿음이 더욱 강해져서 자신의 연약함과 실패의 경험을 통해 다른 형제들을 굳게 해줄 수 있으리라는 것을 아셨다. 예수 그리스도 안에서 우리는 유혹에 대한 승리를 보장받았다. 예수님께서 우리가 유혹을 받도록 허용하시는 것은 우리가 믿음에서 성장하고 더 잘 준비되게 하기 위해서다. 유혹은 우리가 연약하고 하나님을 믿어야 할 필요가 있음을 깨우쳐 준다.

같은 장에서 예수님은 겟세마네 동산에서 제자들에게 "유혹에 빠지지 않게 기도하라"고 말씀하셨다(눅 22:40). 마가복음은 더 분명하게 말한다. "시험에 들지 않게 깨어있어 기도하라 마음에는 원이로되 육신이 약하도다"(막 14:38). 유혹에 저항하는 것은 소극적인 행동이 아니다. 우리는 사탄의 유혹을 알아챌 수 있도록 깨어있어야 하고 하나님의 간섭과 힘을 구해야 한다. 오직 하나님의 은혜와 능력 안에서만 하나님의 뜻과 반대되는 악에 빠지는 것을 피할 수 있기 때문이다. 뒤에서 사탄이 어떻게 우리의 약점인 자기중심적인 육적인 본성을 이용해서 우리를 얽어매는지를 살펴볼 것이다.

베드로후서 2장 9~10절은 이렇게 확증한다. "주께서 경건한 자는 시험에서 건지실 줄 아시고 불의한 자는 형벌 아래에 두어 심판 날까지 지키시며 특별히 육체를 따라 더러운 정욕 가운데서 행하며 주관하는 이를 멸시하는 자들에게는 형벌할 줄 아시느니라 이들은 당돌하고 자긍하며 떨지 않고 영광 있는 자들을 비방하거니와." 우리 자신의 힘으로는 우리 본성의 욕구와 본능에 호소하는 미묘한 유혹을 알지도 못하지만 주님은 우리를 사탄의 교묘한 수법에서 구하고 건지신다. 우리가 유혹을 견딜 수 있는 자신의 능력을 자랑 삼으면 반드시 베드로처럼 실패할 것이다. 유혹을 받으면 즉각적으로 하나님의 은혜와 도우심을 구해야 한다. 고린도전서 10장 12~13절은 우리에게 아름다운 약속과 확증을 해준다. "그러므로 선 줄로 생각하는 자는 넘어질까 조심하라 사람이 감당할 시험밖에는 너희가 당한 것이 없나니 오직 하나님은 미쁘사 너희가 감당하지 못할 시험 당함을 허락하지 아니하시고 시험 당할 즈음에 또한 피할 길을 내사 너희로 능히 감당하게 하시느니라."

사탄은 방해꾼이다

사탄은 끊임없이 우리를 속인다. 사탄은 우리의 삶에서 하나님을 영광스럽게 하고 하나님의 나라를 섬기는 모든 것에 반대한다. 만약 사탄이 우리를 범죄하여 유혹에 빠지고 육적인 본성에 따라서 살게 하지 못한다면, 또한 우리가 하나님의 뜻을 행하는 것을 방해하려고 획책한다. 우리가 부도덕한 삶에 빠지거나 이기적인 욕망을 추구하지는 않을 지도 모른다. 그러나 많은 일들이 우리의 주의를 분산시켜서 하나님께 서 원하시는 일을 하지 못하게 한다. 우리가 적극적으로 범하는 죄들도 있지만 하나님께서 원하시는 일을 소홀히 하거나 하지 못하는 죄도 있 다. 흔히 이렇게 우리를 방해하는 일은 자연스런 환경이나 인간적인 장 애처럼 보인다. 그러나 사탄이 이 세상의 신이라는 것을 잊어서는 안 된다.

교회의 신실한 성도들 중에 하나님께서 사역에 부르셨지만 직업적 인 성공을 포기하기를 꺼려하거나 또는 배우자의 반대 때문에 응하지 않은 사람들이 있다. 한때 하나님께서 선교를 가라고 부르셨지만 그 인 도에 순종하지 못했다고 인정하는 사람들도 여러 명 보았다. 그들은 자 신들의 교회에서 신실하게 하나님을 섬기고 자기 직업을 통해 하나님 께 영광을 돌리고 있다. 그러나 그들은 사탄이 자신들이 하나님의 뜻을 행하지 못하게 하는 것을 허용했다. 그중에는 단지 공부하는 훈련이 되 어 있지 않아서 하나님께서 의도하신 대로 섬길 수 있는 교육과 훈련을 받지 못한 사람도 있었다.

그러나 이것은 단순히 어떤 직업을 선택할 것이냐 하는 문제가 아니 다. 우리는 이웃에게 복음을 전할 때나, 교회에서 어떤 책임을 맡았을 때 방해하는 것들을, 심지어 진정한 예배를 드리는 것을 방해하는 여러 가지 일들을 그냥 묵과한다. 우리는 하나님께서 어떤 사람의 필요를 채 우기를 원하는 줄을 알면서도 우리 자신의 바쁜 일과와 다른 일들에 정신을 판다. 우리는 좀더 나눠주고 좀더 아껴야 한다는 것을 알면서도 그렇게 하지 못함으로 하나님께 영광을 돌리지 못한다.

데살로니가전서 2장 18절은 이렇게 말한다. "그러므로 나 바울은 한번 두번 너희에게 가고자 하였으나 사탄이 우리를 막았도다." 바울은 데살로니가에 가기를 원했으며 이것이 하나님의 뜻임을 확신했다. 그러나 사탄이 이를 막았다. 사도행전 16장 6~7절에는 다른 상황이 나온다. "성령이 아시아에서 말씀을 전하지 못하게 하시거늘 그들이 브루기아와 갈리디아 땅으로 다녀가 무시아 앞에 이르러 비두니아로 가고자 애쓰되 예수의 영이 허락하지 아니하시는지라." 바울은 하나님께서 비두니아와 아시아로 자기를 인도하신다고 생각했다. 하지만 성령과 예수의 영이 가지 못하도록 하셨다고 말한다.

로마서 15장 22절에서 바울은 이렇게 말한다. "그러므로 또한 내가 너희에게 가려 하던 것이 여러 번 막혔더니." 그는 로마에 가고자 했다. 그를 막은 것은 누구였을까? 사탄이었을까, 성령이었을까? 문맥을 살펴보면 바울이 있는 곳에 추수할 것이 많이 있었기 때문에 떠날 수가 없었다고 되어 있다. 이렇게 복음에 반응하는 것은 분명히 하나님으로부터 온 것이며 하나님을 영광스럽게 하는 일이므로 그의 개인적인 바람대로 로마에 가는 것보다는 남아 있을 필요가 있었다.

당신이 하나님의 뜻이라고 생각하는 일이 잘 되지 않을 때 그런 상황을 어떻게 이해하는가? 하나님의 뜻이라고 생각하고 어떤 일을 시작했는데, 심지어는 선교지까지 갔는데 상황이 잘 풀리지 않을 수도 있다. 나는 어떤 지역으로 부르심을 받았는데 비자를 받지 못했다든지 도착했는데 쿠데타나 전쟁이 일어나거나, 혹은 다른 일들이 생겨서 하나님께서 주신 일을 완수하지 못하고 그곳을 떠나야 했던 선교사들의 이야기를 많이 듣는다. 하나님의 뜻이라고 생각했던 일의 문이 닫히는 것은 사탄이 방해하는 것일까 아니면 하나님께서 이 상황을 사용하셔서 당신의 방향을 바꾸고 하나님께서 정말 원하시는 곳에서 사용하려고 하시는 것일까?

어떻게 이것이 하나님께서 하시는 일인지, 아니면 사탄이 하나님의 일을 방해하는 것인지 분별할 수 있는가?

이 문제를 올바로 바라보기 위해서는 궁극적으로 하나님께서 다스리시고 계시며 사탄은 하나님께서 그분의 궁극적인 영광을 위해서 사용하실 수 없는 일은 아무것도 일어나게 할 수 없다는 것을 알아야 한다.

> 사탄은 우리로 하여금 죄에 빠지거나 육적인 욕망에 탐닉하게 하지 못하면 대신 단순히 우리가 하나님의 일을 하지 못하게 방해한다.

어떤 일이 사탄에서 온 것인지 하나님께로부터 온 것인지 항상 알 수는 없고 또 항상 알아야 하는 것도 아니다. 우리는 그저 믿음으로 순종하는 삶을 살기만 하면 된다. 문제는 우리가 하나님의 뜻에 불순종해서 문이 닫힐 때다. 그러나 우리가 온전히 헌신해서 믿음으로 하나님께서 인도하신다고 생각되는 곳으로 갈 때 결과적으로는 하나님과 그 목적에 쓰임 받게 된다. 우리는 하나님의 주권을 기억해야 한다. 하나님을 놀라게 할 수 있는 일은 아무것도 없다. 하나님은 예수님을 십자가에 못 박으려는 사탄의 계획을 사용해서 잃어버린 세상을 구원하셨듯이 자신의 계획을 이루기 위해서 닫힌 문을 여실 수 있는 능력이 있으시다. 하나님이 권한을 가지고 계시며 하나님은 그분의 뜻을 가로막으려는 사탄의 노력을 하나님의 궁극적인 목적을 이루는 데 사용하신다.

선교가 제한되어 있는 중앙아시아로 하나님께서 부르신다는 소명을 받은 한 부부가 있었다. 그들은 기도하고 그 지역에 대해서 연구하고 친구와 동료들과 상의를 하고 그곳의 필요와 자기의 은사를 고려해 본 후 투르크메니스탄에 가야 함을 확신했다. 가기 전부터 투르크멘 언어도 배웠다. 정부는 그곳에서 의료 선교를 하도록 허용해 주겠다고 약속했다. 그들은 여행비자로 들어가서 취업허가를 받아 장기거주 비자를 받을 예정이었다. 그러나 비자가 나오지 않아서 6주 동안 여기저기 찾아다닌 끝에 결국 그곳을 떠나야 했다. 결국 팀 전체가 그곳을 떠났고 교회는 파괴되고 목사들은 체포되고 고문을 당했다. 갑자기 이 부부는 이러지도 저러지도 못하는 상황에 처하게 되었다. 몇 년 동안 그들은 하나님께서 자기들을 그곳으로 부르신다고 절대적으로 확신하고 준비를 해왔다. 그들은 임시로 다른 곳으로 보내져서 6개월 동안 세 나라를 돌아다녔다. 그리고 마침내 네 번째 나라에 가게 되었는데 그곳에서 의료 기술을 통해 하나님께서 일하기 시작하셨다. 하나님께서 뜻하시는 곳이 어디인지 어떻게 알 수 있는가? 하나님께서 인도하시는 것인지, 아니면 사탄이 당신을 하나님의 일을 하지 못하게 방해하는 것인지 모르는 상태에서 어떻게 결정을 내릴 수 있는가?

국제 선교위원회가 선교가 제한된 지역에 사람들을 파견하려는 창조적인 계획을 세웠을 때 이런 지역으로 가라는 부르심을 느낀 한 신입 선교사 가족이 있었다. 그들이 마침내 주어진 임무를 감당할 모든 준비가 되었다고 생각했을 때 비자가 거부되었다. 우리는 그들에게 동남아시아에 가서

> 우리가 어디에서 살게 될지 알지 못했지만 한 가지 배운 것은 하나님께서는 어떤 지역으로 우리를 부르시는 것이 아니라 하나님께로 부르신다는 것입니다!

당시 잠시 비어 있는 자리를 맡아달라고 했다. 그 동안 한 달간의 여행비자를 받아서 자기들이 가고자 하는 지역을 드나들 수 있을 거라고 설득했다. 그러나 그들은 그 지역에 있기로 선택했고 비자는 일 년 반이 지나서야 받을 수 있었다. 그들은 단순히 참고 기다렸다. 우리가 다른 곳으로 가도록 설득을 했지만 그들은 그곳이 하나님께서 자기들이 있기를 원하시는 곳이라는 확신을 가지고 기다린 것이다. 그 일 년 반 동안 그들은 열네 번 이사를 하고 다섯 나라에서 살았다. 세 명의 어린 아이들을 데리고 이렇게 살기는 쉬운 일이 아니다. 마침내 비자를 들고 떠나는 그들을 공항에서 배웅하며 기도할 때 그는 이렇게 말했다. "지난 일 년 반 동안 다음 달에는 어디에서 살게 될지 알지 못했지만 한 가지 배운 것은 하나님께서는 어떤 지역으로 우리를 부르시는 것이 아니라 하나님께로 부르신다는 것입니다!"

중요한 것은 이런 태도다. 왜냐하면 우리가 하나님의 뜻이라고 생각하는 대로 장소나 상황이나 직업 등이 항상 풀리는 것은 아니기 때문이다. 우리 계획은 틀어질 때가 많다. 그러나 우리가 주님을 주인으로

모시는 소명에 응답할 때 하나님의 뜻은 어그러질 수 없다. 하나님께서는 언제나 우리가 있는 곳과 상황을 자신의 뜻을 위해 사용하실 것이고 스스로 영광을 받으실 것이다. 우리가 어디에 있는가는 문제가 되지 않는다. 우리가 하나님을 따를 때 그곳이 하나님께서 쓰실 수 있는 곳이다. A라는 계획이 실현되지 않아서 B라는 계획을 따라야 할 때 하나님께서는 B를 A로 만들 수 있으시다.

대학 다닐 때 나는 여름 선교단의 일원으로 필리핀에 갔었다. 나는 그때 선교에 관심이 있었기 때문에 해외에 여행할 기회가 있을 때 선교지를 방문해서 하나님께서 나를 어디로 부르시는지 알아보고자 했었다. 방문한 곳 중에서 가장 내 마음을 끈 곳은 인도였다. 영적인 어둠이 나를 압도했지만 복음에 놀라운 반응이 일어나는 것 같았다. 게다가 남침례교단이 막 인도에서 선교를 시작하고 있었고, 나는 그런 개척임무가 좋았다. 선교지를 놓고 기도하는데 점점 더 인도가 내가 갈 곳이라는 확신이 커졌다. 인도 선교사들은 주로 의료 선교사들인데 당시 내 약혼자 바비는 의료 기술 계통을 공부하려고 계획하고 있었다. 이런 확신은 대학 시절과 신학교, 그 후 선교사로 임명받기를 준비하면서 목회를 하고 있는 동안 점점 커져갔다. 그러나 막상 임명을 받을 때가 다가오자 인도에 가는 비자를 받는 것이 힘들어졌다.

우리는 인도에 가는 것이 하나님의 뜻이라고 너무나 확신하고 있었기 때문에 실망도 그만큼 컸다. 우리는 왜 하나님께서 문을 닫으셨는지, 혹 이것이 복음이 절실히 필요한 이 나라에서 복음 증거하는 것을 막으려는 사탄의 공작인지 의문에 빠졌다. 우리는 하나님의 뜻을 제대로 분별하지 못했나보다 생각하고 이제 하나님이 우리가 어디로 가기를 정말 원하시는지 알고자 했다. 우리가 선교사 임명을 받을 당시 인도네시아에서 사회주의 쿠데타가 실패로 돌아가면서 복음에 대한 유례없는 반응이 일어나고 있다는 보고를 듣게 되었다. 우리는 그곳에서의 추수에 참여하기로 하고 교회개척에 필요한 급박한 수요에 응했다. 하나님께서는 우리의 사역을 넘치게 축복하셨고 우리는 개인적으로뿐 아니라 교회개척에 관해서도 많은 것을 배울 수 있었다.

두 번째 임기를 마칠 무렵 선교위원회는 선교지 구역을 재편성하여 북아프리카와 중동 지역으로 편성되어 있던 인도와 남아시아 지역이 동남아시아 지역으로 재편되었다. 우리 지역의 책임자는 인도에 추수할 것이 많은데 교회의 성장은 미미한 것을 알게 되었다. 동남아시아 지역 선교사들의 연례 모임에서 그는 경험 있는 교회개척자들이 인도에 가서 몇 달을 지내면서 그 지역 의료 선교사들과 복음전도자들이 교회성장 전략을 이행할 수 있도록 훈련을 시켜야 한다고 호소했다. 동남아시아 선교사라면 누구든지 지원할 수 있었으나 인도에서 몇 달을 보내기 위해서 자기가 맡은 일을 떠나려는 사람이 없었다. 그러나 우리는 이런 기회가 있다는 것을 듣자 마음이 설레었다. 인도야말로 오래 전에 우리가 부르심을 받았다고 생각했던 곳이 아닌가.

우리가 인도에 갔을 때 인도네시아에서 근 십 년간 교회를 개척하며 배운 모든 것들을 인도에서도 적용할 수 있다는 것을 알게 되었다. 우리의 훈련에 대한 반응도 좋았다. 결국 인도네시아에서 계속 일하면서 일 년에 두세 번 인도에 가서 상담과 지도를 해달라는 요청을 받게 되었다. 인도에서의 남침례교 선교활동의 첫 십 년간 스물 한 개의 교회가 세워졌다. 교회 건물과 목사의 급료를 모두 선교회에서 부담한 경우였다. 우리는 이 교회를 좀더 성경적인 토착 교회개척의 모델로 이끌어갔고 그 후 십 년간 교회의 수는 4백여 개로 늘었다. 우리는 인도의 다른 지역 침례교 선교사들에게로 우리의 훈련을 확장했고 결국 나는 그 지역의 부지도자가 되어 인도와 남아시아 남침례교 선교사들의 사역 전체를 관할하게 되었다. 우리가 문이 닫혔다고 생각하고 하나님의 뜻을 잘 못 분별했다고, 혹은 사탄이 하나님께서 원하시는 일을 방해한다고 생각했던 것이 사실은 바로 하나님의 계획이었고 하나님의 섭리였다.

하나님께서 우리 마음에 인도를 향한 소명을 오래 전에 심어주지 않으셨다면 다른 많은 동료 선교사들처럼 우리도 인도에 가서 선교사와 교회 지도자들을 훈련시키는 기회에 응답하지 않았을 것이다. 하나님께서는 내가 인도에 가서 하나님의 일을 할 준비가 되기 위해서 우선 무엇을 해야 하는지를 알고 계셨다. 또한 우리가 인도에 가야 하는 적당한 때와 조건을 알고 계셨다. 문이 닫혔다고 해서 반드시 사탄의 승리는 아니다. 어디든지 하나님께서 인도하시는 곳으로 하나님을 믿고 순종해서 갈 때 사탄은 하나님의 뜻이 그분의 때에 이루어지는 것을 막을 수 없다.

하나님께서 다스리시므로 우리는 온전히 하나님께 헌신하고 하나님의 인도를 믿음으로 따라야 한다. 그리고 설사 사탄이 문을 닫더라도 하나님께서는 이를 쓰셔서 사탄이 승리하지 못하게 하신다. 바울은 데살로니가로 가고자 했으나 사탄이 이를 막았고 하나님은 바울이 있는 곳에서 그를 쓰셨다. 결과는 성령께서 아시아와 비두니아에 가지 못하게 막으셨을 때와 아무 차이가 없었다. 바울은 자기가 계획하지도 뜻하지도 않은 드로아에 어쩌다 오게 되었는지 의아해했지만 마게도니아 환상에 순종했을 때 복음이 유럽에 전파되었다. 우리가 어디로 가야 하는가, 무엇을 해야 하는가에 대한 확신보다 더 중요한 것은 하나님께서 우리를 어디로 인도하시든 성령의 인도하심을 믿음으로 따르는 진정한 헌신이다.

사탄은 우리가 하나님의 뜻대로 하지 못하도록 막기 위해서 많은 방법을 사용한다. 사탄은 이 세상의 신이요 공중의 권세 잡은 자다. 사탄은 아주 정상적인 사건들을 사용해서 하나님이 우리의 순종을 통해 영광을 받지 못하도록 한다. 얼마 전 나는 인도네시아에서 첫 임기 때 보낸 소식지를 발견했다. 나는 사람들이 우리가 모든 시간을 전도와 교회 개척과 성도 훈련에 쓰고 있다고 생각하지 않도록, 선교사들이 어떻게 시간을 보내는지에 관해 썼다. 얼마나 많은 일들이 내가 원래 거기에 간 목적을 위해 일할 시간을 빼앗아 가는지 실망했다는 이야기였다.

자동차세를 내고 등록을 갱신해야 할 때가 되어서 나는 화요일 아침에 우리가 사는 젬버에서 북쪽으로 50킬로미터 정도 떨어진 본도워소로 출발했다. 도로 확장 공사가 진행 중이어서 몇 번이나 길을 돌아가야 했고, 길이 진흙탕

에다 일방통행이라 한참을 기다려야만 했다. 몇 시간이 걸려 본도워소에 도착했더니 수속절차가 바뀌어서 우리가 사는 젬버에서 등록을 해야 한다고 했다. 나는 점심시간에 맞춰 돌아와서 수요일에 필요한 지침을 얻기 위해 세무서에 갔다. 인도네시아인들은 서류를 줄인 이름으로 부르는데 STNK, PBKB, BBN, SKUM 등의 서류 원본과 복사본이 필요했다. 그날 오후는 이 서류들을 준비하는 데 다 보냈다. 목요일 아침 나는 사무소로 갔다. 십여 명의 사람들이 사무원 한 사람이 있는 창구 앞에 몰려 있었고, 다른 직원들은 잡담을 하거나 신문을 보며 놀고 있었다. 한 시간 뒤 마침내 나는 군중을 뚫고 맨 앞줄에 서서 내 서류를 제출했다. 직원은 서류를 훑어보더니 SKUM 원본이 없다고 했다. 나는 다른 서류는 다 있는데 그 서류만 없고 복사본이 있다고 말했다. 그러자 그는 "아, 원본은 본도워소에 있어요. 거기 가서 가져오셔야 돼요" 했다. 나는 재빨리 다시 본도워소로 갔다. 결국 목요일 하루가 다 지나갔다. 금요일에 세무서로 가서 기적적으로 두어 시간 만에 세금을 냈다. 나는 곧 서둘러 등록을 갱신하러 경찰서로 갔다. 창구마다 사람들이 북적거려서 어느 창구로 가야 하는지 알 수가 없어 안내원에게 물으니 먼저 어떤 창구로 가서 서류를 사서 이를 작성해야 된다는 것이었다. 그 창구를 찾아가자 직원은 "미안합니다. 방금 그 서류가 다 떨어졌으니 내일 오세요. 내일은 아마도 서류가 있을 겁니다"라고 말했다.

토요일에 나는 일찌감치 경찰서에 가서 그 서류를 구입한 뒤 다 작성해서 다른 서류들과 같이 들고 그다음 창구로 갔다. 직원은 내 서류를 들여다보더니 이렇게 말했다. "이것은 받을 수 없어요. 손님은 차가 두 대라서요. 저쪽에 표시판이 보이죠? 지프차 서류는 초록색 폴더에 끼워야 되고 오토바이 서류는 회색 폴더에 끼워야 돼요." 나는 급히 문구점에 가서 맞는 색깔의 폴더를 사서 다시 집으로 갔다. 차 밑에서 기어 나와서 오토바이를 뒤집고 있는 나를 본 바비는 도대체 뭘 하고 있냐고 물었다. 나는 내가 정말로 이 차의 주인이라는 것을 증명하기 위해서 자동차와 오토바이의 번호 위에 얇은 종이를 대고 연필로 문질러야 한다고 말해 주었다. 그 작업을 다 해서 모든 것을 맞는 색깔의 폴더에 끼운 뒤 경찰서에 도착하니 12시 10분경이었다. "죄송합니다. 토요일은 정오까지만 일을 합니다. 월요일에 다시 오세요." 이것이 나를 기다린 대답이었다.

월요일 아침 일찍 나는 창구 앞에 섰다. 잠시 후 내 차례가 되었다. 먼저 소유주 책자를 내라고 했다. 여기에 도장을 찍고 사인을 하고 기록을 해야 하는 것이었다. 그것을 냈더니 수북이 쌓인 다른 사람들의 소유주 책자 맨 밑에 내 것을 밀어 넣는 것이었다. 나는 벽에 기대어 사람들과 잡담을 하며 초조하게 한 시간을 기다렸다. 아무리 봐도 그 책자들이 줄지 않기에 나는 조용히 그 일이 오늘 안에 끝날 수 있느냐고 물었다. 직원은 "아, 거기에 서명을 해야 하는 과장님이 오늘 오전에 사무실에 안 계셔서 그런데 오후에는 끝날 거예요"라고 대답했다. 그날 오후 혹시나 하는 마음으로 다시 갔더니 반갑게도 그것은 해결되어 있었다. 그러나 세무서에서 발급하는 공식 영수증 없이는 등록이 안 되는데, 그 영수증은 수요일에나 나온다는 것이었다. 나는 집으로 돌아오며 생각했다. "그래, 최소한 오늘 하루는 약간의 선교 관련 업무를 하고 내일 인내심을 다시 발휘하자." 그러나 매달 제출해야 하는 재정 보고 마감 날짜가 지난 주였다는 것이 생각났다. 우리 선교기지의 재정회계보고서를 작성해야 했다. 바비는 내가 그렇게 바쁘게 돌아다니면서 쌀 사는 것을 잊었다고 상기시켜 주었다. 쌀은 100킬로그램짜리밖에 팔지 않아서 내가 사야 했다. 게다가 부탄 가스통을 교환해야 하는데 그것도 잊고 있었다. 이런 일을 하다 보니 화요일이 다 지나갔다. 수요일에 나는 이번에야말로 등록을 마치고 좀더 중요한 일을 할 수 있겠지 생각하며 경찰서에 갔다.

창구 앞에서 서로 밀치는 사람들 틈에서 간신히 창구에 도달했는데 나는 외국인이기 때문에 경찰에 등록을 했다는 편지의 복사본이 필요하다는 것이었다. 이것을 준비하는 데 또 아침의 반이 날아갔다. 그러나 이제 드디어 모든 것이 다 준비된 것 같았다. 지프차 등록을 마친 뒤 나는 오토바이 등록하는 줄에 서서 한 시간 안에 이것도 등록을 마쳤다. 이 서류들을 처리하는 데 이틀이 걸리기 때문에 이틀 뒤인 금요일에 마지막으로 비용을 내야 했다. 금요일, 오랫동안 기다린 끝에 마침내 등록필증을 받았고 2주일에 걸친 수고가 막을 내렸다.

이제 한 가지 일은 마쳤는데 이번 달은 일 년 만기인 비자를 갱신해야 하는 달이다. 가족 한 사람당 세 개씩 이민국에서 열두 개의 서류를 받아서 여권과 거주 허가증과 이민증과 외국인 등록증과 복사본들을 준비해야 한다. 이미 우리 사무실과 침례교단에 연장을 요청하는 편지를 보냈지만 아직 회답을 받지 못했다. 그러므로 자카르타에 있는 사무실에 전화를 걸어서 후원 편지를 받아서 지역 종교국에 가서 허가서를 받고 이민국에 모든 서류를 제출해야 한다. 이런 일이 끝도 없이 이어진다!

사탄이 이런 모든 일에 개입하고 있는 것일까? 그것은 논쟁의 여지가 있지만 나 자신이 그렇게 많은 시간을 소모하게 하는 관료주의의 빨간 테이프에 막혀 있으면 정말 그렇다는 생각이 든다. 사탄이 개입하고 있든 아니든, 사탄이 기뻐 춤추고 있는 것만은 분명하다. 하나님의 일을 하지 못하게 하는 것은 어떤 일이든 사탄의 목적에 봉사하는 일이다. 사탄은 교활하고 교묘하다. 바쁜 하루 일과를 보내다 보면 영적인 전쟁이 필요하다는 생각을 하지 못한다. 그러나 어떤 일이든 우리가 하나님의 뜻에서 벗어나게 하는 일, 하나님의 영광을 위해서 해야 하는 일로부터 빗나가게 하는 일은 다 영적인 전쟁의 일부다. 선교지에서 시간을 낭비하게 하는 관료주의건 가족을 돌보고 미국적

> 해야 하는 일을 알고도 행하지 않는 것이 죄다.

인 생활방식대로 살기 위해서 일을 하는 것이든 하나님을 섬기고 복음을 전할 시간은 거의 남지 않는다. 사탄이 이것과 아무 관계가 없을까? 누군가가 BUSY라는 말은 '사탄의 멍에를 매는 것!' Being under Satan's yoke이라는 뜻이라고 말했다. 야고보서 4장 17절은 말한다. "그러므로 사람이 선을 행할 줄 알고도 행하지 아니하면 죄니라."

이런 장애를 어떻게 극복할 수 있을까? 성경은 우리에게 몇 가지 실마리를 제공한다. 영적인 전쟁에서의 승리에 대해서는 뒤에서 살펴볼 것이다. 여기서는 사탄이 우리로 하여금 하나님께서 원하시는 일을 하지 못하게 하는 몇 가지 방법을 생각해 보자. 왜냐하면 이것이 우리가 가장 취약한 문제이기 때문이다. 사실 무슨 부도덕하고 죄 된 일을 하고 있는 것은 아니다. 그러나 영적인 훈련과 주님과의 동행에 대해 의식적으로 생각해 볼 때 사탄이 우리가 전도하지 못하도록 적극적으로 가로막고 우리의 시간을 다른 데 쓰게 만들고 어떤 일을 해야 하는 줄 알면서도 그 일들을 하지 않는 것을 합리화하고 정당화하게 만든다. 하나님의 말씀에 반대되는 속임수와 거짓말에 넘어가지는 않을 수도 있다. 유혹에 대해서는 승리를 거둘 수도 있다. 그러나 사탄은 교묘하게 우리의 주의를 산만하게 하고 해야 할 일에서 벗어나게 만든다. 만약 우리가 이것이 사탄이 하는 일이라는 것을 알면 곧 대적할 것이다. 따라서 사탄은 이것을 그냥 정상적이고 삶의 일부분이라고 생각하게 만

드는 것이다.

시간관리 훈련

사탄의 방해를 피하는 중요한 방법의 하나는 시간을 관리하는 훈련이다. 원래 시간 관리를 좀더 잘 하는 사람이 있고 그렇지 못한 사람이 있다. 많은 사람들이 계획을 세우기보다는 즉흥적으로 행동하고 상황에 따라 행한다. 반대로 나 같은 사람은 강박적으로 계획표를 짜고 목록을 만든다. 이런 사람들은 자기의 시간을 계획하고 관리해야만 하기 때문에 하나님의 영이 인도하시는 것에 민감하지 못하고 하나님께서 주시는 기회에 반응하는 유연성이 부족하다.

우리가 계획적으로 시간을 관리하지 못할 때 사탄은 우리로 하여금 할 일을 하지 못하고 다른 일에 시간을 소모하게 만든다. 그래서 우리는 맡은 일을 완수하지 못하게 된다. 많은 그리스도인들이 주님을 섬기려는 계획을 세운다. 좀더 의식적으로 전도를 하고 심지어 선교를 가겠다고 결심한다. 그러나 결국 실천에 옮기지 못한다. 바울은 고린도전서 9장 26~27절에서 이렇게 썼다. "그러므로 나는 달음질하기를 향방 없는 것 같이 아니하고 싸우기를 허공을 치는 것 같이 아니하며 내가 내 몸을 쳐 복종하게 함은 내가 남에게 전파한 후에 자신이 도리어 버림을 당할까 두려워함이로다." 나는 늘 다른 사람도 아닌 바울, 전도와 교회 개척에서 그렇게 성공을 거둔 바울이 하나님께 버림을 받고 쓰임을 받지 못할까 두려워했다는 사실이 의아했다. 그러나 우리는 여기서 유용한 교훈을 얻을 수 있다. 바울은 하나님의 소명과 목적에 계속해서 초점을 맞추어야 한다는 것을 깨달았다. 이렇게 초점을 맞추는 헌신은 시간 관리를 넘어서는 것이지만 자기 육신을 길들이지 않으면 부차적이고 사소한 일들에 시간을 뺏겨서 하나님께 쓰임 받을 수 없다는 것을 깨달았던 것이다.

그러므로 하나님께서 부르신 일에 초점을 맞추는 훈련이 중요하다. 이런 훈련이 우리 삶의 헌신과 열정이 되어야 우리는 매일 우리를 인도하시는 하나님의 임재를 느끼고 순종하며 살 수 있다. 우리는 부차적이고 사소한 일들에 정신을 빼앗겨서 하나님이 원하시는 일을 하지 못해서는 안 된다. 그리고 나같이 매일 아주 세부적인 것까지 계획대로 해야 하는 계획 집착증 환자들은 자신의 계획에 사로잡혀서 하나님의 인도하심에 민감하게 반응하지 못할 수 있다는 것을 알아야 한다. 자기 계획에 사로잡혀서 흔히 그때그때 생겨난 전도와 사역의 기회를 놓쳐 버리는 일이 흔히 있다.

나의 인생의 성경구절은 잠언 3장 5~6절이다. "너는 마음을 다하여 여호와를 신뢰하고 네 명철을 의지하지 말라 너는 범사에 그를 인정하라 그리하면 네 길을 지도하시리라." 이 말씀은 언제나 주님을 완전히 신뢰하고 나의 인생의 모든 길을 인도하시리라는 확신을 갖게 해주었다. 그러나 이 말씀에서 가장 어려운 것은 "네 명철을 의지하지 말라"는 말씀이다. 우리가 자신의 명철에 의지할 때 자신의 계획에 정신이 팔리기 쉽고 그럴 때 사탄은 손쉽게 하나님의 일을 하지 못하게 하는 데 우리의 계획을 사용한다.

하나님께 초점 맞추기

사탄은 우리로 하여금 하나님보다는 우리 자신, 우리의 필요, 안락, 우리의 계획에 초점을 맞추게 함으로써 우리가 하나님의 일을 하는 것을 방해한다. 마태복음 16장에서 예수께서는 자신이 십자가에 달려 죽을 것을 말씀하셨다. 그러나 베드로는 이를 받아들이지 못하고 반대했다. 예수님은 23절에서 베드로에게 이렇게 말씀하신다. "사탄아 내 뒤로 물러가라 너는 나를 넘어지게 하는 자로다 네가 하나님의 일을 생각하지 아니하고 도리어 사람의 일을 생각하는 도다." 베드로는 예수님을 위해서 한 말인데 예수님께서 너무하시는 것으로 보일 수도 있다. 하지만 하나님의 뜻이 이루어지는 것을 방해하는 것이 누구인가를 알아야 한다. 우리가 하나님의 뜻에 순종함으로써 하나님이 영광을 받으시는 것을 원수가 어떻게 방해하는가를 알아야 한다. 사탄은 우리로 하여금 우리 자신의 이익과 필요, 편안함과 안전에 초점을 맞추게 한다. 우리는 평생 이런 것들을 위해서 살면서 하나님께서 원하시는 일을 하지 않을 수 있다. 예수님은 베드로를 '사탄'이라고 부르셨다. 왜냐하면 베드로에게 영향을 미치고 있는 것이 누군지 영적으로 아셨기 때문이다. 우리도 종종 그렇듯이 베드로가 좋은 의도에서 한 말이지만 그의 가치는 인간이 보기에 가장 좋아 보이는 것에 기초해 있었다. 그의 생각은 하나님이 원하시는 것과 정반대였다. 베드로는 하나님이 아니라 사람의 생각에 초점을 맞추었기 때문에 사탄에게 걸림돌로 사용된 것이다.

하나님의 뜻 중심에 있는 것이 가장 안전하다는 신화가 널리 퍼져있다. 그러나 하나님의 뜻의 중심에 있는 것이 예수님을 십자가로 인도했듯이 하나님께 순종하는 것이 인간의 관점에서 안전을 보장하지는 않는다. 최근 여덟 명의 선교사들이 선교지에서 순교했다. 그중 네 명은 이라크 선교사였다. 그들이 하나님의 뜻 바깥에 있었기 때문에 살해된 것일까? 하나님께서 밀과 가라지를 구분하듯이 하나님의 뜻 중심에 있는 사람들은 보호하시고 나머지는 타락한 세상의 악에 그냥 남겨두실까? 그렇지 않다. 하나님의 우선적인 관심은 우리 육신의 안전이 아니다. 하나님의 우선적인 목적은 우리의 삶과 열방에서 영광을 받으시는 것이다. 때로는 고통과 죽음이 하나님께서 영광을 받는 유일한 길일 수 있다. 우리가 질병이나 시험과 같은 고통 가운데서도 믿음을 지키는 것을 사람들이 보는 것이 효과적인 전도의 길이 될 수도 있다. 뒤에서 우리는 사탄이 우리를 패배시키기 위해서 즐겨 사용하는 어려움에 대해서 살펴볼 것이다. 그러나 베드로처럼 사탄에 속아서 우리가 편안하고 안전한 생활을 즐길 자격이 있다고 생각해선 안 된다. 하나님의 뜻을 이루는 데 따르는 불편이나 희생을 피하기 위해서 그 일을 회피하면 안 된다. 하나님보다 우리의 생각과 관심, 우리의 필요와 이익에 초점을 맞추는 것은 하나님을 영광스럽게 하는 일을 저버리는 것이다.

> 하나님의 우선적인 관심은 우리 육신의 안전이 아니라 하나님께서 우리의 삶을 통해 영광을 받으시는 것이다.

많은 선교사 부모님들과 가족이 선교사로 가는 것에 대해서 반대한다. 그들은 마치 하나님의 부르심에 순종하는 것보다 자식이나 손주들을 가까이 두고 보는 것이 더 중요하기라도 한 것처럼 자기들을 버리고 가는 것에 대해 죄책감을 불러일으킨다. 그들의 관점에서는 잃어버린 세상이 예수님을 아는 것보다 그들의 필요와 욕구가 더 중요하게 생각된다. 사탄은 때로 우리와 가장 가까운 사람들을 사용해서 우리가 하나님께 순종하는 것을 방해하고, 우리가 하나님의 뜻을 이루는 것을 막기 위해서 온갖 수법을 동원한다. 사탄은 환경과 바쁜 생활, 사람들, 심지어는 우리를 사랑하는 사람들을 사용해서 하나님의 뜻에 순종하지 못하게 방해한다. 그러나 가장 문제가 되는 것은 우리의 마음과 생각이 우리 자신의 이익과 욕망과 계획에 맞춰져 있어서 하나님과 그 목적에 온전히 순종하지 않는 것이다.

우리는 적의 네 가지 특징을 살펴보았다. 사탄은 우리의 적이며 하나님과 하나님의 나라를 반대한다. 사탄은 의심을 불러 일으켜 우리의 믿음을 약하게 하고 하나님의 말씀과 약속을 믿지 못하게 속이는 거짓말쟁이며, 또한 방해꾼으로서 하나님이 우리에게 원하시는 일을 하지 못하게 방해한다. 사탄의 특징은 그 외에도 여러 가지가 있다. 그는 도둑이고 이 세상을 다스리며 이 세상의 신이고 짐승이며 공중의 권세 잡은 자요 불순종의 영이며 악한 자다. 그의 특성을 묘사하는 이 말들을 통해 그의 전략과 수법을 인식하고 경계해야 한다.

하나님의 아들은 마귀의 일을 파괴하려고 오셨다. 사탄의 전술에 넘어가 항복하는 것은 사탄의 거짓과 속임수를 믿는 것이다. 이것은 그리스도가 하신 말씀과 반대된다. 왜냐하면 사탄은 이미 패배했기 때문이다. 사탄의 본성을 알고 영적인 전쟁의 현실을 인식하는 것이야말로 이 전쟁에서 승리하는 중요한 첫 걸음이다.

CHAPTER 4

세상과의 싸움

> 이러한 지혜는
> 위로부터 내려온 것이 아니요
> 땅 위의 것이요 정욕의 것이요 귀신의 것이니
> 시기와 다툼이 있는 곳에는
> 혼란과 모든 악한 일이 있음이라
> 오직 위로부터 난 지혜는
> 첫째 성결하고 다음에 화평하고
> 관용하고 양순하며
> 긍휼과 선한 열매가 가득하고
> 편견과 거짓이 없나니
>
> -야고보서 3:15-17

영적 전쟁의 세 가지 적의 두 번째는 세상이다. 세상은 우리가 사는 곳인 동시에 사탄이 활동하는 곳이다. 사탄은 우리가 경건하고 하나님을 영광스럽게 하는 그리스도의 원리에 따라 살지 못하게 하기 위해서 이 세상을 사용한다. 몇 해 전 선교활동을 돕기 위해 인도에 갔을 때 나는 뉴델리 신문에 난 재미있는 기사를 발견했다.

매일 수천 명의 힌두교인들이 갠지스 강가에 몰려가서 성스러운 물을 마시고 목욕을 한다. 강물에는 화장하고 남은 시체들이 떠다니고 근처의 하수구를 통해서 수백만 리터의 처리되지 않은 하수가 흘러들어오지만 신실한 성도들은 여전히 개의치 않아 보인다. 그러나 인도 정부는 종교적인 예식과 사회 관습이 인도의 성스러운 강을 약 2,400킬로미터에 이르는 지역에 건강을 위협하는 진원지가 되게 한다고 생각하고 있다. 그들은 인도 역사상 가장 큰 환경사업 계획을 수립했다. 갠지스 강의 근원인 히말라야의 빙하로부터 벵갈만 유역에 이르는 강 전체를 청소하기로 한 것이다. 그런데 그 가장 큰 장애는 강변의 급속한 도시화가 아니라 갠지스 강은 워낙 영적으로 순수한 강이라서 아무리 쓰레기를 갖다 부어도 오염될 수 없다는 관념이라고 한다. 온갖 하수와 반쯤 화장한 시체들이 떠다니는 강에서 소변을 보고 목욕을 하고 옷을 빨고 가축을 씻기면서 강물이 더럽다는 인식은 생기기 시작했지만 강의 순수함과 성스러움은 절대로 파괴되거나 줄어들 수 없다고 생각한다. 그들은 갠지스 강에서

부는 바람조차도 죄를 씻어주기에 충분하다고 믿고 있다.

우리의 반응은 이런 생각이 얼마나 어리석고 비이성적인가 하는 것이다. "아무리 쓰레기와 하수를 갖다 부어도 이 강은 오염되지 않는다. 왜냐하면 갠지스 강은 성스럽기 때문이다." 그러나 많은 그리스도인들이 거룩하지 않은 생활방식을 이와 똑같은 방식으로 합리화한다. 죄 되고 경건하지 않은 행동과 육적인 내용의 영화와 오락물을 본다. 텔레비전에 나오는 살인과 범죄, 폭력적인 프로그램을 시청하면서 "괜찮아, 나는 그 영향을 받지 않아. 나는 그리스도인이니까"라고 합리화한다. "나는 새 생명을 얻었고 예수님의 피로 정결케 되었어. 진짜 이야기가 아니라 그냥 재미로 보는 건데 뭘." 이 세상의 모든 쓰레기와 더러운 것으로 우리 마음을 채우고, 그런 것들에 스스로를 노출시키면서 우리가 그 영향을 받지 않으며, 그것들이 우리 행동에 영향을 미치지 않는다고 생각하는 것은 갠지스 강은 오염될 수 없다고 믿는 힌두교 순례자들과 마찬가지로 어리석은 일이다. 사탄의 속임수가 성공한 것이다.

누가복음 4장 5~7절에 나오는 예수님의 시험에 대해 다시 한 번 살펴보자. "마귀가 또 예수를 이끌고 올라가서 순식간에 천하 만국을 보이며 이르되 이 모든 권위와 그 영광을 내가 네게 주리라 이것은 내게 넘겨 준 것이므로 내가 원하는 자에게 주노라 그러므로 네가 만일 내게 절하면 다 네 것이 되리라." 예수님께서는 이 세상의 모든 왕국이 다 사탄의 것이라는 말을 반박하지 않으셨다. 언제 사탄이 온 땅에 대한 권세와 지배권을 받았는가? 요한일서 5장 19절은 이렇게 말한다. "또 아는 것은 우리는 하나님께 속하고 온 세상은 악한 자 안에 처한 것이며." 예수 그리스도를 모르고 하나님과 믿음의 관계가 되지 않은 백성들과 사람들은 실제로 사탄의 권세와 속임수 아래 있으며, 따라서 우리 사회의 많은 사람들이 그러하다.

요한일서 5장 18절은 이렇게 말한다. "하나님께로부터 난 자는 다 범죄하지 아니하는 줄을 우리가 아노라 하나님께로부터 나신 자가 그를 지키시매 악한 자가 그를 만지지도 못하느니라." 우리는 하나님께로부터 났기 때문에 승리가 확인되었다. 악한 자는 이 세상을 다스리지만 우리를 만지지는 못한다. 왜냐하면 십자가에서 우리를 위해서 죽으시고 사탄을 정복하신 죄 없으신 하나님의 아들이 우리를 보호하시고 세상적인 가치의 유혹으로부터 우리를 지키시기 때문이다. 그러나 사탄은 미묘한 거짓말로 유혹해서 우리가 자신의 가치를 타협하고 우리가 그리스도 안에서 받은 승리를 선포하기보다는 이 세상의 죄로 오염되게 만들려 한다.

유다서 18~19절은 이렇게 말한다. "마지막 때에 자기의 경건하지 않은 정욕대로 행하며 조롱하는 자들이 있으리라 하였나니 이 사람들은 분열을 일으키는 자며 육에 속한 자며 성령이 없는 자니라." 디모데후서도 마지막 때에 분명하게 드러나는 세속적인 것의 정도에 대해 우리에게 경고하고 있다. "너는 이것을 알라 말세에 고통하는 때가 이르러 사람들이 자기를 사랑하며 돈을 사랑하며 자랑하며 교만하며 비방하며 부모를 거역하며 감사하지 아니하며 거룩하지 아니하며 무정하며 원통함을 풀지 아니하며 모함하며 절제하지 못하며 사나우며 선한 것을 좋아하지 아니하며 배신하며 조급하며 자만하며 쾌락을 사랑하기를 하나님 사랑하는 것보다 더하며 경건의 모양은 있으나 경건의 능력은 부인하니 이같은 자들에게서 네가 돌아서라"(딤후 3:1-5). 세상에 속한 것들에 대한 대단히 광범한 묘사다!

언제 사탄이 이 세상에 대한 지배권을 얻었는가? 에덴동산에서부터임이 분명하다. 하나님의 의도는 사람이 이 지구를 다스리는 것이었다. 하나님은 이를 위해서 인간을 지으셨다. "하나님이 이르시되 우리의 형상을 따라 우리의 모양대로 우리가 사람을 만들고 그들로 바다의 물고기와 하늘의 새와 가축과 온 땅과 땅에 기는 모든 것을 다스리게 하자 하시고"(창 1:26). 인간은 온 지구를 다스리도록 만들어졌다. 그러나 인간이 하나님께 불순종하고 사탄의 거짓말을 들음으로써 이 지배권을 사탄에게 넘겨주고 말았다. 그러나 우리가 지금 하고 있는 일에 대해서 계속 아담과 하와만 원망할 수는 없다. 문제는 우리가 끊임없이 거짓된 부와 이 세상의 경건치 못한 원리들을 위해서 살기를 선택하라는 유혹을 받는다는 것이다. 우리는 하나님 말씀에 나타난 분명한 가르침과 경고를 무시하고 금지된 과일을 먹고 육적인 탐심을 충족하기 위해서 합리화를 시킨다. 사탄은 계속해서 성공적으로 육신의 정욕과 안목의 정욕과 이생의 자랑에 호소한다.

야고보서 1장 27절은 이렇게 말한다. "하나님 아버지 앞에서 정결하고 더러움이 없는 경건은 곧 고아와 과부를 그 환난중에 돌보고 또 자기를 지켜 세속에 물들지 아니하는 그것이니라." 경건은 단순히 예배와 교회를 빠지지 않고 다니는 것만이 아니라 도움이 필요한 사람들을 돌보는 것으로 표현된다. 그런데 거기에 더해서 우리는 세상에 물들지 않도록 해야 한다. 매일 감각적인 욕구충족을 부추기는 세상에서 살면서 순수함을 지키는 것은 쉬운 일이 아니다. 일부 기업가들의 행태를 보면 경제계의 지도자들이 자기 재산을 늘리고 자기를 과시하는 것을 넘어 도덕적 지침이 결여되어 있음이 드러난다. 정치가들과 정부 관료들은 개인의 출세를 위해서는 진실을 호도하는 것도 서슴지 않는 듯하다. 대중매체들은 이런 사람들의 이야기를 사용해서 아무런 절대적인 도덕적 기준이 없는 상대주의와 포스트모더니즘을 고취한다. 그 결과 공적인 영역에서 종교적인 표현을 하는 것은 불법이 되었고 낙태의 권리를 정당화하기 위해서 인간의 생명의 신성성이 무시되고 있다. 부도덕한 관계들이 인정되고 심지어 그리스도인이라고 주장하는 사람들조차 하나님 말씀의 권위를 거부하고 무엇이든 편리한 것을 믿고 따르고 있다.

광고와 신용카드는 소비하고 싶은 충동에 굴복하라고 유혹한다. "지금 사고 나중에 갚으라"는 유혹이 더 많은 물건을 소유하고자 하는 욕망을 부추겨 빚더미에 올라앉게 만든다. 이는 합당한 필요를 채우기 위한 소비가 아니라 물질주의적인 편안함을 추구하고 최신 발명품을 향유하고 남들의 눈에 그럴듯하게 보이기 위한 것이다. 많은 가족들이 금융기관의 거짓말을 믿고 '좋은 삶'을 지금 누리려는 욕망을 채우려고 신용카드를 사용하다가 빚더미에 깔려 파국을 맞고 있다. 정부와 도

박업자들의 합작에 의해 많은 사람들, 특히 가난한 사람들이 일확천금의 환상에 속아 넘어가서 인생을 망치고 있다.

우리가 누구나 알 수 있는 명백한 죄, 예를 들면 음란물, 거짓말, 간음, 부도덕 등의 죄에는 빠지지 않을 수 있다. 사실 사탄은 우리가 이런 것들에 넘어가지는 않는다는 것을 알고 있다. 최소한 하나님의 자녀들은 이런 죄를 범하면 안 된다는 것을 알고 있다. 그러나 사탄은 미묘하게 겉으로 보기에 하나님의 법과 거룩하심과 그렇게까지 분명하게 모순되지 않는 것 같은 세상적인 가치관을 받아들이도록 유인한다. 그 결과는 동일하다. 영적인 패배다. 골로새서 2장 8절은 세상의 속임수의 포로가 되지 말라고 경고한다. "누가 철학과 헛된 속임수로 너희를 사로잡을까 주의하라 이것은 사람의 전통과 세상의 초등학문을 따름이요 그리스도를 따름이 아니니라."

돈과 재정적인 문제에 대해서 성경적인 청지기의 삶보다 세상적인 생각을 받아들이게 하는 것이야말로 이런 점에서 사탄의 가장 뛰어나고 성공적인 책략이다. 당신과 마찬가지로 나 역시 매일같이 금융기관들로부터 새 신용카드를 만들라는 '제안'을 받고 어떻게 하면 빨리 부자가 될 수 있는지에 관한 정보를 제공받는다. 이런 우편물의 홍수는 세속적인 성공, 안락한 삶, 사치, 사회적인 지위를 향한 우리의 육적인 욕망을 자극한다. 이러한 '쉬운 신용'을 받아들였다가 빚의 노예가 된 사람들이 무수히 많다. "지금 당장 가질 수 있다"는 거짓말을 믿은 결과는 스트레스와 번뇌와 가정파괴, 그리고 빚더미다. 우리의 수입보다

지출이 많다는 것은 우리의 우선순위가 성경적이지 않고 세상적이며 물질주의적이라는 것을 드러내는 것이다. 우리는 하나님께서 우리에게 주신 모든 것에 대한 선한 청지기로서 하나님을 섬기고 영광스럽게 할 기회와 능력을 심각하게 제한하게 된다. 하나님께서 부르셨다고 믿는 선교사 후보자들 중 많은 사람들이 신용카드 빚 때문에 이 소명을 실현하지 못하고 있다.

예수님은 누가복음 12장 16~21절에서 이 세상의 부와 물질에 대한 탐심에 대해 경고하셨다. 이 부자는 더욱더 많은 부를 쌓았지만 하나님을 위해서가 아니라 이 세상의 것들을 위해서 살았기 때문에 어리석은 자가 되고 자기의 영혼을 잃어버렸다. 우리는 쉽게 부와 사치품들을 소유할 권리가 있다고 믿는 경향이 있다. 뿐만 아니라 하나님의 축복 때문이 아니라 우리 자신의 노력과 능력을 통해서 이런 성공과 이것들을 누릴 권리를 얻었다고 생각하는 경향이 있다. 물질적인 부에 대해 올바른 시각을 갖기는 어려운 일이다. 우리의 이기적인 본성을 부추기기 때문이다. 예수님은 누가복음 12장 15절에서 이렇게 말씀하셨다. "삼가 모든 탐심을 물리치라 사람의 생명이 그 소유의 넉넉한 데 있지 아니하니라."

부와 돈이 그 자체로 악한 것은 아니다. 실제로 뛰어난 박애주의자들과 헌신된 그리스도인 청지기들은 그들의 성공을 통해서 하나님을 섬기고 남들을 돕는다. 그러나 이는 드문 경우다. 부가 가진 미혹케 하는 성질 때문이다. 부는 대개 세상적인 가치라는 끈적끈적한 그물로 우리를 끌어들인다. 우리가 잘 아는 디모데전서 6장 10절은 이 위험에 대해 경고해 준다. "돈을 사랑함이 일만 악의 뿌리가 되나니 이것을 탐내는 자들은 미혹을 받아 믿음에서 떠나 많은 근심으로써 자기를 찔렀도다." 돈이 많아야 예수 그리스도에 대한 믿음에서 떠날 위험이 있는 것이 아니다. 그리스도인 중에 십일조조차 신실하게 하는 사람이 드문 것은 세상적인 물질주의를 따라가다 보니 빚에 쪼들리며 살고 있기 때문이다.

시편 73편 2~3절에 나타난 딜레마는 우리 모두가 동감하는 문제다. "나는 거의 넘어질 뻔 하였고 나의 걸음이 미끄러질 뻔하였으니 이는 내가 악인의 형통함을 보고 오만한 자를 질투하였음이로다." 우리를 하나님을 향한 순수하고 거룩한 헌신에서 후퇴하게 하는 가장 흔한 이유는 하나님을 전혀 모르는데도 너무나 잘 사는 것 같은 세상 사람들을 보고 부러워하는 것이다. 다른 사람들이 즐기고 있는 것처럼 보이는 순간적인 쾌락에 우리도 자유롭게 빠져보고 싶은 것이다. 텔레비전에는 부도덕한 삶이 방영된다. 유명한 연예인이나 운동선수들은 거룩함이나 경건함 같은 기본적인 영적인 가치를 무시해도 아무런 벌도 받지 않는다고 과시하는 것만 같다. 점점 더 많은 사람들이 전혀 교회를 다니지 않고 영적으로 경건한 삶을 살지 않는데도 아름다운 저택에서 살고 비싼 차를 타고 멀리 해외여행을 다니면서 점점 더 큰 부자가 되는 것 같다.

어떤 사람이 물질의 문제를 이렇게 말했다. 즉 물질에 불과하다는 것이다. 그리고 이것이 바로 이 세상이 우리를 유혹하기 위해 사용하는 것이다. 우리는 소유물에 사로잡힌다. 시기심은 심지어 아주 어릴 때부터 우리의 시각을 왜곡시킨다. 초등학생들은 인기를 누리는 쪽에 속하고 싶어 한다. 최신 유행하는 옷을 입고 최신 장난감을 갖고 싶어 한다. 학생들은 엘리트 집단에 속하면서 부모들의 간섭 없이 술 마시고 파티를 즐기는 '주류'에 속하여 늘 재미있게 사는 것처럼 보이는 학생들을 부러워한다. 교회에는 젊은 세대가 점점 줄고 있다. 그들은 종교란 율법주의적인 기준과 자기부인의 기대를 가지고 즐길 자유를 박탈하는 것이라고 생각한다.

이 세상에 맞춰서 살라고 하는 압박은 아주 강력하다. 이 압박은 어릴 때부터 시작된다. 친구들이 짜낸 해로운 장난에 가담하지 않는 아이들은 놀림과 무시를 당한다. 순결을 중시하고 하나님을 영광스럽게 하고자 하는 젊은이는 무리에 낄 수가 없다. 설사 신체적인 핍박을 받지 않더라도 따돌림 당하고 무시당하는 것은 그에 상당하는 괴로움이다. 너무나 많은 그리스도인들이 친구들이나 직장 동료들에게 받아들여지기 위해서 담을 넘어 타협할 수 있는 중간지점을 찾으려고 한다. 아무도 남들에게 지나치게 경건하고 정죄하는 사람처럼 보이고 싶어 하지 않는다. 친구들 사이에서 '사람 좋다'는 소리를 듣고 싶은 유혹은 아주 강력하다. 주님께 진실하기 위해서 유혹을 물리친다면 사람들의 조롱과 무시를 견뎌야 한다. 대중매체조차도 점점 더 노골적으로 기독교 신자들을 조롱하고 있다.

대중매체의 메시지는 무엇인가? 당신은 원하는 것은 무엇이든지 가질 수 있고, 그럴 자격이 있다는 거짓말이다. 당신이 그리스도인이라서 다른 가치관을 따라야 한다는 생각은 버려라. 세상은 당신이 자신의 행복과 안락을 위해서 필요하다고 믿는 모든 것을 가질 수 있다고 말한다. 그리고 우리는 사탄이 육신의 정욕과 안목의 정욕과 이생의 자랑을 통해서 우리를 빗나가도록 만들고 있다는 것을 깨닫지 못한다. 사탄은 얼마나 성공적으로 이 세상의 물질주의적이고 자기중심적인 가치를 사용해서 우리에게 이러한 것을 누릴 자격이 있다는 생각을 불어넣고 있는가. "너는 그것을 누릴 자격이 있어. 남들도 다 그렇게 하는데 뭘." 우리는 물질에 영광을 돌리면서 우리가 하나님에게서 영광을 빼앗고 있다는 것, 창조주 대신 피조물에게 영광을 돌리고 있다는 것을 깨닫지 못한다.

나는 우리 집안에 어떤 종류의 음란물도 허용하지 않는다. 어쩌다가 우편물에 끼어오면 곧장 쓰레기통으로 던진다. 그러나 사회는 점점 더 유혹으로 넘치고 있다. 심지어는 그리스도인들도 인터넷을 통해서 이 덫에 걸려든다. 육적인 쾌락을 위해서 특정한 지역을 찾아야 했던 때는 지금보다 순결을 지키기가 쉬웠을지도 모르겠다. 우리의 적은 교묘하게 그렇게 겉으로 드러내지 않고도 그런 일에 참여할 수 있도록 하는 데 성공했다. 노골적인 성적 내용이 없는 영화나 텔레비전 프로그램을 찾아보기가 어렵다. 오락의 세계는 조금씩 우리를 끌어들여서 우리가 마음에 이런 세상적인 가치를 계속 주입하면서도 그 영향을 받지 않을 수 있다고 믿게 만든다. 그냥 긴장을 풀고 재미로 보는 것일 뿐이다. 성적인 내용뿐 아니라 살인과 폭력조차도 재미로 즐기는 일이 되어 버렸다. 이것이 하나님의 가치와 삶의 거룩함에 대해 의미하는 것이 무엇일까?

나는 설교를 위해서 주말에 여행을 많이 한다. 때로는 그날의 스포츠 뉴스를 보려고 스포츠 방송을 틀 때가 있다. 그런데 토요일 밤은 물론이고 언제든지 텔레비전 채널 여기저기에서 성적인 화면을 보지 않으려야 않을 수가 없다는 것을 알게 되었다. 사탄이 이러한 영상을 얼마나 우리 마음에 계속해서 심는지 기가 막힐 지경이다. 이런 영상은 며칠 동안 기억에서 사라지지 않는다. 사탄은 우리 마음에 접근할 수 있으며 이 세상의 것들을 이용해서, 육신의 정욕과 안목의 정욕, 이기적인 욕구를 충족시키라는 유혹을 통해서 우리 삶 속에서 하나님의 거룩하심을 빼앗고자 한다. 이렇게 사탄은 우리에게 세상과 그 죄악 된 기준에 맞추어 살라고 끊임없이 압력을 가한다.

우리가 이토록 유혹에 약한 이유 중 하나는 우리가 이 세상의 것들에 너무나 쉽게 우리 자신을 노출하고 실제로 이를 즐기기 때문이다. 우리는 그리스도 안의 자유를 주장하고 우리가 은혜 아래 있으며 세상적인 즐거움을 금지하는 율법주의 아래 있지 않다고 말할 수도 있다. 그러나 바울은 고린도전서 6장 12절에서 이렇게 말한다. "모든 것이 내게 가하나 다 유익한 것이 아니요 모든 것이 내게 가하나 내가 무엇에든지 얽매이지 아니하리라." 광야에서 멸망한 이스라엘 민족의 사례가 이 세상의 죄악된 것에 대해 심상히 여기는 우리의 태도에 대해 경고하고 있다. 고린도전서 10장은 이스라엘 백성들이 먹고 마시고 노는 일에 빠졌으며 악한 행위를 탐하고 부도덕한 행동을 했다고 서술한다. 그리고 10장 11절은 이렇게 말한다. "그들에게 일어난 이런 일은 본보기가 되고 또한 말세를 만난 우리를 깨우치기 위하여 기록되었느니라."

너무나 많은 그리스도인들이 도덕적인 실패를 받아들인다. 결혼서약을 어기고 불륜에 빠지거나 이 세상의 감각적이고 부도덕한 행동을 받아들인다. 우리의 자기중심적인 육적 본성은 우리에게 그럴 자격이 있다고 말하고 우리에게 즐거움을 주는 것이면 뭐든지 괜찮다고 말한다. 최근 가까운 친구 한 명이 오랜 결혼생활 끝에 이혼을 했다. 나는 실망한 정도가 아니라 완전히 좌절했다. 나는 내 눈앞에서 벌어지는 일을 믿을 수가 없었다. 나는 그 친구에게 먼저 무슨 일인지 물었다. 그는 이혼을 정당화하기 위해서 이렇게 말했다. "아내가 더이상 나의 필요를 채워주지를 못해." 나는 분노를 완전히 감추지 못한 목소리로 말했다. "그것이 이혼과 무슨 상관이 있어?" 나는 좀더 심한 말로 지적을 해주어도 될 만큼 우리 관계가 가깝다고 생각했기에 이어서 말했다. "너는 결혼할 때 주님과 네 아내에게 너 자신을 그녀에게 주겠다고 서약을 했어. 너의 인생의 관심과 초점은 네 아내의 행복과 안녕과 기쁨이 되어야 해. 너와 너 자신의 필요와는 아무 상관이 없어."

요즘은 그리스도인들 사이에서도 이혼이 숱하게 일어나고 있다. 많은 사람들이 결혼은 각각의 배우자가 50 대 50으로 서로 동등하게 주고받기로 약속하는 관계라는 세상적인 개념을 받아들인다. 그러나 결혼하고 나서 이 헌신의 비율이 90 대 10도 채 안 된다는 것을 알게 된다. 내가 어떻게 해서 이 현실을 깨닫게 되었는지 자세히 설명할 필요는 없지만 갑자기 다른 한 사람과 내 삶을 공유해야 하는 데서 오는 모든 갈등과 조정을 기억하고 있다. 나는 아내를 사랑하고 돌보는 것이 내 의무라는 것을 알고 있었고 온 마음으로 그렇게 하기를 원했다. 그러나 나 역시 받기를 바라는 것들이 있었다. 사랑받고 존경받고 배려를 받기 원했다. 나는 사랑에 빠져있었으므로 정말 우리의 관계를 위해서 90퍼센트, 내 인생과 내 시간, 그리고 아내가 원하는 모든 것을 줄 자세가 되어 있다고 생각했다. 그러나 나도 조금은 보답을 받기를 원했다. 내 필요를 위해서 10퍼센트를 주기를 바라는 것이 그리 과도한 것은 아니라고 생각했다. 그러나 그게 그렇게 되지 않았다. 왜냐하면 내가 90퍼센트를 주는 것이 내가 받는 것에 달려 있는 한, 여전히 내가 중심이기 때문이다. 결혼관계는 오직 배우자에게 100퍼센트 헌신했을 때만 제대로 유지된다. 이것이 바로 사랑이다. 보답을 받든지 받지 못하든지 자신을 주는 것이다. 그리고 사랑은 하나님께로부터 난다. 우리는 하나님을 따르고 성령의 능력을 받음으로써만 서로를 사랑하고 남에게, 혹은 이 잃어버린 세상에게 자기를 줄 수 있다. 사랑은 갈등과 분쟁과 죄된 육적 만족을 추구하는 자기중심성을 용납하지 않는다. 세상은 우리의 필요가 채워져야 하며 우리가 욕망을 충족시킬 권리가 있고, 내가 이 세상에서 가장 중요하다고 확신하게 만든다.

선교사나 목사나 기독교 사역자가 도덕적으로 실패한 소식을 듣는 것만큼 나를 비통하게 하는 일은 없다. "어떻게 이런 일이 일어날 수가 있을까?" 그들은 사역과 소명을 저버리고 결혼과 가정을 파괴할 뿐 아니라 이 잃어버린 세상에서 하나님의 나라를 증언하는 일에 파괴적인 영향을 미친다. 선교지에서 이렇게 그 동안 선포한 말씀과 반대되는 일이 일어날 때 훈련을 받던 새신자들은 실망하고 막 개척한 어린 교회의 능력은 가로막힌다. 선교사나 영향력 있는 목사가 넘어졌을 때 사탄이 얼마나 기뻐할지 상상해 보라. 모든 그리스도인이 다 연약하지만, 어둠의 세력을 두려워하지 않고 사탄의 영토에 가까이 발을 들여놓는 사람들은 첫 번째 목표물이 된다. 우리는 선교사들에게 그들이 사탄의 영토로 발을 들여놓고 있다고 경고한다. 사탄은 자기의 흑암의 왕국을 뺏기지 않으려고 하며 하나님의 왕국을 대표하는 자는 사탄의 공격을 받을 것이다. 사탄이 우리의 증언과 사역을 파괴하는 데는 육신의 정욕을 부추겨서 이기적이고 육적인 만족에 굴복하게 하는 것보다 더 효과적인 방법은 없다.

많은 사람들이 이러한 세상적인 정욕의 씨앗이 인터넷의 음란물을 통해서 뿌려진다고 말한다. 다른 사람 모르게 이런 것들에 빠질 수 있기 때문이다. 이런 것들은 우리 마음을 병들게 하고 죄 된 행위를 하게 한다. 한 남자와 여자가 자기 배우자가 아닌 사람에게 끌리고 그와 같이 있다는 사실에 기쁨을 느낀다. 여러 명이 있는 자리를 넘어서 둘이 서로 같이 있을 기회를 찾게 된다. 그러면서 자신이 의도적으로 그렇게 한다는 것을 부인한다. 간음을 저지를 생각 없이 행한 사교적인 만남이 한결같이 선을 넘어가게 된다. 왜냐하면 사탄이 우리 인간의 강한 본성을 하나님께서 의도하신 영광스럽고 거룩한 방식이 아니라 부적당한 방법으로 사용하도록 그에게 문을 열어주었기 때문이다.

우리는 우리의 활동이나 오락이나 관계에 있어서 어떤 부적합한 일도 생기지 않도록 미리 생각하고 계획해야 한다. 나는 텔레비전을 볼 때 어머니나 아내나 나의 목자와 함께 보기 거북한 것은 절대로 보지 않는다는 원칙을 실천하고 있다. 그 외에 아이들에게 읽어주기에 적당하지 않은 것들은 읽지 않는다. 그리고 나의 아내를 제외하고는 결코 이성과 단 둘이 있지 않으려고 한다. 인터넷에 방어장치를 설치하라. 사탄이 우리의 본능을 자극할 기회를 차단하라. 야고보서 4장 4절은 이렇게 경고한다. "세상과 벗된 것이 하나님과 원수 됨을 알지 못하느냐 그런즉 누구든지 세상과 벗이 되고자 하는 자는 스스로 하나님과 원수 되는 것이니라."

예수님께서는 제자들에게 그들이 세상에 속하지 않았기 때문에 세상으로부터 미움을 받으리라고 말씀하셨다. 그들은 다른 세상 사람들처럼 살지 않았고 그들의 거룩함은 세상 사람들의 수치스러운 행동과 가치를 드러낸다. 요한복음 17장 15절에서 예수님은 아버지께 이렇게 기도하셨다. "내가 비옵는 것은 그들을 세상에서 데려가시기를 위함이 아니요 다만 악에 빠지지 않게 보전하시기를 위함이니이다." 우리가 이 세상에 사는 한 우리는 세상의 유혹과 마주칠 것이고 사탄은 하나님께로부터 오지 않은 욕망들을 가지고 우리를 유혹할 것이다. 예수님은 제자들을 위해서 기도하신 것처럼 우리를 위해서도 기도하고 계시고 하나님께서는 우리를 악한 자로부터 지켜주고 계신다.

세상적인 욕심에 빠지지 않도록 하는 효과적인 방법 중 하나는 상호

책임의 관계를 갖는 것이다. 이것이 하나님께서 우리에게 교회의 일부가 되게 하신 이유 중 하나다. 그러나 우리가 자기를 열고 정직하고 투명해지지 않는다면 이런 교제는 아무런 의미도 없다. 모든 남편과 아내가 서로에게 아무것도 숨기지 않는 상호책임의 관계를 가져야 한다. 하나님께서는 여럿이 함께할 때 힘을 주신다. 우리는 죄 된 타락한 세상에 살고 있기 때문에 우리가 매일 접하는 좋지 못한 영향과 유혹에 혼자서는 맞설 수 없다. 우리는 서로가 필요하다. 선교팀원, 교회 스태프, 기독교 동역자, 가족, 혹은 주님을 위해서 살기로 결단한 친구들이 서로서로를 위해서 책임을 져야 한다.

국제 선교위원회는 우리의 선교사들이 유혹에 넘어가서 도덕적으로 실패하여 사역을 망치고 가정을 파괴하고 선교사역을 좌절시키는 일이 일어나는 것을 방지하기 위해서 가능한 모든 일을 하고 있다. 우리는 철저하게 선별을 하고 더이상 세밀할 수 없을 정도로 세밀한 질문을 한다. 우리는 오리엔테이션에서 더 할 수 있는 일이 무엇이 있을까 생각해 보았지만 더이상 할 일이 없을 정도로 이미 아주 솔직하게 이 문제를 다루고 있다. 결국 나는 하나님께 영광을 돌리는 거룩한 생활을 유지할 수 있게 하는 방법은 단 한 가지뿐이라는 결론에 도달했다. 즉 하나님을 향해 온전히 헌신함으로써 거룩함과 순결함에서 우리를 조금이라도 벗어나게 하는 것은 우리 마음에 발도 들여놓지 못하게 하는 것이다.

텍사스에 있는 한 교회의 스태프인 앤디 디에츠는 오랫동안 선교여행을 조직하는 일을 해왔다. 한번은 선교여행이 끝나고 젊은이들은 다 귀국을 했는데 앤디는 그 지역의 선교사를 방문하기 위해서 남았다. 그는 유럽의 한 도시를 경과해서 귀국할 예정이었다. 밤중에 비행기를 타야해서 시내로 저녁식사를 하러 나갔다가 실수로 모르는 위험한 동네에 들어가 강도를 당하고 유괴까지 되었다. 강도들은 그가 가진 돈을 다 빼앗고 자동인출기에서 인출할 수 있는 돈도 다 인출하게 만든 후 가족에게 전화를 해서 5천 달러를 내야 풀어주겠다고 협박했다. 그의 가족이 우리에게 이 소식을 알렸고 우리는 기도망을 가동한 뒤 그 도시에 있는 사람에게 연락을 했다. 그 사람은 앤디가 그 도시에 있다는 사실조차 모르고 있었다. 그들은 경찰에 신고를 했다. 다행히 경찰이 출동하기 전에 앤디는 강도들이 먹고 마시는 틈을 타서 도망쳤다.

그가 귀국한 뒤 나는 그에게 전화를 걸었다. 그런 일을 겪고 나서도 계속해서 선교여행을 갈 생각이냐고 묻자 그는 이렇게 말했다. "물론이지요. 아이들을 해외 선교지에 데리고 가는 것이 제게는 가장 보람 있는 일인 걸요. 그때는 제가 좀 방심했습니다. 이제는 어디를 갈 때 좀더 조심해야 한다는 것을 알게 되었습니다." 그리고 그는 두들겨 맞고 결박을 당하고 차의 트렁크에 던져져서 생명이 위태롭게 되었을 때를 회상했다. "그들에게 내 생명은 아무 가치도 없었어요. 그 사람들은 눈 하나 깜짝 안 하고 저를 죽일 사람들이었어요. 내가 죽은들 누가 알겠어요. 제가 얼마나 결사적으로 도망치려 했을지 아시겠지요. 머릿속에 떠오른 것은 하나님께서 '앤디, 네가 바로 이렇게 결사적으로 나를 알려고 해야 하는 거란다' 라는 말씀뿐이었어요."

나는 믿을 수가 없었다. 생명이 위험한 상황에서 얼마나 결사적으로 도망치려고 할지는 상상할 수 있었다. 그러나 하나님을 더 온전히 알기를 그렇게 결사적으로 원하는 것, 하나님과 하나님의 거룩하심을

> 세상의 유혹에 맞서는 가장 효과적인 방법은 하나님을 알기에 갈급한 마음을 갖는 것이다!

향해서 그렇게 열정적인 마음을 갖는 것을 상상할 수 있는가? 나는 이것만이 부도덕한 행동을 방지할 수 있는 유일한 길이라고 생각한다. 우리는 항상 연약하다. 사탄은 이를 꿰뚫어 보고 있다. 그러나 그리스도께서는 우리가 거룩하고 승리하는 삶을 살 능력을 이미 주셨다.

선교사 임명이 늘어나면서 국제 선교위원회는 예산 부족으로 어려움을 겪게 되었다. 가끔씩 이런 편지를 보내는 선교사들이 있었다. "선교사들을 너무 많이 보내지 말고 숫자를 제한하면 현재 선교지에 있는 사람들에게 좀더 많은 지원을 할 수 있을 것입니다." 나는 그들이 어떻게 그런 생각을 할 수 있는지 마음이 무너지는 것 같았다. "잃어버린 세상을 향해서 더 많은 선교사를 파견하는 것보다 나에게 좀더 높은 급료를 주는 것이 더 바람직합니다. 더 많은 족속에게 더 많은 선교사를 보내서 그들을 지옥에서 구원하는 것보다 나의 필요가 더 중요합니다!" 많은 사람들이 우리가 누릴 자격이 있다고 확신하게 된 안락하고 안전한 삶을 희생하기를 원하지 않기 때문에 선교사로 가는 것을 아예 고려조차 안하고 있다. 예산 부족이 더욱 심해져서 새로운 인원의 숫자를 줄여야 했을 때 다른 선교사들은 이런 편지를 보내왔다. "각각의 선교 집단이 받은 급료의 일부를 되돌려주면 새로운 인원을 파송할 수 있지

않을까요?"

새 선교사들은 하나님의 부르심에 대한 큰 헌신의 마음을 품고 선교지로 떠나간다. 잃어버린 세상을 구원하기 위해서 무슨 희생이든지 치를 각오를 가지고 그들은 급료나 혜택에 대해서는 거의 물어보지도 않는다. 그러나 선교지에서 한동안 지내면서 그러한 희생의 현실이 어떤 것인지 경험한 뒤에는 태도가 변하는 사람들이 있다. 생활은 빠듯하고 달러는 약세이고 물가는 치솟는다. 좀더 여유가 있는 사람들은 수입품 가게에서 물건을 산다. 예수님께서 우리를 희생적인 삶으로 부르셨다는 것을 금세 잊어먹는다. 누릴 자격이 있다는 생각이 서서히 떠오르는 것은 드문 일이 아니다.

물가가 비싼 지역에서 섬기던 한 선교사가 사임을 했다. 국제 선교 위원회가 주는 후원금을 가지고는 생활이 안 된다는 것이었다. 선교사 급료로 살 수 없다는 것을 설명하기 위해서 그는 맥도날드에서 햄버거를 사먹는 데 일주일에 57달러(약 67,000원)가 든다는 말을 했다. 세상 사람들이 즐기는 일을 우리도 할 자격이 있으며 주님을 섬기기 위해서 우리도 그것을 즐겨야 한다는 이런 생각은 어디서 나온 것일까? 사탄은 우리를 세상의 가치로 유혹하여 우리가 안락한 생활을 누릴 자격이 있으며 다른 사람들처럼 사치를 누릴 수 있는 후원금을 받을 자격이 있다고 생각하게 한다.

예수님께서는 우리가 따라야 할 희생의 삶의 본을 보이셨다. 소유물과 물질적인 것들이 그 자체로 죄가 되는 것은 아니다. 하나님께서는 우리의 필요를 채우신다. 집과 침대와 부엌과 가재도구를 주신다. 그러나 이런 것들이 하나님의 영광을 위해서 쓰여야 한다는 것을 기억한다면 과도한 소비를 하지 않게 될 것이다. 무엇보다도 우리가 더 많이 가지고자 하는 유혹에 넘어가서 신용카드를 남용하여 빚의 노예가 될 때 우리는 예수님께서 우리를 자기부인의 삶으로 부르셨다는 것을 기억해야 한다.

〈왕관과 십자가〉

그들은 그리스도 주께서 내려오셨을 때 그분의 머리를 누일 침대를 빌렸습니다.
산을 넘어 예루살렘으로 들어갈 때 그들은 주를 위해 나귀를 빌렸습니다.
그러나 그가 쓰신 왕관과 그가 지신 십자가는 그분 자신의 것이었습니다.
십자가는 그분 자신의 것이었습니다.

그분이 군중을 가르칠 때 그들은 그분을 위해 배를 빌렸습니다.
그분이 쉴 때 그들은 쉴 곳을 빌렸습니다. 그분에게는 집이 없었습니다.
그러나 그가 쓰신 왕관과 그가 지신 십자가는 그분 자신의 것이었습니다.
십자가는 그분 자신의 것이었습니다.

그들은 그분이 산에서 군중들을 먹이실 때 빵을 빌렸습니다.
그들은 부스러진 물고기 한 접시를 빌렸고 그분은 그것으로 만족했습니다.
그러나 그가 쓰신 왕관과 그가 지신 십자가는 그분 자신의 것이었습니다.

십자가는 그분 자신의 것이었습니다.

그들은 무덤으로 가는 길에 방을 빌렸습니다. 유월절 양을 먹기 위해서.
그들은 그의 무덤으로 동굴을 빌렸습니다. 그들은 헝겊을 빌렸습니다.
그러나 그가 쓰신 왕관과 그가 지신 십자가는 그분 자신의 것이었습니다.
십자가는 그분 자신의 것이었습니다.

머리에 쓰신 왕관은 내 대신 쓰신 것이었습니다. 나를 위해서
구원자가 죽었습니다.
나의 죄를 위해서 못이 박혔습니다. 그들이 그분을 십자가에 달았을 때
그리고 그가 쓰는 왕관과 그가 지신 십자가가 그분 자신의 것이었지만
사실은 나의 것이었습니다. _작자 미상

    나의 인도네시아의 첫 임기 중에 우리 선교 조직은 교회성장 전략을 연구하던 중 우리의 교회개척 방법을 바꾸어야 한다는 것을 깨닫게 되었다. 당시는 공산주의 쿠데타가 무산된 직후였고 교회들은 급속히 성장하고 있었다. 그러나 우리 자신은 그러한 성장을 맛보지 못하고 있었고 하나님께서 일하시는 방식에 맞춰서 우리의 전략을 바꾸어야 했다. 그러나 우리가 연구를 시작했을 때 하나님께서는 우리의 성공을 가로막는 다른 문제들, 즉 관계, 생활방식, 조직의 구조 등의 문제들을 보게 하셨다. 주님께서는 특히 우리의 생활방식과 관련하여 우리 마음속에서 역사하기 시작하셨다. 저항하는 사람들도 있었지만 확신은 번져갔고 결국 모든 사람이 동의하게 되었다. 우리는 외교관들과 사업가들이 사는 동네에 있는 크고 좋은 집을 버리고 나오기로 결정했다. 우리는

인도네시아 목사들과 우리가 사역하는 보통 사람들의 삶의 방식과 좀 더 일치하는 생활방식을 받아들여야 한다는 것을 깨달았다. 많은 사람들이 집안에 전기도 수도도 없는 마을들로 들어가기로 결단했다. 이런 기세가 점점 커짐에 따라 주님께서 일하시는 것도 분명해졌다.

한 부인이 우리 모임에서 일어나더니 눈물을 흘리며 말했다. "우리는 이 일을 해야 합니다. 하나님께 쓰임 받기 위해서는 마을들과 캄풍(근방에 있는 게토 – 중세 이후의 유럽 각 지역에서 유대인을 강제 격리하기 위해 설정한 유대인 거주 지역)에 들어가야 합니다. 사람들로부터 고립되어서 우리의 생활방식을 그대로 유지해서는 안 됩니다." 그녀는 흐느끼면서 말했다. "그런데 나는 냉장고 없이는 살 수가 없어요!" 그녀는 그러한 헌신의 실제적인 결과를 깨닫기 시작한 것이다. 하나님께서는 우리가 하나님께서 부르신 곳에서 성공적으로 섬기기 위해서 우리에게 필요한 것들을 알고 계신다. 하나님은 우리 가족의 건강에 관심이 있으시다. 하나님께서 우리가 냉장고 없이 살기를 원하지는 않으시겠지만 우리 자신을 위해서는 기꺼이 냉장고를 포기하는 것이 낫다!

우리가 기꺼이 포기하지 못하는 것이 있을 때 우리는 헌신에 한계를 긋게 된다. 그리스도의 주권은 우리가 주님께 온전히 드리고 모든 권리를 완전히 포기할 것을 요구한다. 그러나 세상은 우리도 남들이 가진 것들을 가질 자격이 있으며 타협해도 괜찮다고 설득한다. 나는 러시아나 홍콩에서 70평 정도 되는 집에서 여섯 명의 식구가 사는 것을 보았다. 그러나 어떤 사람들은 200평 이하의 집에서는 살 수 없다고 한다.

일부 선교사들은 그 나라 수도의 넓은 집에서 많은 편의시설을 누리며 산다. 그러면 벽지의 고립된 곳에 사는 선교사들은 무언가 박탈당했다고 느끼고 이런 격차와 자신들의 희생에 대해 불평하는 마음이 생긴다.

이런 평등과 자격의 개념이 어디서 온 것일까? 하나님께로부터 온 것은 아니다. 세상으로부터 온 것이다. 예수님께서는 편한 삶을 버리고 자아에 대해 죽으라고 우리를 부르셨다. 예수님께서 제자로 부르시는 것은 언제나 희생하라고 부르시는 것이다. 만약 모든 선교사가 수도나 편리한 곳에만 산다면 전 세계에는 복음을 듣지 못하는 사람이 많아질 것이다. 심지어 선교사들 사이에서조차 존재하는 시기와 질투와 탐욕의 근원은 사탄이며, 우리가 희생과 순종을 통해서 하나님께 돌려야 할 영광을 **빼**앗고 있는 것이다.

우리 선교사 중 한 사람은 아직 복음을 듣지 못한 어떤 그룹의 사람들을 위해 파송되었다. 그는 그곳에 가기 위해서 먼 곳을 다녀야만 했다. 2, 3년 후 마침내 그는 그 지역 땅을 얻어 집을 지을 수 있게 되었다. 그곳은 고립된 지역이었기 때문에 선교 센터와 학교 교실, 학생들을 위한 공간 등이 필요했다. 그는 약 3천 평방피트의 집을 고안했다. 미국의 기준으로 보면 그리 크지 않지만 선교위원회가 제3세계 나라에 적당하다고 생각한 1600평방피트를 훨씬 넘는 면적이었다. 문제는 근처 일대에 진흙벽으로 된 초가집밖에 없는 곳에 저택처럼 보이는 집을 짓는다는 사실이었다. 선교위원회는 이것이 단순히 선교 정책에 위배될 뿐 아니라 그런 집에서 살면서 가난한 사람들을 전도한다는 것이 부적합하다는 점을 들어 그를 설득하고자 했다. 그는 강렬하게 반발하면서 국제 선교위원회가 자신의 사역을 지원하지 않고 자기가 하는 일을 인정하지 않는다고 심하게 화를 냈다. 행정 책임자들이 자기 가족과 그들의 필요에 무관심하다는 것이었다. 그는 지도자들을 율법주의자들이고 영적이지 못하다고 비판했다. 결국 상황은 그가 사임을 하려고 귀국을 하는 사태로까지 악화되었다.

나는 우연히 한 선교대회에 그와 함께 참석하게 되었다. 그는 이를 복수의 기회로 삼았다. 그는 모든 사람들이 얼마나 불공평하고 우리 정책이 얼마나 율법주의적이며 얼마나 자신의 가족을 고려하지 않고 자신의 사역을 지원하지 않았는지 쏟아놓았다. 이어서 그는 사퇴할 의사를 표했다. 마침내 그가 말을 마쳤을 때 나는 그의 이름을 부르며 물었다. "하나님께서 당신을 그 사람들에게 보내신 것을 믿습니까?" 그는 대답했다. "그럼요. 그러니까 거기 갔지요." 나는 물었다. "당신이 물러나면 그 자리를 채울 사람이 있습니까?" "아니요. 내가 알기로는 없습니다." 나는 계속해서 말했다. "그럼 결국 이런 이야기가 되는데요. 당신이 하나님의 뜻이라고 확신한 것에 대해 불순종하려 하고 있고, 이 사람들을 지옥에 가도록 내버려 두려고 한다는 것입니다. 그리고 이것은 당신이 크고 편안한 집을 가질 수 없기 때문입니다. 이런 뜻입니까?" 그는 아무 말 없이 나를 쏘아보았다. 그리고 나중에 그 사람은 다시 선교지로 돌아가기로 결정했다.

우리의 생각은 너무나 꼬이고 왜곡될 수 있다. 그러나 사실 그렇게 놀라운 일은 아니다. 사탄은 우리가 세상의 물질적인 기준을 받아들이도록 우리 안에 욕구와 욕망을 만들어내고 그것을 누릴 자격이 있다는 생각으로 합리화하게 만든다.

해외에서 지도자 역할을 하고 있을 당시 나는 첫 임기를 막 마친 한 선교사 부부를 인터뷰한 적이 있었다. 언어학습을 마친 뒤에 그들은 어려운 이슬람 국가로 들어갔으나 사실상 아무런 성과도 이루지 못한 채 힘든 시간을 보냈다. 아이들은 아프고 사람들은 그들을 받아들이지 않았으며 동네의 불량배들이 밤새도록 그들의 양철지붕에 돌을 던지며 위협을 한 일도 있었다. 임기 내내 아무런 보고할 것이 없다는 데 낙심한 이들은 "다음에는 좀더 사용될 수 있는 곳에 갈 수 있으면 좋겠습니다"라고 말했다.

나는 선교지를 옮기는 것을 고려해 보자고 말했다. 그들은 헌신되어 있었고 은사도 있었다. 그 나라의 다른 곳이나 그 이웃 나라들 중에 그들이 갈 만한 곳이 생각났다. 그들이 고려해 볼 만한 몇 가지 가능성에 대해서 이야기를 시작하자 그들은 내 말을 막고 이렇게 말했다. "제리, 이 말씀을 드리고 싶은데요. 우리는 다음 임기에도 이곳에 기꺼이 돌아올 마음이 있어요." 나는 성급하게 그들이 지금 일하고 있는 곳에 돌아오고 싶어 하지 않는다고 결론을 내렸던 것이다. 나는 믿어지지가 않아서 큰 소리로 말했다. "그렇게 온 가족이 어려움을 겪고 성과도 확실치 않은데 다시 4년 동안 이런 상황을 대면할 수 있다고요?" 그들은 대답했다. "네. 언어 공부를 마치고 이곳에 와서 우리가 어떤 곳에 와 있는지를 깨달았을 때 우리는 하나님께서 우리를 성공이나 개인적인 자기실현을 위해서가 아니라 순종을 하도록 부르셨다는 것을 받아들여야 했습니다. 만약 이곳이 하나님께서 원하시는 곳이라면 다른 곳을 고려하기를 원하지 않습니다."

이것은 이 세상에서 오는 태도가 아니다. 이 세상은 인생을 계획해서 자기 뜻을 펴나가고 원하는 것을 얻으라고 말한다. 우리는 성공과 성취를 얻을 자격이 있다. 만약 잘 안 되면 다른 곳으로 옮기고 다른 직장을 찾아라. 어느 누구도 당신이 원하는 것을 빼앗게 해선 안 된다. 다른 사람들이 즐기고 있는 안락과 편리함을 기꺼이 희생하는 것은 이 세상의 가치관과 맞지 않는다. 그러나 예수님께서는 우리를 순종하라고 부르셨다. 그가 인도하는 곳이면 어디든지 가야 한다. 순종에는 이 세상이 원하는 것과 반대되는 희생과 고통이 따를 수 있다. 우리는 끊임없이 이 세상의 가치관의 유혹을 받아서 우리가 마땅히 그런 것을 누려야 한다고 믿게 된다. 그리고 이 모든 것은 사탄이 세상을 이용해서 우리를 하나님의 뜻과 하나님을 영광스럽게 하는 생활방식으로부터 벗어나게 하는 영적 전쟁의 일부다.

> 하나님께서는 우리를 성공이나 자아실현을 위해 부르신 것이 아니라 순종하라고 부르신 것이다.

요한일서 2장 15절은 이렇게 말한다. "이 세상이나 세상에 있는 것들을 사랑하지 말라 누구든지 세상을 사랑하면 아버지의 사랑이 그 안에 있지 아니하니." 하나님을 사랑하고 절실히 하나님을 온전히 알고자 하는 마음만이 육신의 정욕과 안목의 정욕과 이생의 자랑의 유혹에 저항할 수 있게 해준다. 그러나 우리 자신의 연약한 노력만으로 이 세상의 유혹에 맞서야 하는 것은 아니다. 하나님은 우리가 그를 믿고 따를 때 우리에게 승리를 주신다. 요한일서 5장 4절은 이렇게 말한다. "무릇 하나님께로부터 난 자마다 세상을 이기느니라 세상을 이기는 승리는 이것이니 우리의 믿음이니라." 우리는 우리 안에 계신 분으로 인해 이 승리를 소유하고 있다. 그분은 사탄이 우리를 더럽히고 패배하게 하기 위해서 사용하는 모든 유혹과 덫보다 크시다. 요한일서 4장 4절은 이렇게 말한다. "자녀들아 너희는 하나님께 속하였고 또 그들을 이기었나니 이는 너희 안에 계신 이가 세상에 있는 자보다 크심이라." 우리 구원받은 사람들은 디도서 2장 11~12절의 말씀을 경청해야 한다. "모든 사람에게 구원을 주시는 하나님의 은혜가 나타나 우리를 양육하시되 경건하지 않은 것과 이 세상 정욕을 다 버리고 신중함과 의로움과 경건함으로 이 세상에 살고."

우리는 새 생명을 얻었다. 우리는 세상의 유혹에 넘어갈 아무런 변명거리가 없다. 고린도전서 2장 12절은 말한다. "우리가 세상의 영을 받지 아니하고 오직 하나님으로부터 온 영을 받았으니 이는 우리로 하여금 하나님께서 우리에게 은혜로 주신 것들을 알게 하려 하심이라." 요한계시록 11장 15절은 이렇게 말한다. "세상 나라가 우리 주와 그의 그리스도의 나라가 되어 그가 세세토록 왕 노릇 하시리로다." 이것이 하나님께서 모든 영광과 명예와 권능을 받으시도록 지금 하고 계신 일이다. 이 나라는 우리, 하나님의 백성 안에서 시작되고 있다. 우리는 하나님의 왕국을 반영해야 한다. 하나님께서 우리 삶을 다스리시고 세상 것에 물들지 않아야 한다.

디모데후서 2장 15절은 우리에게 이렇게 권고한다. "너는 진리의 말씀을 옳게 분별하며 부끄러울 것이 없는 일꾼으로 인정된 자로 자신을 하나님 앞에 드리기를 힘쓰라." 16절에는 그 방법이 나와 있다. "망령되고 헛된 말을 버리라 그들은 경건하지 아니함에 점점 나아가나니" (역주-이런 말은 더욱더 경건치 못함을 낳으니). 우리는 가족을 부양하고 육신의 필요를 채우기 위해서 이 세상에서 일한다. 그러나 세속적인 일터에서도 하나님께 영광을 돌리고 하나님을 섬겨야 한다는 것을 기억해야 한다. 우리는 하나님께서 인정하시는 삶을 살도록 부지런히 노력해야 한다. 그러기 위해서는 하나님에게서 영광을 빼앗는 불경건한 태도와 행동을 낳는 헛되고 세상적인 대화를 피해야 한다.

CHAPTER 5

영과 육의 전쟁

> 내가 이르노니
> 너희는 성령을 따라 행하라
> 그리하면 육체의 욕심을 이루지 아니하리라
> 육체의 소욕은 성령을 거스르고
> 성령은 육체를 거스르나니
> 이 둘이 서로 대적함으로
> 너희가 원하는 것을 하지 못하게 하려 함이니라
> 너희가 만일
> 성령의 인도하시는 바가 되면
> 율법 아래에 있지 아니하리라
>
> 갈라디아서 5:16-18

우리의 세 가지 적 중 마지막은 육이다. 우리가 영적 전쟁, 영과 육의 싸움에 대해서 생각할 때 제일 먼저 떠오르는 것이 바로 육이다. 이것이 바로 개인적인 전투가 벌어지는 영역이다. 사탄은 우리 삶에서 하나님께 영광을 돌릴 수 있는 것은 무엇이든지 반대한다. 우리 주위의 세상은 물질주의적이고 자기중심적인 가치관을 통해 우리를 옭아매려고 한다. 그러나 사탄의 가장 교묘하고 성공적인 전략은 우리가 아직도 옛 본성의 노예라고 믿게 만드는 것이다. 우리가 이 거짓말을 믿을 때 우리는 이미 전투에 지고 들어가는 것이다.

신약에 나온 육sarx이라는 말은 문자 그대로 몸을 의미하는 말로도 쓰인다. 그러나 대부분의 경우에는 새로 태어나지 못한 옛 본성, 외적인 세상에 반응하는 내재하는 죄의 역학을 의미한다. 육은 자기를 섬기고 자기중심적이기 때문에 사탄의 유혹에 쉽게 넘어간다. 육의 본성은 인생이란 나에 관한 것이고 내 권리와 내가 마땅히 누려야 할 것, 나의 안락, 자아실현에 관한 것이라고 생각하게 만든다. 우리는 모두 성령으로 인도되는 그리스도 중심의 삶과 육에 의해 지배되는 자기중심의 삶 사이에서 갈등을 경험한다.

많은 그리스도인들이 예수 그리스도를 구원자로 받아들이지만 하나님을 영광스럽게 하는 그리스도인의 삶을 살아갈 능력이 없어 좌절한다. 왜냐하면 성령으로 태어나자마자 전쟁이 시작된다는 사실을 알지 못하기 때문이다. 예수 그리스도께서 우리에게 주신 것들을 빼앗아 가려고 하는 적이 존재한다. 사탄이 우리를 대적하며 이 세상이 우리를 둘러싸고, 우리 안에 있는 육이 협력해서 하나님께서 그리스도 안에서 우리에게 이미 확보해 주신 것을 빼앗으려고 획책한다. 우리가 스스로 사탄의 거짓말을 믿고 하나님의 말씀에 대한 믿음을 버리지 않는 이상 사탄은 하나님께서 이미 우리에게 주신 것을 무효화하고 그리스도께서 주신 죄에 대한 승리를 빼앗을 수 없다. 사탄은 우리로 하여금 그리스도 안에서의 삶에 관한 하나님의 말씀을 믿는 대신 우리의 느낌과 경험을 가지고 현실과 진실을 해석하도록 유인한다. 성경은 영과 육의 전쟁에 관해 많은 말씀을 하고 있다. 그리고 그 말씀은 우리가 이미 승리를 받았다는 사실을 확인해 준다. 그러나 사탄은 우리가 말씀을 곡해하여 이 전쟁이 헛된 것이라고 생각하게 하고 패배를 받아들이게 만든다.

갈라디아서 5장 17절은 이렇게 말한다. "육체의 소욕은 성령을 거스르고 성령은 육체를 거스르나니 이 둘이 서로 대적함으로 너희가 원하는 것을 하지 못하게 하려 함이니라." 우리에게는 분명히 두 본성, 즉 영과 육의 싸움이 있다. 우리는 성령으로 거듭났고 성령님은 우리 안에 계신다. 즉 예수 그리스도, 하나님 자신이 우리 안에 계신다. 육은 거듭나지 않은 옛 본성으로서 자기를 섬기고 죄를 짓기 원한다. 우리는 흔히 이 구절을 이렇게 해석한다. "나는 내가 원하는 것이 무엇인지 안다.

나는 그리스도를 위해서 살고 죄가 없는 거룩한 삶을 원한다. 그러나 육 때문에, 내가 원하는 것에 반대하는 죄 된 옛 본성 때문에 그렇게 할 수가 없다." 그러나 이것은 이 말씀의 본의와는 완전히 상반되는 것이다. 이것을 더 자세히 살펴보기 전에 이와 비슷한 구절인 로마서 7장 18~20절을 살펴보자.

바울의 간증은 14절에서부터 시작되지만 그 핵심은 7장 18~20절에 나타나 있다. "내 속 곧 내 육신에 선한 것이 거하지 아니하는 줄을 아노니 원함은 내게 있으나 선을 행하는 것은 없노라 내가 원하는 바 선은 행하지 아니하고 도리어 원하지 아니하는 바 악을 행하는 도다 만일 내가 원하지 아니하는 그것을 하면 이를 행하는 자는 내가 아니요 내 속에 거하는 죄니라."

우리는 모두 이 말씀에 동감한다. 우리는 하나님께서 우리에게 무엇을 원하시는지 알고 있다. 그리고 거룩한 삶이 어떤 것인지 알고, 율법의 가르침과 우리가 어떻게 살아야 하는지를 알고 있다. 즉, 무엇이 옳고 그른지 알고 있다는 것이다. 그런데 죄인 줄 알면서도 하나님께서 기뻐하시지 않는 일을 하며 계속해서 패배한다. 이것이 바울의 딜레마라면 우리와 아무런 차이가 없을 것이다. 나도 이 구절을 이렇게 해석하며 인생의 대부분을 살아왔다. 그리고 이런 각도에서 이 말씀을 가르쳤다. 그리스도인의 삶은 늘 투쟁이고 승리는 손에 잡히지 않는다. 그냥 계속해서 싸워나가라. 왜냐하면 우리의 이중적인 본성과 아직도 우리에게 붙어 있는 육의 죄 된 본성 때문에 이 갈등은 언제나 존재할 것이기 때문이다.

우리는 이 두 말씀을 육이 언제나 승리해서 우리가 원하는 삶을 앗아갈 것이라는 사실을 확인해 주는 구절로 생각한다. 육적인 본성의 존재가 우리가 계속해서 죄를 지으리라는 것을 확인해 준다. 이생에서 정말로 거룩한 삶을 살기는 불가능하다. 그러나 이것은 성경이 말씀하시는 것과 정반대다. 바울의 말뜻을 정확하게 이해하기 위해서는 로마서 6장부터 살펴보아야 한다. 그의 간증은 로마서 6~8장의 단일한 메시지의 맥락에서 이해해야 한다.

로마서 6~8장

로마서 6장 1~3절은 이렇게 말한다. "그런즉 우리가 무슨 말을 하리요 은혜를 더하게 하려고 죄에 거하겠느냐 그럴 수 없느니라 죄에 대하여 죽은 우리가 어찌 그 가운데 더 살리요 무릇 그리스도 예수와 합하여 침(세)례를 받은 우리는 그의 죽으심과 합하여 침(세)례를 받은 줄을 알지 못하느냐." 바울이 여기서 말하는 것은 물로 받는 침(세)례가 아니다. 그리스도 안에 거하는 체험에 관해 말하는 것이다. 물로 받는 침(세)례는 이를 상징적으로 표현한 것이다. 우리는 실제적으로 그리스도의 십자가 죽음 안에 잠기고 참여한다. 성경은 예수 그리스도로 옷 입으라고 말한다. 우리는 그리스도 안에 있다. 이것을 가장 잘 표현하는 개념은 그리스도 안에서 침(세)례를 받는 것이다. 우리는 그와 함께 죽는 것이다. 왜냐하면 그의 죽음은 실제로 우리가 예수님을 구원자로 받아들이고 거듭날 때 우리가 죄에 대해 죽는 것이기 때문이다.

로마서 6장 4절은 이렇게 이어진다. "그러므로 우리가 그의 죽으심과 합하여 침(세)례를 받음으로 그와 함께 장사되었나니 이는 아버지의 영광으로 말미암아 그리스도를 죽은 자 가운데서 살리심과 같이 우리로 또한 새 생명 가운데서 행하게 하려 함이라." 이것은 천국에서 부활한 뒤의 일을 말하는 것이 아니다. 바울은 지금 여기서의 삶에 대해서 말하고 있다. 우리는 그리스도 안에서의 새 삶으로 부활했다. 우리는 그리스도의 죽음에 참여한 것처럼 그의 부활의 참여자다. 이것이 바로 바울이 갈라디아서 2장 20절에서 말하는 바다. "내가 그리스도와 함께 십자가에 못 박혔나니 그런즉 이제는 내가 사는 것이 아니요 오직 내 안에 그리스도께서 사시는 것이라." 이것은 내 인생이 아니다. 우리는 예수 그리스도의 삶 속에 잠겼고 그분과 하나가 되었다.

그리스도가 십자가에 못 박히신 것은 우리의 죄 때문이다. 그래서 그리스도께서 우리를 대신해서 돌아가셨다는 것을 받아들이는 데는 아무런 문제가 없다. 이것은 예수 그리스도에 대한 믿음을 고백하는 모든 사람들의 기본적이고 근본적인 믿음이다. 그렇다면 왜 부활하시고 새 생명을 주신 그리스도의 삶을 받아들이는 것이 이렇게 어려울까?

로마서 6장 6절은 이렇게 말한다. "우리가 알거니와 우리의 옛 사람이 예수와 함께 십자가에 못 박힌 것은 죄의 몸이 죽어 다시는 우리가 죄에게 종 노릇하지 아니하려 함이니." 십자가에 못 박혔다는 것은 죽었다는 것이다. 즉 사형에 처해졌다는 뜻이다. 우리의 육, 몸이 아니라 죄 된 옛 본성은 십자가형에 처해졌다. 우리 삶에 대한 죄의 권능이 폐지되었다. 우리가 다시는 죄에게 종노릇

> 하나님의 말씀은 우리가 죄 된 옛 본성에서 자유로워졌으며 십자가에 못 박혔고, 제거되었고, 우리가 더이상 그 속박 아래 있지 않다고 말한다.

하지 않게 하기 위해서다. 이어서 7절은 이렇게 설명한다. "이는 죽은 자가 죄에서 벗어나 의롭다 하심을 얻었음이라." 하나님의 말씀이 육, 죄 된 옛 본성에 대해서 뭐라고 말씀하시는지 확실히 이해해야 한다. 옛 본성은 십자가형에 처해졌고 제거되었으며 거기서 자유로워졌고 더 이상 그 속박 아래 있지 않다. 이것이 그리스도 안에서 거듭난 신자인 우리의 현실이다!

당신은 죄 된 옛 본성을 이렇게 보고 있는가? 아마도 아닐 것이다. 그러므로 바울은 11절에서 "이와 같이 너희도 너희 자신을 죄에 대하여는 죽은 자요 그리스도 예수 안에서 하나님께 대하여는 살아 있는 자로 여길지어다"라고 말한다. 어떤 역본에서는 여긴다는 말이 '레콘' recon 이라고 되어 있다. 회계사나 경영자들에게 레콘recon이라는 말은 회계장부의 출납을 맞춘다는 뜻이다. 바울이 뜻하는 바가 바로 그것이다. 육이 죽었다는 느낌이 안 들 수도 있다. 분명히 옛 본성에서부터 오는 경건하지 못한 생각들과 유혹들과 싸워야 할 때 육이 죽었다는 것이 확실해 보이지 않을 수 있다. 그러나 성경은 "육이 죽었다고 여겨라. 그렇게 생각해라, 왜냐하면 사실이 그러니까!"라고 말한다. 육의 느낌을 하

나님의 말씀인 진리에 맞춰라.

어떻게 그렇게 할 수 있을까? 어떻게 그렇게 여길 수 있을까? 그것은 그렇게 생각하기를 선택한다는 뜻이다. 뒤에서 믿음의 문제에 대해 우리의 생각이 하는 역할을 살펴볼 것이다. 사탄의 거짓말과 속임수의 표적도 우리의 생각이다. 그리고 사탄의 일차적인 방법은 진리이신 하나님의 말씀을 왜곡하는 것이다. 하나님께서는 이렇게 말씀하시는데 사탄은 그와는 다른 말을 한다. 당신은 누구의 말을 믿을 것인가? 선택은 당신의 마음에 달려 있다. 우리는 육에 대한 승리를 이미 받았다. 승리를 선포하는 핵심으로 우리의 마음을 새롭게 하라고 거듭 말씀하는 이유가 바로 이것이다.

바울은 이어서 6장 12절에서 이렇게 말한다. "그러므로 너희는 죄가 너희 죽을 몸을 지배하지 못하게 하여 몸의 사욕에 순종하지 말고." 어떻게 하면 승리를 우리 것으로 만들고 그 안에서 행할 수 있는지 이제 알 수 있다. 우리는 그리스도 안에서의 우리 경험의 현실과 우리의 죄 된 옛 본성에 대해서 그리스도께서 하신 일을 들었다. 이 승리를 우리 것으로 만들고 현실화하기 위해서 우리가 할 일은 두 가지다. 첫째로 우리는 하나님께서 말씀하신 대로 받아들이고 생각해야 한다. 이것이 바로 믿음이 곧 승리인 이유다. 하나님과 하나님의 말씀을 믿는 것이다. "죄가 너희 죽을 몸을 지배하지 못하게 하라"고 말씀하셨다. 성경은 우리가 할 수 없는 일을 하라고 말씀하지 않는다. 우리는 죄로부터 자유하게 되었다. 그러므로 우리가 그렇게 생각하지 않는 이상, 우리는 자신의 죽을 몸 안에, 즉 육신으로 사는 이생의 삶에 죄가 들어올 자리를 내줄 아무런 변명거리가 없다. 14절은 이 진실을 다시 한 번 강조한다. "죄가 너희를 주장하지 못하리니 이는 너희가 법 아래에 있지 아니하고 은혜 아래에 있음이라."

우리는 이 법과 은혜의 비유를 앞으로 더 자세히 살펴볼 것이다. 그리스도가 우리 안에 거하시고 그리스도의 영이 죄를 대신하고 죄를 몰아낸 것은 은혜의 역사다. 이는 우리가 죄를 피하고 율법을 지키려고 노력함으로써 이룬 것이 아니다. 이것은 성령의 역사요, 은혜로 된 것이다. 율법 아래 있을 때 우리는 육의 힘으로 스스로 이를 행해야 한다. 율법 아래 있을 때는 의롭고 거룩한 삶을 살고 범죄하지 않기 위해서 자기 자신의 노력을 통해 율법에 복종해야 한다. 이것이 7장에 나타난 바울의 딜레마의 배경이다.

이제 로마서 6장 16~18절을 보자. "너희 자신을 종으로 내주어 누구에게 순종하든지 그 순종함을 받는 자의 종이 되는 줄을 너희가 알지 못하느냐. 혹은 죄의 종으로 사망에 이르고 혹은 순종의 종으로 의에 이르느니라. 하나님께 감사하리로다. 너희가 본래 죄의 종이더니 너희에게 전하여 준 바 교훈의 본을 마음으로 순종하여 죄로부터 해방되어 의에게 종이 되었느니라." 이 종의 비유는 누가 우리의 주인인지를 알아보고 순종하라고 촉구한다.

이를 시간의 흐름 속에서 설명하면 좀더 이해하기 쉬울 것이다. 당신이 육신으로 태어난 때와 죽을 때가 있다. 이것이 육, 신체, 우리가 이 세상에 사는 동안 그 안에 사는 그릇이다.

그러나 또한 성령으로 태어난 때, 거듭난 때가 있다. 이 순간 우리는 새로운 영적인 본성, 즉 영원하고 끝이 없는 본성을 받는다. 이 두 가지를 비교할 때 새로운 본성은 크고 굵은 선으로, 육은 아주 짧고 가느다란 선으로 표시할 수밖에 없다. 사탄이 전능하신 하나님과 비교할 때 타락한 천사, 즉 피조물에 불과하다는 것을 기억해야 한다. 이와 마찬가지로 우리 안에 내재하시는 성령님과 비교할 때 육은 상대적인 존재에 불과하다.

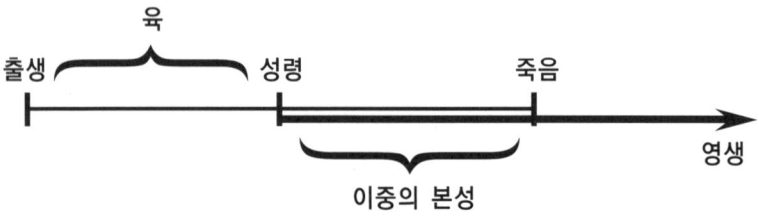

성령이 압도하신다. 이것이 우리 안에 계시는 하나님의 임재다. 하나님은 전능하시며 우리의 죄 된 본성을 비롯해서 모든 죄를 정복하셨다. 하나님께서 우리를 정결케 하셨다. 죄는 소멸되었다. 그러나 성령으로 거듭난 시점과 육신의 죽음 사이의 기간 동안에는 두 가지 본성이 공존한다. 왜냐하면 성령이 죽을 몸에 거하시기 때문이다. 이 육의 존재는 특정한 필요와 욕구로 드러난다. 목이 마르면 물을 원하며 추우면 스웨터를 입어 따뜻하게 하기를 원한다. 그러나 육, 우리의 인간적인 본성은 다른 필요도 드러낸다. 자존감을 보호하고자 하며 인정과 칭찬을 바란다. 섬김을 받기 원하고 자기의 권리를 주장하며 자기 욕구를 충족하고자 한다. 이런 것들은 본성에서 나온 것들이지만 반드시 하나님께 영광이 되는 것은 아니다. 하나님께서는 우리에게 성령을 주셔서 우리 삶의 모든 것을 하나님의 성령 아래 가져오고 우리가 하는 모든 일이 하나님을 영광스럽게 하기를 원하신다. 바울은 고린도전도 10장 31절에서 이렇게 말한다. "그런즉 너희가 먹든지 마시든지 무엇을 하든지 다 하나님의 영광을 위하여 하라." 우리의 모든 육적인 욕구는 다 하나님의 영에 복종해야 한다. 우리는 하나님을 영광스럽게 하는 방식으로 우리의 육적인 욕구를 충족해야 한다. 즉 우리는 결혼관계 밖에서 욕구를 충족하기를 원하지 않는다. 먹고 마실 때 탐식과 무절제를 합리화하지 않는다. 이것이 바로 갈등이 일어나는 현장이다. 육적인 자기중심적 옛 본성과 새로 우리 삶에 들어온 힘이 서로 싸우는 것이다.

종의 비유를 잊어선 안 된다. 우리는 두 명의 주인을 섬길 수 없다. 우리는 둘 중의 하나를 섬기게 되어 있다. 이전의 우리는 육의 종이었다. 그것이 우리 본성이므로 어쩔 수 없는 것이다. 우리가 아직 예수 그리스도를 믿고 성령을 받아들이지 않았기 때문이다. 우리는 자기를 섬기고 자기를 위해서 살았다. 죄가 우리를 다스리고 완전히 지배했다. 그러나 성령으로 거듭남으로써 우리는 성령의 종이 되었고 선택을 통해 성령에 순종하게 되며 의의 종으로서 예수 그리스도를 위해서 살게 된다. 계속되는 영적인 전쟁은 사탄이 우리의 생각을 조종해서 우리가 하나님의 진리 되신 말씀과 반대되는 생각을 받아들이도록 미혹하는 것이다. 사탄은 거짓을 믿도록 우리를 설득하여 육신의 자기중심적인 생각을 선택하도록 만들고, 이것이 우리의 본성이며 피할 수 없는 것이라고 확신하게 만든다.

로마서 6장 22절은 두 가지 본성의 참된 관계를 다시 한 번 말한다. "그러나 이제는 너희가 죄로부터 해방되고 하나님께 종이 되어 거룩함에 이르는 열매를 맺었으니 그 마지막은 영생이라!" 우리가 하나님께 순종하고 하나님의 종이 되는 유일한 방법은 죄에 순종하고 죄의 종이 되는 것을 그만두는 것인데 이것은 우리가 예수 그리스도를 믿을 때 되는 것이다. 그리고 그 결과로 얻는 혜택은 하나님을 영광되게 하는 성화, 또는 거룩한 삶이다. 우리가 영생이라는 보너스를 받는 것은 오직 우리가 하나님의 종이 되고 그의 성령에 지배되는 삶을 살 때뿐이다.

7장은 같은 진리를 말하고 있다. 그러나 종의 비유 대신 바울은 결혼의 비유를 사용한다. 첫 번째 남편이 죽기 전에는 두 번째 남편과 결혼할 수 없다. 율법과 은혜, 육과 영의 관계도 이와 같다. 우리가 영에 순종하는 유일한 길은 육과의 결혼에 대해 죽고 영과의 결혼관계에 들어가는 것이다. 성령이 비록 우리 죽을 몸에 거하시지만 죄 된 옛 본성과 함께 거할 수는 없다. 육, 즉 죄는 이미 십자가에 못 박혀 죽었다. 죽음은 우리가 성령과의 '결혼'으로 하나가 되기 위한 전제조건이다.

거듭남, 혹은 한 주인에서 다른 주인의 종이 되는 것, 혹은 육과의 결혼에서 벗어나 영과 결혼하는 것, 이것이 로마서 6장 22절과 7장 6절이 말하는 바다. "이제는 우리가 얽매였던 것에 대하여 죽었으므로 율법에서 벗어났으니 이러므로 우리가 영의 새로운 것으로 섬길 것이요 율법 조문의 묵은 것으로 아니할지니라." 여기서 말하고자 하는 바는 우리 자신의 무익한 노력을 통해서 거룩하고 의로운 삶을 살고자 애쓰고 율법을 지키려고 하는 데서 우리가 해방되었다는 뜻이다. 이제 우리에게는 더 높은 힘, 은혜의 힘이 있어 우리가 옛 본성을 이기고 율법의 요구를 완수하고 새로운 삶을 살 수 있도록 해준다.

이어서 7장 7절은 다음에 이어질 내용의 전환점이다. "그런즉 우리가 무슨 말을 하리요 율법이 죄냐 그럴 수 없느니라 율법으로 말미암지 않고는 내가 죄를 알지 못하였으니 곧 율법이 탐내지 말라 하지 아니하였더라면 내가 탐심을 알지 못하였으리라."

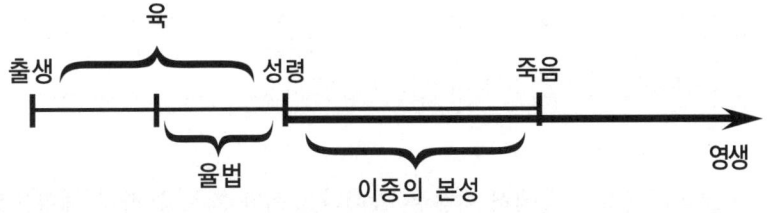

이 표에서 바울이 율법을 알고 자신의 죄 된 본성을 알게 된 것은 언제일까? 구원받기 전, 즉 영으로 거듭나기 전이다. 6절에서 바울은 율법에서 해방되어 성령으로 거듭난 것에 대해 이야기한 후, 율법의 역할을 돌이켜 생각해 본다. 율법을 알게 되고 율법에 따라 의로운 삶을 살아야 할 책임을 깨달은 후 그는 이를 실천하려고 노력한다. 이 시점에서 바울은 죄가 무엇인지 알게 되고 죄를 범하지 않으려고 노력한다. 그러나 그 자신, 즉 육신 안에는 그럴 능력이 없다. 선을 행하기 원하고, 지금은 옳고 그른 것의 차이를 알고 있지만, 여전히 육의 옛 본성의 노예이기 때문에 원하는 선을 행할 수 없다. 오히려 원치 않는 악을 계속해서 행한다.

로마서 7장 7절부터 그는 다시 자신이 율법을 알게 된 시점으로 거슬러 올라간다. 의로운 삶을 살기 위해서는 어떻게 행해야 하는지, 하나님께서 그가 어떻게 살기를 원하시는지 알게 된 시점이다. 그렇다면 율법의 가치는 무엇인가? 율법은 자신이 죄인이며 죄의 노예라는 사실을 깨닫게 해주었다. 그렇다면 6장에서 죄의 속박으로부터 자유롭게 되어 죄가 더이상 자기를 다스리지 못한다고 말한 것과 어떤 관계에 있는가? 로마서 7장 7절 이하의 내용에서 바울은 여전히 죄의 속박 아래 있다. 즉 아직 거듭나지 못하고 겨우 율법을 알게 되고 하나님의 의로운 삶에 대한 기대를 갖게 되었을 뿐인 것이다.

로마서 7장 11절에서 바울은 말한다. "죄가 기회를 타서 계명으로 말미암아 나를 속이고 그것으로 나를 죽였는지라." 율법을 지켜서 하나님의 의를 이룰 수 있다고 생각할 때 율법을 지키지 못하는 것은 그가 사실상 저주 가운데 있다는 것을 확인시켜 준다. 야고보서 2장 10절은 이렇게 말한다. "누구든지 온 율법을 지키다가 그 하나를 범하면 모두

범한 자가 되나니." 그러므로 로마서 7장 7절 이하는 영과 육의 싸움에 관한 것이 아니다. 율법에 대해 알고 옳고 그름과 죄가 무엇인지를 알고 자기 자신의 힘과 능력으로 죄를 이기려고 애쓰는 사람에 관한 것이다. 이것은 헛된 싸움이다. 우리 자신의 힘으로는 죄 된 본성이 늘 승리하기 때문이다.

로마서 7장 14절은 이렇게 말한다. "우리가 율법은 신령한 줄 알거니와." 율법은 잘못이 없다. 단지 우리에게 율법을 지킬 힘을 주지 못할 뿐이다. "나는 육신에 속하여 죄 아래에 팔렸도다." 14~23절은 바울이 거듭나지 않은 상태를 말하는 것이 분명하다. 왜냐하면 그가 아직도 율법 아래 있고 죄를 이기고 율법에 순종하는 데 자신의 힘을 의지하고 있기 때문이다. 그러나 죄 외에는 다른 선택의 가능성이 없다. "내 속 곧 내 육신에 선한 것이 거하지 아니하는 줄을 아노니"(18절). 그 자신 안에는 아무런 선이나 선을 행할 능력이 없다. 왜냐하면 이는 오직 성령에게서 은혜로 오기 때문이다. 그러므로 그는 여전히 육의 노예다.

우리 모두가 공감할 수 있는 이러한 딜레마, 즉 율법을 알고 이에 순종하기를 원하지만 그렇게 할 수 없는 데서 오는 곤경에 처한 바울은 7장 24절에서 로마서의 극적이고 감정적인 정점에 달한다. "오호라 나는 곤고한 사람이로다 이 사망의 몸에서 누가 나를 건져내랴." 그 답은 무엇인가? "우리 주 예수 그리스도로 말미암아 하나님께 감사하리로다"(25절) 로마서 7장의 모든 낙심으로 가득 찬 간증은 이 말씀으로 귀결된다. "나는 육에 속해 있으므로 할 수 없다. 그러나 하나님을 찬양하리로다. 내가 성령으로 거듭날 때 예수 그리스도께서 행하셨다. 예수 그리스도께서 내가 할 수 없는 것을 하셨다."

우리가 7장의 바울의 간증을 곡해하여 이해하게 만드는 사탄에게 넘어가서 그리스도인의 삶이 죄에 대한 승리가 아니라 투쟁의 연속이라고 생각하고 패배를 받아들이는 것은 애통할 일이다. 우리는 이런 사탄의 교묘하게 혼동을 일으키는 방법을 잘 생각해 봐야 한다. 사탄은 우리가 죄에 빠지고 육적인 삶을 합리화하기 위해서 성경 말씀조차 왜곡하게 만든다. 그래서 이것이 우리의 본성이라 어쩔 수 없다고 믿게 만든다. 사탄이 예수를 유혹했을 때 그는 성경을 사용했지만, 그 뜻과 의도를 왜곡했다. 그는 지금 우리에게도 같은 방법을 쓴다. 우리가 정말로 승리의 삶을 살 수는 없고 아직도 죄 된 본성의 노예이며 우리 안에 계시는 성령조차도 죄를 이길 은혜를 주실 만큼의 능력은 없다고 말한다.

어떤 성경 역본을 보면 로마서 7장 14절 앞에 '두 본성 사이의 갈등'이라는 부제를 달아 놓았다. 이런 제목은 사람들로 하여금 바울이 말하는 것이 율법 아래서 자기 힘으로 율법을 지키고자 하는 데서 오는 투쟁이 아니라 육과 영의 투쟁이라고 생각하게 만든다. 이런 해석을 강력히 지지하는 학자들도 있지만 이런 해석은 앞 뒤 맥락과 어긋나며 우리로 하여금 그리스도 안에서의 승리를 확신하지 못하고 육에 대한 싸움을 헛된 것으로 여기게 만든다.

그러나 하나님께서는 성경을 통해서 우리가 그리스도 안에서 승리를 얻었음을 알기 원하신다. 로마서 8장은 영과 육의 다른 점을 극명하게 보여준다. 로마서 8장 1절은 이렇게 시작한다. "그러므로 이제 그리스도 예수 안에 있는 자에게는 결코 정죄함이 없나니." 그리스도인들은 그리스도 예수 안에 있다. 우리는 그의 죽음을 받아들였고 그분과 함께 십자가에 못 박혔고, 그분과 함께 부활해서 새 생명을 얻었다! 그렇다면 옛 본성의 표현은 어떻게 되었는가? 그리스도 예수 안에는 정죄가 없다고 말씀하신다.

많은 신자들이 과거의 죄와 실수에서 오는 죄책감과 싸운다. 당신이 과거에 한 일이나 경험 중에서 계속해서 죄책감을 안겨주는 일이 있을 수 있다. 이러한 저주와 짐은 어디서 오는 것일까? 우리로 하여금 거룩하지 못하고 가치가 없다고 느끼게끔 우리를 계속해서 치는 자는 누구인가? 분명 하나님은 아니다. 바로 사탄이 우리를 고소하고 정죄하는 것이다. 우리를 패배시키고 그리스도 안에서 우리가 얻은 은혜와 죄 씻음을 받아들이지 못하게 하기 위해서다. 하나님은 우리를 죄책감의 덫에 빠뜨리지 않으신다. 하나님께서는 "그리스도 예수 안에는 정죄함이 없다"고 말씀하신다.

> 하나님은 우리를 죄책감의 덫에 빠지게 하지 않으신다. 그리스도 예수 안에서는 정죄함이 없다.

우리가 죄를 짓지 않을 것이라는 뜻은 아니다. 그러나 우리가 범죄할 때 하나님의 성령께서 우리에게 죄의 확신을 주신다. 사탄은 고소하는 자로서 우리가 죄책감에 빠져 살기를 원한다. 왜냐하면 이는 하나님의 용서와 죄를 씻어주심을 부인하는 것이기 때문이다. 그러나 성령께서 우리에게 죄를 확신시켜 주실 때 어떤 일이 일어나는가? 그분은 "너는 용서해 주지만 네가 한 일의 부담에서는 벗어날 수 없게 하겠다. 네가 한동안 죄책감에 빠져 비참한 느낌이 들게 하겠다"고 하지 않으신다.

하나님께서 죄를 알게 하실 때 우리의 반응은 즉각 고백하고 죄를 인정하는 것이다. 꼭 행동으로 죄를 짓거나 불순종하는 것만이 아니라 생각으로 범죄할 때, 죄 된 생각이나 욕심이 머릿속에 떠올랐을 때, 성령께서 경고를 해주신다. 그리고 죄를 깨닫게 곧 하나님께 고백하면 하나님께서는 우리를 용서해 주신다. 이 용서는 우리가 범한 죄에 대한 용서뿐만 아니라 완전한 씻음을 의미한다. 요한일서 1장 9절은 이렇게 말한다. "만일 우리가 우리 죄를 자백하면 그는 미쁘시고 의로우사 우리 죄를 사하시며 우리를 모든 불의에서 깨끗하게 하실 것이요." 용서를 받은 결과는 회복이다. 우리는 하나님과의 교제를 회복한다. 하나님과의 교제를 회복한 결과는 기쁨이다. 성경은 하나님께서 인도하시는 회개는 기쁜 경험이라고 말한다. "하나님의 뜻대로 하는 근심은 후회할 것이 없는 구원에 이르게 하는 회개를 이루는 것이요 세상 근심은 사망을 이루는 것이니라"(고후 7:10).

우리가 이 세상에 살면서 세상의 영향을 받는 이상 사탄은 우리의 육을 이용해서 우리를 죄에 얽매이게 하려고 할 것이다. 그는 우리의 약점을 알며, 어떻게 공격해야 할지를 안다. 그러나 우리 안에 계시는 하나님의 영이 사탄의 유혹과 거짓말을 우리에게 알려준다. 우리가 그리스도 안에 있다면 '몰라서 그랬다'고 변명할 수 없다. 우리는 하나님의 거룩하심과 그리스도의 본성에 위배되는 생각이나 태도나 행동이 일어날 때 이것을 알고 있다. 그리고 성령은 우리를 고백과 회개로 인도하신다. 그리고 우리는 기쁨을 경험한다. 하나님께서 그 은혜와 용서를 드러내시고 우리는 하나님과의 교제를 회복하기 때문이다. 그러므로 당신이 죄책감과 저주 가운데 살고 있다면 이것은 사탄의 불화살이라는 것을 깨달아야 한다. 당신은 사탄의 거짓말에 넘어간 것이다. 왜냐하면 그리스도 예수 안에는 정죄함이 없기 때문이다.

로마서 8장 2~4절은 계속해서 이렇게 설명한다. "이는 그리스도 예수 안에 있는 생명의 성령의 법이 죄와 사망의 법에서 너를 해방하였음이라 율법이 육신으로 말미암아 연약하여 할 수 없는 그것을 하나님은 하시나니 곧 죄로 말미암아 자기 아들을 죄 있는 육신의 모양으로 보내어 육신에 죄를 정하사 육신을 따르지 않고 그 영을 따라 행하는 우리에게 율법의 요구가 이루어지게 하려 하심이니라." 이것이 7장에서 말한 바울의 곤경을 해결하지 않는가? "내가 육 안에서 할 수 없었던 일을 하나님께서 하셨다! 율법이 해줄 수 없었던 일을 하나님께서 하셨다!" 하나님은 예수 그리스도를 보내셔서 죽게 하심으로써 그에게 속한 모든 사람들이 죄 된 옛 본성을 이길 수 있게 하셨다. 바울은 육신으로 말하자면 자랑할 근거도 있었고, 자기 힘으로 할 수 있다고 생각할 근거도 충분했다. 빌립보서 3장 3절에서 그는 자신의 종교적 유산과 족보와 신학적 훈련을 들면서 "하나님의 성령으로 봉사하며 그리스도 예수로 자랑하고 육체를 신뢰하지 아니한다"고 말한다. 우리는 육의 굴레를 벗어나서 죄에 대한 승리를 얻었다.

이 승리는 육체대로 살지 않는 사람들, 즉 옛 본성을 따라 살지 않기로 선택한 사람들을 위한 것임을 명심해야 한다. 승리는 영 안에서 행하며 하나님의 은혜를 받아들이는 자들의 것이다. 우리는 실제 생활에서 이것이 어떻게 일어나는지 알 수 있다. 로마서 8장 5~7절은 우리 마음의 생각을 어떻게 선택해야 하는지를 말한다. "육신을 따르는 자는 육신의 일을, 영을 따르는 자는 영의 일을 생각하나니 육신의 생각은 사망이요 영의 생각은 생명과 평안이니라 육신의 생각은 하나님과 원수가 되나니 이는 하나님의 법에 굴복하지 아니할 뿐 아니라 할 수도 없음이라."

이 구절에서 성경은 네 번이나 마음과 그 작용에 대해서 말한다. 우리의 마음의 작용은 무엇인가? 해부학적으로 정보를 처리하고 받아들이고 생각하고 추론하고 결정을 내리는 생리적인 기관이다. 우리의 태도와 행동은 우리가 마음속으로 결정하는 의지적인 선택에 의해서 결정된다. 단순히 우리가 그리스도 안에 있다고 해서 승리가 저절로 오지는 않는다. 우리의 마음과 생각 가운데서 전투가 일어난다. 우리가 죄를 범하기 쉬운 것은 사탄이 우리의 마음에 말하기 때문이다. 사탄이 우리의 생각과 느낌에 영향을 미쳐서 우리를 자기중심적으로 만들어 육적인 욕망을 충족시키고 세상의 가치관을 받아들이도록 유혹한다. 이것이 예수 그리스도를 알고 성령으로 거듭나기 전의 상태다. 에베소서 2장 3절은 우리의 생각이 어떻게 육의 노예였던가를 이렇게 묘사한다. "전에는 우리도 다 그 가운데서 우리 육체의 욕심을 따라 지내며 육체와 마음의 원하는 것을 하여 다른 이들과 같이 본질상 진노의 자녀이었더니."

사탄은 거짓과 속임수를 통해서 하나님의 말씀을 왜곡하고 우리의 믿음을 약화시키고 하나님의 진리를 왜곡한다. 이 책 2장에서 말했듯이 진리에 눈멀고 이를 받아들이지 않는 사람들은 하나님의 말씀에 대해 굳게 닫힌 마음을 가지고 있다. 고린도후서 3장 14절은 반역하는 이스라엘 백성과 같은 오늘날의 사람들에 대해서 말하고 있다. "그러나 그들의 마음이 완고하여 오늘까지도 구약을 읽을 때에 그 수건이 벗겨지지 아니하고 있으니 그 수건은 그리스도 안에서 없어질 것이라." 하나님의 말씀의 진리를 알도록 수건이 벗겨지는 것은 오직 그리스도를 앎으로써다. 바울은 그리스도가 없는 사람들이 육의 노예로 살고 있는 것은 그들이 스스로의 생각을 이 세상 것들에 고정시키고 있기 때문이라고 말한다. 빌립보서 3장 19절은 이렇게 말한다. "그들의 마침은 멸망이요 그들의 신은 배요 그 영광은 그들의 부끄러움에 있고 땅의 일을 생각하는 자라."

우리는 생각을 집중하고 있는 것, 생각하는 것을 선택하게 되어 있다고 말한다면 너무 지나친 단순화일 것이다. 그러나 우리는 우리가 믿는 것을 선택한다. 세상과 인간의 지혜를 믿을 것인가, 아니면 하나님의 진리의 말씀을 믿을 것인가? 차이는 우리가 어디에 우리 마음을 두는가에 있다. 당신은 영적인 진리와 영적인 현실에 마음을 두고 그리스도의 임재를 의식하며 사는가? 당신은 하나님께서 주신 승리를 확신하고 성령의 인도를 받는 것을 기뻐하며 하나님께서 은혜로 주신 유혹에 맞설 능력을 찬양하는가? 아니면 끊임없이 육의 일을 생각하고 세상 것들에 마음을 두고 있는가? 이것이 바로 승리와 평화의 삶과 하나님을 거역하고 하나님을 대적하는 삶의 차이를 낳는 것이다.

내가 어렸을 때 사람들이 즐기던 이야기가 있다. 어떤 선교사가 좀 반항적인 삶을 살던 한 남자를 주님께 인도했다. 그는 선교사에게 이렇게 말했다. "그리스도께 내 삶을 드린 뒤부터 계속해서 내 안에서 두 마리 개가 싸우고 있는 것 같은 느낌이에요. 나쁜 개는 나를 옛날의 습관으로 돌아가게 하려고 하고 좋은 개는 바른 삶을 살게 하려고 하고 있어요." 선교사가 물었다. "어느 개가 이기고 있나요?" 그 남자는 잠시 생각하더니 이렇게 말했다. "내가 먹이를 주는 개요." 그렇다. 이렇게 단순하다. 이 싸움은 우리가 어찌할 수 없는 것이 아니다. 우리는 성령과 동행할 것인지 아닌지를 선택할 수 있다. 우리는 하나님을 믿기로 선택하거나 믿지 않기로 선택한다. 우리의 마음에 하나님의 말씀을 공급할 것인지, 아니면 세상과 우리의 낡은 본성이 말해 주는 것을 공급할 것인지를 선택한다.

로마서 8장 9절은 이 선택을 이렇게 설명한다. "만일 너희 속에 하나님의 영이 거하시면 너희가 육신에 있지 아니하고 영에 있나니 누구든지 그리스도의 영이 없으면 그리스도의 사람이 아니라." 이 조건이 아주 중요하다. 만약 당신이 예수님을 구원자로 영접했다면 예수님께서 이미 당신과 함께 거하신 것이다. 성령께서 당신과 함께 거하시지 않으면, 당신은 하나님께 속하지 않았고 영의 일에 마음을 둘 수가 없다. 왜냐하면 아직 죄의 노예이기 때문이다. 믿는 자로서 우리는 그리스도께서 실제로 우리 안에 거하시는 것을 믿어야 한다. 우리는 더이상 육의 힘으로 사는 것이 아니라 영의 힘으로 사는 것이다.

나는 교회에서 자기들이 새 생명을 얻지 못했다는 것을 깨닫게 된 사람들을 많이 보았다. 교회 안에서 성장하면서 그 흐름에 따라 그냥 맞춰가는 것은 너무나 쉬운 일이다. 어릴 때부터 교회에 다니면서 침(세)례도 받고 교회의 행사와 활동에 참여를 했다. 그래서 이들은 신자가 되는 경험을 했다고 생각하기 쉽다.

그러나 근본적인 문제는 우리가 새 생명을 얻고 하나님의 영이 우리 안에 계신가 아닌가 하는 것이다. 앞의 성경구절은 이렇게 말한다. "누구든지 그리스도의 영이 없으면 그리스도의 사람이 아니라." 당신이 그리스도께 속했다면 하나님의 영이 당신 안에 거하시고 육은 당신에 대해 아무런 힘과 권능이 없다(당신이 사탄의 속임수에 속아서 이를 믿지 않는 경우를 제외하고). 그러므로 로마서 8장 10~11절은 이렇게 말한다. "또 그리스도께서 너희 안에 계시면 몸은 죄로 말미암아 죽은 것이나 영은 의로 말미암아 살아 있는 것이니라 예수를 죽은 자 가운데서 살리신 이의 영이 너희 안에 거하시면 그리스도 예수를 죽은 자 가운데서 살리신 이가 너희 안에 거하시는 그의 영으로 말미암아 너희 죽을 몸도 살리시리라." 다시 말해서 우리는 이 죽을 몸 안에 새로운 영적인 생명을 갖고 있다는 것이다. 그리고 하나님의 영이 우리 안에 계시므로 12절에서는 "형제들아 우리가 빚진 자로되 육신에게 져서 육신대로 살 것이 아니니라"고 확언을 한다. 이것은 사실 그대로의 단순한 결론이다. 당신은 육에 대해 아무런 의무가 없다. 육은 당신에게 아무런 힘이 없다.

그런데 누가 그와 반대되는 말을 당신에게 하는가? 당신의 죄 된 옛 본성이 아직도 당신, 곧 당신의 생각과 태도와 행동을 지배한다고 거짓 말하고 믿게 하는가? 하나님의 말씀을 뒤집어서 당신의 경험을 가지고 이것을 해석하라고 말하는 것이 누구인가? 이 세상에 사는 동안에 당신은 언제나 죄의 노예이기 때문에 당신의 죄 된 본성과 항상 싸움이 있을 거라는 말에 속고 있는가? 우리는 믿음의 힘을 깨달아야 한다. 우리가 정말로 무언가를 믿을 때 그것은 놀랍게도 현실이 된다. 의심은 사탄이 좋아하는 불화살 중 하나다. 사탄은 끊임없는 실패를 통해 우리의 믿음을 갉아먹어서 우리가 하나님의 말씀이 우리의 실제 경험과 다르다고 여기고 의심하게 만든다. 영과 육의 싸움은 사탄이 우리가 그리스도 안에서 소유한 것에 대해서 눈멀게 하고, 또 육을 이기는 것에 대해 하나님께서 하신 말씀을 의심하게 함으로써 시작된다. 단순히 누가 이런 거짓말을 하며 누가 진실을 말씀하시는지 기억하라. 하나님의 말씀이 진실이며 사탄이 불어넣은 생각은 거짓이다.

요한일서 5장 4절은 이렇게 말씀한다. "세상을 이기는 승리는 이것이니 우리의 믿음이니라." 믿음은 모든 상황이 하나님의 말씀과 반대되는 것처럼 보일지라도 하나님의 말씀을 믿는 것이다. 로마서 8장 12절은 우리가 육신에 빚지고 있지 않다고 분명히 말한다. 우리는 죄를 지어야만 하는 것이 아니다. 우리는 사탄의 유혹과 세상의 환상에 넘어가지 않아도 된다. 그것들이 우리 자신의 삶에 영향을 미치도록 허락하지 않는 한 그것은 우리에게 아무런 힘을 가하지 못한다. 사탄은 이런 부분들이 우리가 선택할 수 있는 문제가 아니라고 생각하게 만든다. 그러나 우리는 이미 그리스도 안에서 승리를 얻었으며 하나님의 성령으로 인도받기를 선택할 수 있다.

갈라디아서 5:13~25

영과 육의 전쟁을 다루고 있는 갈라디아서 5장을 보자. "내가 이르노니 너희는 성령을 따라 행하라 그리하면 육체의 욕심을 이루지 아니하리라 육체의 소욕은 성령을 거스르고 성령은 육체를 거스르나니 이 둘이 서로 대적함으로 너희가 원하는 것을 하지 못하게 하려 함이니라 너희가 만일 성령의 인도하시는 바가 되면 율법 아래에 있지 아니하니라"(16-18절). 이것은 바울이 로마서 7장에서 말한 것과 같은 내용이다. 우리는 해야 할 일을 알고 있다. 우리는 성령의 인도를 받기 원하지만 우리의 이중적인 본성으로 인해서 육의 죄 된 옛 본성이 우리가 바라는 대로 주님을 위해서 살도록 놔두지 않는다. 우리 힘으로는 패배할 수밖에 없다는 것을 인정하고 그리스도인의 삶은 끊임없는 투쟁임을 인정한다. 그러나 로마서 7장에서 바울이 한 말에 대해 살펴본 것처럼, 이 말씀은 정반대의 현실, 즉 우리가 영에 대한 승리를 이미 받았음을 말해 준다.

이 말씀의 문맥을 이해하기 위해서 먼저 13절과 14절을 살펴보자. "형제들아 너희가 자유를 위하여 부르심을 입었으나 그러나 그 자유로 육체의 기회를 삼지 말고 오직 사랑으로 서로 종 노릇하라 온 율법은 네 이웃 사랑하기를 네 자신 같이 하라 하신 한 말씀에서 이루어졌나니." 하나님의 은혜를 남용하고 구원의 확실성을 죄 짓는 데 쓰는 경향은 우리가 생각하는 것보다 훨씬 더 만연해 있다. 우리는 하나님의 은혜와 용서를 확신하면서도 육적인 생각에 빠지고, 심지어는 죄인 줄 명백히 알면서도 공공연히 드러내 놓고 행한다.

바울은 이에 대해서 로마서 6장 1절에서 말하고 있다. "그런즉 우리가 무슨 말을 하리요 은혜를 더하게 하려고 죄에 거하겠느냐." 그 답은 다음 구절에 나온다. "그럴 수 없느니라 죄에 대하여 죽은 우리가 어찌 그 가운데 더 살리요." 우리가 더이상 율법 아래 있지 않고 은혜 아래 있다는 것을 설명한 뒤 6장 15절에서 바울은 질문한다. "그런즉 어찌하리요, 우리가 법 아래에 있지 아니하고 은혜 아래에 있으니 죄를 지으리요." 답은 다시 한 번 '절대로 그럴 수 없느니라' 다. 그리스도 안에서의 자유는 우리가 원하는 대로 육을 따라 행하는 것이 아니다. 이 자유는 육과 옛 본성의 힘으로부터의 자유다.

오래 전에 마틴 루터의 일생에 관한 영화를 본 적이 있다. 그는 우리가 예수 그리스도와의 개인적인 관계에 들어갈 때 얻을 수 있는 믿음으로 인해 의롭다 함을 얻고 은혜로 살아가는 것을 알게 되었다. 신학교 교실에서 그는 이렇게 말했다. "여러분이 그리스도인이라면 무엇이든지 좋아하는 대로 할 수 있습니다." 그러자 교실이 이 명백한 방종과 자유주의에 분개한 학생들로 발칵 뒤집혔다. 학생들을 조용히 시킨 뒤에 마틴 루터는 말했다. "내 말은 그런 것이 아닙니다. 당신이 그리스도 안에 있다면 무엇이 당신을 기쁘게 하겠습니까?" 우리가 죄를 지으려는 옛 사람에서 벗어나 육의 속박에서 자유롭게 되었다면 성령이 우리 안에 거하시며 우리는 그리스도를 기쁘시게 하고 하나님께 영광이 되는 일을 하기 원한다는 뜻이다.

바울은 왜 여기서 서로 사랑하는 것에 대해서 말하고 있을까? 바울은 "온 율법은 네 이웃 사랑하기를 네 자신 같이 하라 하신 한 말씀에서 이루어졌나니"라고 말한다. 사랑이란 무엇인가? 사랑은 자신에게 초점을 맞추고 자기의 필요를 채우는 것이 아니다. 사랑은 자기가 아니라 사랑하는 사람에게 초점을 맞추는 것이다. 사랑은 자신을 남에게 주는 것이다. 당신의 애정과 관심과 흥미가 당신이 사랑하는 대상의 필요와 행복에 있다. 사랑은 완전히 자기중심적인 육과는 정반대다. 뿐만 아니라 사랑은 하나님의 본성이며 하나님께로부터 온다. 사랑은 우리가 성령의 인도를 받는지, 아직도 육에 거하고 있는지를 보여주는 실제적인 지표다. 실제로 성경은 사랑하지 않는 자는 사탄의 영역인 어둠 가운데 있다고 말한다! "그의 형제를 미워하는 자는 어둠에 있고 또 어둠에 행

하며 갈 곳을 알지 못하나니 이는 그 어둠이 그의 눈을 멀게 하였음이
라"(요일 2:11).

영적인 전쟁에서 승리를 거두는 데 도움이 되는 몇 가지 열쇠 중의 하나가 바로 사랑이다. 만약 당신의 남편이나 아내, 가족, 이웃, 친구, 동료, 팀 멤버, 길 잃은 세상을 사랑한다면 어떻게 하겠는가? 그들을 이용하는가? 그들을 학대하는가? 당신 자신의 필요와 안락을 위해서 그들을 착취하는가? 그렇지 않다. 그들에게 당신 자신을 줄 것이다. 사랑으로 다른 사람에게 초점을 맞춘 삶을 살면 사탄이 자기중심적이고 육적인 본성을 가지고 우리를 유혹하기 어렵다.

> 사랑은 승리하는 삶의 열쇠다. 사랑은 육의 자기중심적인 본성과 정반대되기 때문이다.

갈라디아서 5장 16절은 이렇게 말한다. "내가 이르노니 너희는 성령을 따라 행하라 그리하면 육체의 욕심을 이루지 아니하리라." 이 말은 있는 그대로다. 성령님께서 우리가 죄를 짓도록 허용할 리가 있는가? 만약 성령 안에서 행한다면 남을 이용하거나 자신의 이익이나 만족을 위해서 남을 학대하겠는가? 그렇지 않다. 이것은 성령의 본성이 아니다. 성령님은 말이나 태도, 행동이나 관계에 있어서 하나님을 영광되게 하고 기쁘시게 하는 일만을 하도록 우리를 인도한다. 그러므로 우리를 승리로 이끄는 두 가지 실제적인 열쇠가 있다. 남을 사랑하는 것과 성령 안에서 행하는 것이다.

갈라디아서 5장 17~18절은 16절을 올바르게 이해할 수 있는 틀을 제공한다. 16절은 "너희는 성령을 따라 행하라 그리하면 육체의 욕심을 이루지 아니하리라"고 말한다. 18절은 "너희가 만일 성령의 인도하시는 바가 되면 율법 아래에 있지 아니하리라"고 말한다. 다시 말해서 이는 우리 자신의 노력을 통해서 올바른 일을 하려고 애쓰는 것이 아니다. 더 높은 능력으로 우리는 율법을 완수하고 남들을 사랑하고 죄책감이나 계속적인 실패 없이 하나님을 섬길 수 있게 된다. 이는 성령님의 인도를 받는 데서 오는 능력이다.

우리는 17절을 따로 떼서 읽고 우리 안에 아직도 육의 본성이 남아 있기 때문에 우리가 원하는 대로 하나님을 위해서 살 수 없다는 결론을 내린다. "육체의 소욕은 성령을 거스르고 성령은 육체를 거스르나니 이 둘이 서로 대적함으로 너희가 원하는 것을 하지 못하게 하려 함이니라." 왜 우리는 이 구절을 바로 앞뒤 구절과 정반대로 해석하는가? 16절과 18절은 성령께서 우리가 육의 소욕을 이루는 것을 허용하지 않으시며 우리를 율법의 속박에서 해방하셨다고 말한다. 그런데도 우리는 17절을 육이 더욱 강력하다고 완전히 반대되게 해석하는 것이다. 이것은 "나는 성령 안에서 행하기를 원한다. 나는 거룩한 삶을 살기 원한다. 나는 의로운 삶에서 승리를 거두기를 원한다. 그러나 육이 내 안에 있다. 육이 성령의 일을 거스르기 때문에 내가 원하는 바를 할 수 없다"고 말하는 셈이다. 하지만 이것은 성경 말씀에 반대된다. 우리는 육적인 본성이 있지만 자기중심적이고 육적인 본성을 만족시키는 일을 하게 내버려 두지 않는다. 왜냐하면 우리 안에 성령을 받았기 때문이다. 성령이 육에 대항해서 우리에게 힘을 주고 우리를 인도하시기 때문이다.

다시 한 번 우리가 얼마나 흔히 우리의 실패를 변호하기 위해서 성경 말씀을 왜곡하고 그 의미를 반대로 해석하는지 분명해진다. 이것이 사탄과 관련이 있을까? 우리가 그리스도인으로서의 삶에 실패하기를 원하는 사탄이 우리 마음에 이런 잘못된 생각을 불어넣는 것일까? 하나님은 우리가 하나님의 영 안에서 육에 대한 승리를 소유하고 있다고 말씀한다. 당신이 육적인 삶을 살게 되면 결국 당신 안에 내재하시는 성령님을 부인하고 거부하고 무시하며 성령님을 근심하게 만드는 것이다. 성령님의 임재를 인정하고 성령님께서 당신을 인도하시게 한다면 계속 죄를 지을 수가 없다. 영적인 전쟁은 단순히 사탄이 우리를 죄 짓도록 유혹하는 것에 관한 것이 아니다. 사탄의 속임수와 거짓말은 우리로 하여금 패배를 받아들이게 하고 승리 가운데 행할 능력이 없다고 믿게 만든다.

이어지는 구절들은 육적인 삶과 성령 안에 있는 삶의 분명한 차이를 말해 준다. "육체의 일은 분명하니 곧 음행과 더러운 것과 호색과 우상 숭배와 주술과 원수 맺는 것과 분쟁과 시기와 분냄과 당 짓는 것과 분열함과 이단과 투기와 술 취함과 방탕함과 또 그와 같은 것들이라 전에 너희에게 경계한 것 같이 경계하노니 이런 일을 하는 자들은 하나님의 나라를 유업으로 받지 못할 것이요"(갈 5:19-21). 이 모든 태도와 감정과 행동들, 원수 됨과 분쟁과 시기와 분노와 분열의 배후에 있는 것은 누구인가? 사탄이다. 이 모든 성품과 행동은 육의 자기중심적인 본성을 반영한다. 육은 자기만족을 구하고 이 세상 것들에서 만족을 느낀다.

성령의 열매는 이와 반대된다. "오직 성령의 열매는 사랑과 희락과 화평과 오래 참음과 자비와 양선과 충성과 온유와 절제니 이같은 것을 금지할 법이 없느니라"(갈 5:22-23). 나는 이 마지막 구절을 읽을 때 늘 이상하다고 생각해 왔다. 사랑과 희락, 믿음 같은 것들을 금하는 법이 없는 것이야 당연하지 않은가? 성경이 이렇게 말하는 것은 무슨 의미일까? 이는 성령이 이러한 성품을 우리의 삶 속에서 드러내는 것을 막을 수 있는 것은 아무것도 없다는 뜻이다. 우리 자신의 노력을 통해서 사랑과 친절, 선한 행동을 나타내려고 할 경우에는 이렇게 말할 수 없다. 왜냐하면 율법에서 바로 이것이 우리가 마땅히 해야 할 일이라고 말하고 있기 때문이다. 사실상 이것이 율법주의에 지나지 않는다면 우리의 실패는 보장된 셈이다. 이런 성품들이 성령의 열매일 때는 아무것도 이를 막을 수 없고 성령께서 우리 삶에서 이런 열매를 맺으시는 것을 막을 수 없다. 이런 것들이 성령님의 본성이기 때문이다.

비판적이고 늘 나를 깎아내리고 기분 상하게 만드는 힘든 동료를 상대할 때, 단순히 "나는 그 사람을 사랑할 거야"라고 다짐한다고 해서 그렇게 되지는 않는다. 그것은 불가능하다. 당신이 할 수 있는 것은 성령 안에 거하고 예수님으로 하여금 당신을 통해서 사랑을 표현하도록 하는 것뿐이다. 화를 잘 내는 사람이 단순히 "이제부터 화를 내지 않고 참을성 있고 친절한 사람이 되어야지"라고 결심한다고 해서 문제가 해결되지 않는다. 우리 자신의 힘에 의지할 때는 옛 육의 본성 가운데 있는 무언가가 반드시 실패를 불러온다. 마땅히 해야 한다는 의무감으로 사랑하고 참고 친절히 대하려고 할 때 어떤 힘이 이를 가로막는다. 그러나 그것이 성령의 열매일 때, 성령님은 우리의 연약함과, 자기밖에 생각하지 못하는 우리의 무능함을 넘어서신다. 사랑과 희락, 화평, 인내, 친절과 선함, 신실함, 온유함, 자기 절제, 이런 것들이 우리가 성령 안에 거할 때 나타나는 삶의 모습이다. 우리는 변명하거나 몰라서 그랬다고 말할 수 없다. 우리는 그리스도에 속한 것과 육에 속한 것의 차이를 알고 있다.

요한일서 3장 7~9절은 이를 확인해 준다. "자녀들아 아무도 너희를 미혹하지 못하게 하라 의를 행하는 자는 그의 의로우심과 같이 의롭고 죄를 짓는 자는 마귀에게 속하나니 마귀는 처음부터 범죄함이라 하나님의 아들이 나타나신 것은 마귀의 일을 멸하려 하심이라 하나님께로부터 난 자마다 죄를 짓지 아니하나니 이는 하나님의 씨가 그의 속에 거함이요 그도 범죄하지 못하는 것은 하나님께로부터 났음이라." 예수님이 오셔서 십자가에서 마귀를 이기셨다. 그렇기 때문에 하나님께로부터 난 사람은 죄 된 삶을 지속할 수 없으며 하나님의 의를 거스르는 일들에 탐닉할 수 없다. 우리가 의로운 것은 완벽한 삶을 사는 우리의 능력 때문이 아니라 우리 안에 살면서 우리를 인도하시고 의로운 삶을 살 수 있게 하시는 의로우신 분으로 인한 것이다. 죄, 즉 불의는 어디서 오는가? 이는 마귀로부터 온다. 이것이 마귀의 본성이기 때문이다. 이 말씀은 다시 한 번 마귀에게 속지 말라는 말로 시작한다.

앞에서 살펴본 갈라디아서 5장의 말씀은 24~25절에서 결론을 맺는다. "그리스도 예수의 사람들은 육체와 함께 그 정욕과 탐심을 십자가에 못 박았느니라 만일 우리가 성령으로 살면 또한 성령으로 행할지니." 로마서 6장과 8장에서 바울이 한 말로 돌아가 보자. 우리가 그리스도께 속할 때 우리의 옛 본성은 십자가에 못 박힌다. 단순히 이론적으로가 아니라 우리는 그 정욕과 탐심을 죽이고 없앴다. 이것들은 이미 십자가에 못 박혔으니 사탄의 거짓말에 속아서 그것들을 부활시켜서는 안 된다.

요즘 젊은이들은 버사 스미스Bertha Smith 여사[4)]를 아는 축복을 누리지 못하고 있다. 버사 스미스 여사는 오랫동안 중국 선교사로 일했다. 그녀는 산동 대부흥의 일원이었고 남침례교인들과 다른 많은 사람들에게 성령 충만한 삶을 살도록 도전하는 일에 기름 부음을 받았다. 은퇴한 뒤 그녀는 사우스캐롤라이나의 카우펜스에 수양관을 설립했고 전도대회와 영성 훈련 모임의 강사로 자주 초빙을 받았다.

내가 사우스웨스턴 신학교에 다닐 때 그녀는 자주 초대를 받아 강연을 했다. 그러나 그녀를 공항에서 모시고 오거나 자기 집에 묵게 하려는 학생이 드물었다. 버사 여사 곁에 있으면 매일 성경 읽기를 게을리한다든가 하는 영적인 문제가 드러날 것 같은 느낌이 들었기 때문이다. 그녀는 영적인 문제에 있어서 돌려 말하는 법이 없었다. 우리가 인사를 하면 "젊은이, 모든 죄를 다 고백했어요?"라거나 "성령으로 충만합니까?"라고 묻곤 했다. 이런 질문에 그냥 "글쎄요. 그러기를 바랍니다"라거나 "그런 것 같아요"라거나 "그러려고 노력하고 있어요"라고 대답하는 것은 적합하지 않게 느껴졌다.

그녀가 수업시간에 전한 말씀 중에 이런 예화가 있었다. "한 목사님이 교회 청년들에게 제자훈련을 시키고 있었는데 그중 한 명이 죽었습니다. 다들 시신을 안치한 장례 예식장에 갔습니다. 밤이 늦어지자 가족들이 집으로 돌아가고 아주 친한 제자훈련반 사람들만 남았습니다. 목사님은 아무 설명 없이 관 옆으로 다가가더니 죽은 사람에게 이렇게 말했습니다. '존, 너는 이 그룹의 일원이었고 교회의 신실한 회원이었다. 하지만 우리는 사실 그게 다 겉모습에 지나지 않고 네가 위선자이고 등치고 배 만지는 나쁜 놈인 것을 다 알고 있었다.'" 여기까지 말하고 미스 버사는 우리에게 물었다. "그러자 존이 어떻게 했을까요?" 누군가가 대답했다. "가만히 있었어요." 미스 버사가 물었다. "왜지요?" 물론 답은 '죽은 사람이니까' 였다.

미스 버사는 이야기를 계속했다. "잠시 후 목사는 관으로 다시 가까이 가더니 죽은 사람에게 이렇게 말했습니다. '사실은 존, 너야말로 내가 알고 있는 모든 사람들 중에서 가장 진실되고 훌륭한 사람이었어. 신실한 증인이고 이상적인 남편이자 아버지며, 목사한테는 가장 좋은 지원자였어.'" 미스 버사는 다시 이야기를 멈추고 물었다. "자, 존이 어떻게 했을까요? 자부심과 교만으로 부풀어 올랐을까요?" 아니다. 그는 아무런 반응을 하지 않았다. 죽었기 때문이다.

그녀는 바울이 갈라디아서 5장 24절에서 하는 말을 설명했다. "그리스도 예수의 사람들은 육체와 함께 그 정욕과 탐심을 십자가에 못 박았느니라." 사람들은 우리를 욕하고, 학대하고, 상처 주고, 이용할 수 있다. 그러나 우리는 자기 방어나 화풀이를 하거나 갈등이나 분쟁을 일으키지 않는다. 우리는 죽었기 때문이다. 우리는 자신에 대해서 죽었다. 만약 하나님께서 우리를 축복하셔서 성공하게 하시므로 칭찬과 찬사를 듣게 되더라도 우리는 교만해져서 자기가 특별한 존재라고 느끼지 않을 것이다. 왜냐하면 우리는 죽었기 때문이고 육의 자기중심적인 본성이 십자가에 못 박혔기 때문이다. 우리가 성령의 인도를 받을 때 자기 자신은 문제되지 않는다.

이것이 바로 갈라디아서 2장 20절에 기록된 바울의 간증이다. "내가 그리스도와 함께 십자가에 못 박혔나니 그런즉 이제는 내가 사는 것이 아니요 오직 내 안에 그리스도께서 사시는 것이라 이제 내가 육체 가운데 사는 것은 나를 사랑하사 나를 위하여 자기 자신을 버리신 하나님의 아들을 믿는 믿음 안에서 사는 것이라." 그러므로 승리는 갈라디아서 5장 25절에 나오는 것처럼 단순한 것이다. "만일 우리가 성령으로 살면 또한 성령으로 행할지니." 성령이 우리 안에 계신다. 이것이 현실이다. 그러므로 믿음으로 우리가 받은 것을 우리 것으로 만들고 성령께서 우리를 인도하시도록 하자.

바울은 고린도후서 11장 3절에서 이렇게 말한다. "뱀이 그 간계로 하와를 미혹한 것 같이 너희 마음이 그리스도를 향하는 진실함과 깨끗함에서 떠나 부패할까 두려워하노라." 사탄은 그리스도인의 생활을 복잡하게 하고 어렵고 불가능한 것처럼 보이게 한다. 사탄은 우리가 아직도 육의 노예고 우리의 힘과 의지력으로 이를 극복하기 위한 싸움을 계속 해야 한다고 설득한다. 이 설득에 넘어간 사람들이 아주 많다. 그러나 우리는 자기를 부인하고 예수 그리스도께서 주신 삶을 받아들여야 한다. 이것은 예수님께서 우리를 위해 하신 일을 믿고 우리에게 주신 모든 것을 우리 안에 계시는 성령님을 통해서 받아들이는 단순한 믿음의 발걸음이다.

CHAPTER 6

육을 부인하는 것은
고통을 수반한다

> 그리스도께서
> 이미 육체의 고난을 받으셨으니
> 너희도 같은 마음으로 갑옷을 삼으라
> 이는 육체의 고난을 받은 자는 죄를 그쳤음이니
> 그 후로는 다시 사람의 정욕을 따르지 않고
> 하나님의 뜻을 따라
> 육체의 남은 때를 살게 하려 함이라
>
> -베드로전서 4:1-2

성경에는 육에 대한 승리를 우리 것으로 만드는 비결이 몇 가지 나와 있다. 이것들은 이미 그리스도 안에서 우리에게 주어졌다. 우리는 마음을 성령에 속한 것들에 두고 세상적이고 자기중심적인 욕망에 두면 안 된다. 우리는 남을 사랑해야 한다. 사랑은 우리로 하여금 자기중심적인 육의 본성에 따르지 않고 남을 위해 자신을 내어주게 한다. 우리는 성령님께 순종하고 믿음으로 따름으로써 우리 안에 계시는 성령의 인도를 받아야 한다. 성경에는 또 실제적인 조언들도 있다. "오직 주 예수 그리스도로 옷 입고 정욕을 위하여 육신의 일을 도모하지 말라"(롬 13:14). 우리는 그리스도를 우리의 구원자로 영접함으로써 그리스도로 옷을 입었다. 그러나 깨어있기 위한 한 가지 방법은 육신의 정욕의 유혹을 받을 만한 일에 스스로를 노출시키지 않는 것이다.

    내가 어렸을 때 한 청소년 사역자가 이런 조언을 해주셨다. "주님을 위해서 순결한 삶을 살고 싶으면 자동차영화관에 가지 마라." 지금은 이런 영화관이 별로 없다. 그러나 그분의 뜻은 분명하다. "정욕이 억제하기 어려울 정도로 타오르는 상황을 막고 싶으면 그렇게 될 수 있는 장소에 가지 마라. 애인과 같이 어두운 차 안에 있지 마라." 순결한 삶을 살고 싶으면 육적이고 죄 된 본성이 깨어나게 만드는 환경에 가지 마라.

결국은 우리의 선택의 문제이다. 우리가 성령 안에 거하기를 원한다면 육신이 유혹을 받을만한 상황을 피하는 쪽을 선택해야 한다. 자기의 남편이나 아내가 아닌 이성과 단 둘이 있는 것을 피해야 한다. 부적절한 친밀한 감정이 생겨날 상황을 만들지 말아야 한다. 텔레비전 프로그램과 영화를 신중히 선택해야 한다. 인터넷의 불건전한 내용은 아무도 모르게 그런 내용을 접할 수 있기 때문에 더욱 파괴적이다. 그런 것은 무조건 피하라! 신문 판매대 앞에서 불건전한 잡지의 표지를 훑어보지 마라. "새가 네 머리 위를 날아가는 것은 막을 수 없지만 네 머리에 둥지를 트는 것은 막을 수 있다." 성령님은 새가 우리 머리를 날아다니며 우리 마음속에 들어오려고 할 때 즉시 우리에게 경고를 주신다. 그러나 우리는 너무나 흔히 새들을 위해서 둥지를 지어주고 우리 마음속에 집을 지으라고 불러들인다. 그러나 대부분의 경우, 유혹은 아주 미묘하고 예측 불가능한 모습으로 온다. 우리가 그런 유혹에 자신을 노출하지 않기로 미리 결심한다면 승리를 향한 큰 발걸음을 내디딘 것이다.

우리가 이미 승리를 받았다는 사실을 강조할 때 전쟁이 벌어지고 있는 현실을 무시해선 안 된다. 지금도 영육간의 전쟁은 계속되고 있다. 사탄은 그리스도를 영광스럽게 하고 높이는 일은 무엇이든 방해하려고 한다. 그는 우리의 자기중심적인 본성과 세상의 육적인 가치들을 사용하여 우리를 좌절시키고 죄를 짓게 만들려고 획책한다. 우리의 가장 큰 취약점은 세상의 유혹이나 매력이 아니라 우리가 승리할 수 없다고 믿게 만드는 사탄의 거짓말이다. 어떤 사람들은 우리가 완전하고 거룩한 죄 없는 삶을 주장한다고 생각해서 하나님 말씀의 진실을 거부한다. 우리는 이것이 불가능하다는 것을 안다. 오직 그리스도만이 죄가 없으시다. 왜냐하면 그는 성령을 무한히 소유하고 계시기 때문이다.

고등학교의 토론팀에서 나는 어떤 주장을 먼저 개진하는 것이 유리한 고지를 선점하는 비결이라는 것을 알게 되었다. 먼저 내가 어떤 문제에 대한 입장을 취하면 상대방은 방어하는 위치에 놓이게 되고 자기 자신의 입장을 긍정적으로 개진하는 대신 나의 입장을 반대하는 일에 시간을 소모하게 된다. 이것이 바로 사탄이 하는 일이다. 사탄은 "흠, 너는 완벽한 삶을 살 수 없어, 그렇지?"라고 말함으로써 우리의 패배를 인정하게끔 만든다. 우리는 이렇게 대답할 수밖에 없다. "그래, 물론 완벽한 삶을 살 수 없지." 이렇게 즉시 패배를 인정하고 죄를 정당화한다. 그러나 이 질문은 잘못된 질문이다. 우리가 완벽하고 죄 없는 삶을 살 수 있는가 아닌가가 문제가 아니다. 문제는 이것이다. 예수님께서 우리 안에 사시는가? 예수님께서 십자가에서 죄의 능력을 패하게 하셨는가? 우리는 성령과 동행할 수 있는가? 이 세 문제에 대한 답은 "네!"이다. 사탄이 잘못된 질문을 통해 문제를 먼저 규정하여 진리를 왜곡하게 하면 안 된다.

그렇다. 우리는 죄를 범할 것이다. 우리는 실수를 할 것이다. 우리는 우리가 하는 일뿐 아니라, 질투, 분노 혹은 원망과 같은 죄를 지을 것이다. 경건하지 못한 마음이 겉으로는 표현되지 않을 수도 있다. 그러나 우리의 육적인 본성 때문에 예수님께 영광이 되지 않는 태도를 마음속에 용납하고 우리의 삶과 태도에 영향을 받을 수 있다. 그러나 우리가 성령의 인도를 받으면 하나님의 거룩하심에 합당치 않은 일이 있을 때 즉각 이를 깨닫게 된다. 정말 놀랍다. 당신이 실제로 죄를 향해 한 발 내딛기 전에 성령님께서 알려주신다. 성령님이 하시는 일 중 하나는 우리에게 죄를 깨우쳐 주시는 것이다. 우리는 합리화하고 정당화하려고 한다. 그것이 잘못인 줄 알면서도 우리는 단순히 고백하기만 하면 용서를 받는다고 안일하게 생각한다. 그러나 성령의 지도를 받으면 성령님께서 죄 된 태도와 육적인 것들이 우리의 마음에 들어와서 우리 삶의 일부가 되지 못하게 막아 주신다. 성령님께서 우리 주위에 방어벽을 쌓아주셔서 예수님의 성품과 거슬리는 것은 무엇이든 매력을 잃게 해주신다. 사탄이 우리 마음속에 마땅히 있어선 안 될 것들을 집어넣을 때 우리의 본성으로는 저항하지 못할 수 있다. 그러나 성령님께서 우리를 깨우시고 저항할 수 있게 하신다. 왜냐하면 성령은 우리 안에 거하는 더 큰 힘이시기 때문이다.

> **육에 대한 승리의 실제적인 열쇠들**
> 1. 그리스도께서 우리를 위해 죄를 이기셨다는 것을 믿는다.
> 2. 마음을 성령께 속한 것들에 둔다.
> 3. 사랑으로 자기중심적인 본성을 대적한다.
> 4. 성령님의 인도를 따른다.
> 5. 육을 부인한다.

육에 대해 승리를 거두는 것에는 또 다른 측면이 있다. 육을 부인하고 우리 육체의 필요를 부인하는 데는 고통이 따른다. 편안하고 만족을 주는 것들을 희생하는 것은 고통스런 일이다. 금식을 해본 사람은 그 의미를 안다. 소화기관이 기능을 정지하기 전 며칠 동안은 극심한 배고

품을 느낀다. 금식은 육을 부인하는 것이 무슨 뜻인가를 보여주는 실제적인 예다. 그러나 육은 단순히 신체만 의미하는 것이 아니다. 육은 또한 우리의 자아, 자기중심적인 본성을 말한다. 이기적인 욕망은 때로 우리로 하여금 남들에게 상처를 주게 만든다. 자기의 권리를 주장하고 자기의 의견과 권리, 자기가 바라는 것을 주장하는 것은 갈등과 분쟁을 일으킨다. 우리 자신을 부정하고 우리의 권리, 우리가 마땅하다고 느끼는 것들을 포기하는 것은 우리의 본성이 아니다. 이것은 사탄이 승리를 빼앗아 가는 또 하나의 방법이다. 고통을 원하는 사람이 어디 있는가? 불편하고 남에게 이용당하고 자기의 쾌락과 편안함을 부인하기 원하는 사람은 아무도 없다. 누군가 우리를 도전하고 화나게 할 때 우리는 자신의 권리를 주장하고 자기를 옹호하고자 한다.

앞에서 우리는 육과 영에 관한 공부를 로마서 8장 12절 말씀, 우리는 육에 빚지지 않았다는 말씀으로 결론지었다. 로마서 8장 13절은 한 걸음 더 나아가서 이것이 어떻게 실제 생활이 될 수 있는지를 가르쳐 준다. "너희가 육신대로 살면 반드시 죽을 것이로되 영으로써 몸의 행실을 죽이면 살리니."

지금 당신은 '어떻게 해야 성령 안에 거할 수 있는가' 하는 생각이 들 것이다. 우리는 예수께서 우리 죄를 십자가에서 못 박으셨고 성령이 우리 안에 거하심을 알고 있다. 그러나 정말 어떻게 해야 성령님께서 우리의 삶을 완전히 다스리고 인도하시게 할 수 있는가? 자기중심적인 욕망과 욕구 만족과 편안함을 십자가에 못 박음으로써, 그리고 우리의 권리를 부인함으로써 성령과 동행할 수 있다. 희생은 우리의 본성이 원하는 바가 아니다. 그러므로 자기부인, 육의 성향과 욕망과 행위를 죽이는 것은 고통을 동반한다. 그렇게 할 수 있는 유일한 길은 성령의 능력이다. 왜냐하면 우리는 육신을 지니고 타락한 세상에 살고 있기 때문이다. 우리는 그리스도인이 될 때 단번에 육을 부인하는 결정을 내릴 수 없다. 매일매일, 매순간 육을 부인하는 것을 택하는 끊임없는 과정을 거쳐야 한다. 우리의 생각과 말과 행동으로 우리 자신을 위해서가 아니라 하나님을 영광스럽게 하도록 성령님께서 인도하실 때 그 인도하심을 선택하는 것이다.

바울은 이를 고린도후서 4장 11절에서 분명히 설명하고 있다. "우리 살아 있는 자가 항상 예수를 위하여 죽음에 넘겨짐은 예수의 생명이 또한 우리 죽을 육체에 나타나게 하려 함이라." 이것이 이 세상에서 육신 가운데 살면서 예수님의 형상으로 변화되고 하나님을 영광스럽게 하는 유일한 길이다. 7절에서 말하듯이 "우리가 이 보배를 질그릇에 가졌으니 이는 심히 큰 능력은 하나님께 있고 우리에게 있지 아니함을 알게 하려 함이라."

사탄은 우리가 세상적인 기준에 따라 살면서 동시에 하나님께 신실할 수 있다고 생각하도록 속인다. 그러나 성령님께서 다스린다면 옛 본성의 속된 욕구를 부인하도록 인도하실 것이다. 성경은 말 그대로 육신을 죽여야 한다고 분명히 말하며, 모호한 표현을 쓰지 않는다. 성경은 이 죽음을 십자가에 못 박는 것, 즉 고통스런 죽음으로 묘사하며 우리가 그리스도 안에 있을 때 우리의 육적인 본성에 끊임없이 일어나는 일을 생생하게 그리고 있다.

로마서 8장 16~17절은 이를 더 잘 설명해 준다. "성령이 친히 우리의 영과 더불어 우리가 하나님의 자녀인 것을 증언하시나니 자녀이면 또한 상속자 곧 하나님의 상속자요 그리스도와 함께 한 상속자니 우리가 그와 함께 영광을 받기 위하여 고난도 함께 받아야 할 것이니라." 우리는 예수 그리스도를 믿는다. 우리는 영원한 기업의 상속자이며 우리의 구원이 확실하다는 것도 안다. 그러나 사탄은 그리스도 안의 구원과 삶의 대가와 의미를 흐리게 만든다. 우리가 그리스도 안의 구원에 따른 모든 축복의 현실을 받는 것은 오직 그와 함께 고난 받을 때다. 예수님이 죄가 없으신 것은 단순히 하나님의 아들이어서가 아니라 끊임없이 육을 부인하셨기 때문이다. 승리는 십자가와 그리스도께서 십자가에 못 박히심을 신학적으로 받아들이는 것에서 오는 것이 아니라 그리스도께서 하신 것처럼 옛 본성과 육의 욕망을 기꺼이 부인하는 데서 온다.

바울은 빌립보 교회에 보낸 편지에서 이 진실을 이렇게 설명한다. "그리스도를 위하여 너희에게 은혜를 주신 것은 다만 그를 믿을 뿐 아니라 또한 그를 위하여 고난도 받게 하려 하심이라"(빌 1:29). 우리는 전도할 때 대개 그리스도인의 삶의 이런 측면은 제시하지 않는다. 바울은 3장 10절에서 자신의 삶의 열정과 소명을 이렇게 표현한다. "내가 그리스도와 그 부활의 권능과 그 고난에 참여함을 알고자 하여 그의 죽으심을 본받아." 우리는 그리스도를 알고자 하는 열정을 느끼고 부활의 능력을 경험하고 싶어 하지만 그의 고난을 받아들이지는 않는다. 그러나 고난이 없이는 그리스도를 아는 지식과 부활의 권능도 알 수 없다. 그리스도와 같이 자기를 부인하고 육을 십자가에 못 박지 않고는 부활하신 그리스도의 삶의 완전함을 알 수 없다.

이것이 바로 바울이 골로새서 1장 24절에서 "나는 이제 너희를 위하여 받는 괴로움을 기뻐하고 그리스도의 남은 고난을 그의 몸 된 교회를 위하여 내 육체에 채우노라"고 말할 수 있었던 이유다. 바울의 말은 사도행전에서 사도들이 핍박을 받았을 때의 반응을 생각나게 한다. 그들이 매를 맞고 예수의 이름으로 말하지 말라는 명령을 받았을 때 그들은 "그 이름을 위하여 능욕 받는 일에 합당한 자로 여기심을 기뻐하면서 공회 앞을 떠나니라"(행 5:41)고 기록되어 있다. 우리는 혹시 세상적인 쾌락을 포기하지 않기 때문에 그리스도를 위해 고난 받기에 합당한 자로 여기심을 받지 못하는 것은 아닐까?

유혹이 올 때는 그 유혹은 우리가 굴복할 때까지 없어지지 않고 점점 더 커진다. 예수님께서는 우리와 마찬가지로 모든 유혹을 받으셨지만 그것에 넘어가지 않으셨다. 실로 그는 누구보다도 더 훨씬 큰 유혹을 받으셨다. 그러나 그는 이를 부인하셨다. 그것은 육신의 고통을 의미했다. 예수께서는 광야에서 40일을 금식하신 후 굶주리셨다. 그러나 돌을 떡으로 만들라는 유혹에 넘어가지 않으셨다. 예수님은 고통받기를 택하셨다. 우리는 예수님께서 하신 것처럼 육을 부인하도록 고통으로 부르심을 받았다. 히브리서 기자는 예수께서 그 앞에 있는 기쁨을 위하여 십자가를 참으사 부끄러움을 개의치 않으셨다고 말한다. 그리고 "너희가 죄와 싸우되 아직 피 흘리기까지는 대항하지 아니하고"라고 우리를 책망한다. 우리가 죄를 피하기 위해서 아무리 고통스러운 자기부인을 한다 해도, 주님께서 죄와 맞서시기 위해서 겪은 고난에는 조금도 미치지 못한다.

로마서에서 바울은 고통을 올바로 바라볼 수 있게 해준다. "생각하건대 현재의 고난은 장차 우리에게 나타날 영광과 비교할 수 없도다"(롬 8:18). 사탄은 우리의 시각을 왜곡시키려고 한다. 우리는 전투에 임할 때 장차 받을 상을 생각해야 한다. 우리가 받을 상과 하나님께서 받으실 영광이 우리가 겪어야 할 고난과 자기부인보다 크다는 것을 기억해야 한다. 우리는 성령의 능력을 경험하기 위해서는 어떤 대가라도 치르겠다고 생각한다. 그러나 사탄은 이런 시각을 잃어버리고 지금 여기에 집중하게 하고 우리가 원하는 것과 좋아하는 것들에 빠져들게 한다. 이것이 우리가 그렇게 연약하고 자주 실패를 경험하는 원인인지도 모른다. 우리의 욕구를 쉽게 충족시킬 수 있는데도 본성적으로 자기를 부인하고 고난받기를 원하는 사람은 아무도 없다.

미국의 신자들은 성경이 말하는 의를 위해 미움과 박해를 받는 일들이 어떤 것인지 의문을 가질 것이다. 그리스도를 섬기고 성령 안에서 행하면 세상의 기준과 갈등을 빚는 위치에 놓이게 된다. 정의를 옹호하고 낙태, 동성애, 향락주의적인 생활방식에 반대하는 사람들은 존경을 받지 못하고 비판과 비웃음의 대상이 된다. 세계 곳곳에서 그리스도인들은 그리스도를 따르기로 선택했다는 이유로, 그리스도께서 거룩하고 옳다 여기시는 대로 살기를 선택했다는 이유로 핍박을 받는다. 우리가 성령의 인도를 따라 하나님께 영광이 되는 가치를 옹호하고자 할 때, 신체적인 핍박까지는 아니더라도 사회적으로 따돌림을 받고 무시를 당하게 된다. 우리가 선택할 수 있는 쉬운 방법은 타협하고 남들에게 맞춰주고, 드러나는 행동을 하지 않는 것이다. 그럴 때 사탄은 기뻐한다.

일부 종교의 금욕주의자들은 의도적으로 몸을 학대한다. 그렇게 해서 의와 덕을 쌓는다고 생각한다. 우리가 말하는 것은 이런 것이 아니다. 자기부인은 목적이 아니다. 이는 성령 안에서 행함에 따라 일어나는 자연적인 결과이며 우리의 삶에서 하나님께서 영광을 받도록 하기 위한 것이다.

우리 선교사들 중에는 차 한 대를 여러 명이 같이 써야 하는 곳에 파견을 받은 사람들이 있다. 그래서 그들은 언제 누가 얼마 동안 차를 쓸 것인지를 미리 계획해야 한다. 이런 상황에서는 남의 필요를 침해하는 일이 발생할 여지가 많이 있다. 다른 사람이 사용해야 할 시간을 침범하는 사람도 있을 수 있고, 자기가 사용할 날이 아닌데 차를 써야 할 일이 갑자기 생길 수도 있다. 그런데 그날 사용하기로 되어 있는 사람이 불편을 감수하고 양보를 해주려고 하지 않을 수도 있다. 사람들이 당신을 이용하거나 무시하거나 당신의 필요에 무감각할 때 어떤 기분이 드는가? 자기의 필요를 예수님의 마음으로 겸손히 내려놓는 종의 마음을 드러내는가?

우리 선교사들 중 많은 사람들이 남을 섬겨야 하는 일을 맡는다. 예를 들면 장부 정리, 손님접대, 선교사 자녀의 교사, 혹은 자원봉사자로 일한다. 그들이 인정과 감사와 찬사를 많이 듣지 못한다는 것은 정말

> 우리가 이기적인 만족과 편안함을 부인할 때 하나님께서 영광을 받으시고 우리는 축복을 받는다.

안타까운 일이다. 이들이 하는 일을 당연시하는 사람들이 종종 있다. 사람들이 그들을 종처럼 대할 때 그들은 어떤 기분일까? 이를 통해서 그들이 정말로 종의 심정이 있는지, 자신을 부인할 준비가 되어 있는지 드러난다. 인정받고 감사받기를 원하는 것은 육이다. 이용을 당하는 것은 상처가 된다. 우리는 자신을 부인하기를 원하지 않는다. 고통과 상처를 받아들이는 것은 우리의 본성이 아니다. 이런 자기중심적인 본성은 강력하다. 우리는 인정받고 섬김 받기를 원한다. 그렇기 때문에 승리하기 위해서는 성령 안에서 행하고 오직 하나님의 영광만을 위해서 사는 자기부인이 필요하다.

베드로전서 2장 21절은 모든 사람이 원하는 것을 보여준다. 누구나 인생의 어느 시점이 되면 스스로에게 묻는다. '내 인생의 목적은 무엇인가? 하나님은 내가 뭘 하기를 원하시는가?' 그런데 그 답은 우리가 기대한 것과 다를 수 있다. 이 구절은 "이를 위하여 너희가 부르심을 받았으니"라는 말로 시작한다. 나는 신참 선교사들에게 자주 이런 질문을 한다. "그리스도께서 무엇을 위하여 당신을 선교사로 부르셨습니까?" 마찬가지로 모든 신자들에게 이렇게 질문할 수 있을 것이다. "그리스도께서 무엇을 위하여 당신을 신자로 부르셨습니까?" 복음을 선포하거나

교회를 개척하거나 잃어버린 영혼을 구원하기 위해서라고 대답하는 선교사들은 많이 있지만 베드로처럼 답하는 사람들은 거의 없다. "이를 위하여 너희가 부르심을 받았으니 그리스도도 너희를 위하여 고난을 받으사 너희에게 본을 끼쳐 그 자취를 따라오게 하려 하셨느니라"(벧전 2:21). 이 말씀은 "죄가 있어 매를 맞고 참으면 무슨 칭찬이 있으리요 그러나 선을 행함으로 고난을 받고 참으면 이는 하나님 앞에 아름다우니라"(20절)는 앞 절의 말씀에 이어진다. 우리는 어떻게 하나님께 영광을 돌리는가? 선과 의를 행함으로 고난을 받음으로 영광을 돌린다.

바울은 디모데에게 이렇게 권면한다. "너는 그리스도 예수의 좋은 병사로 나와 함께 고난을 받으라 병사로 복무하는 자는 자기 생활에 얽매이는 자가 하나도 없나니 이는 병사로 모집한 자를 기쁘게 하려 함이라"(딤후 2:3-4). 하나님을 영광스럽게 하고 우리를 구원해서 병사로 모집하신 그리스도를 기쁘게 하는 유일한 길은 세상의 일들에 얽매이지 않는 것이다. 이는 어려움과 자기부인을 의미한다.

그리스도께서는 그분의 고난의 본을 받도록 우리 선교사들만이 아니라 모든 신자들을 부르셨다. 성경에 나타난 그리스도의 고난의 본보기는 무엇인가? 십자가가 궁극적인 고난의 표현이며 우리는 자기부인의 십자가를 지고 따르도록 부르심을 받았지만 아무도 문자 그대로 십자가에 못 박힌 사람은 없다. 우리는 육을 부인하고 자신을 부인하고 세상의 것들을 부인하는 고난을 겪는 것이다.

히브리서 5장 7~9절은 예수님을 하나님의 아들, 멜기세덱을 이은 완전한 대제사장이라고 말한다. 9절은 이렇게 말한다. "온전하게 되셨은즉 자기에게 순종하는 모든 자에게 영원한 구원의 근원이 되시고." 그가 어떻게 온전하게 되어 세상의 죄를 위해 죽을 권리를 얻고 믿음으로 그에게 오는 모든 사람에게 영원한 구원을 주시게 되었는가? 7절과 8절에 그 설명이 나와 있다. "그는 육체에 계실 때에 자기를 죽음에서 능히 구원하실 이에게 심한 통곡과 눈물로 간구와 소원을 올렸고 그의 경건하심으로 말미암아 들으심을 얻었느니라 그가 아들이시면서도 받으신 고난으로 순종함을 배워서." 이것은 쉬운 일이 아니었다. 예수님은 하나님의 아들이므로 아버지께 순종하기 위해서 유혹과 맞서 씨름할 필요가 없었다고 생각해선 안 된다. 베드로는 그리스도의 예를 이렇게 말한다. "그는 죄를 범하지 아니하시고 그 입에 거짓도 없으시며 욕을 당하시되 맞대어 욕하지 아니하시고 고난을 당하시되 위협하지 아니하시고 오직 공의로 심판하시는 이에게 부탁하시며"(벧전 2:22-23).

이것은 쉽지 않다. 사람들이 우리를 욕하고 비난하고 중상하고 비판할 때 우리는 어떻게 반응하는가? 우리는 자신을 옹호하고 변호하거나, 남을 비판하고 정죄하는 말을 퍼붓거나, 차갑고 계산적인 냉소로 반응하게 된다. 이것이 육의 반응이고, 세상의 방법이다. 사탄은 육적인 본성을 이용해서 우리의 권리와 명예를 옹호하라고 말함으로써 갈등과 분쟁을 일으킨다. 그러나 우리는 그리스도께 우리를 맡겨야 한다. 그가 재판관으로서 우리를 변호하실 것이다. 비난당하고 이용당하고 중상모략을 당하는 것은 고통스러운 일이다. 그리스도께서는 이 생애와 사역을 통해서 고난을 받으셨다. 언제나 사탄과 유혹에 맞서고 육을 따르지 않으며 자기부인의 고통을 받으셨다.

베드로전서 4장은 같은 주제를 다루고 있다. "그리스도께서 이미 육체의 고난을 받으셨으니 너희도 같은 마음으로 갑옷을 삼으라"(벧전 4:1). 뒤에서 영적인 무기에 대해 살펴보겠지만 자기중심적인 삶과 행동으로 우리를 옭아매는 육에 대항한 영적인 전쟁에서 어떻게 무장할 것인가? 자기중심적인 삶 대신에 고난을 선택하는 것이다. 이것은 우리의 본성이 아니다. 고통을 좋아하는 사람은 없다. 우리는 편안한 삶을 좋아한다. 우리는 사람들의 주목을 받고자 하고, 섬김을 받기 원하고 우리의 필요가 채워지기를 바란다. 그러나 성령 안에서 행하기 위해 불편과 고난을 기꺼이 감수하는 것이 그리스도께서 우리에게 보여주신 모범이다. 이것이 바로 승리하는 삶을 위해 우리에게 주신 모델이다.

말씀은 계속해서 이렇게 이어진다. "이는 육체의 고난을 받은 자는 죄를 그쳤음이니 그 후로는 다시 사람의 정욕을 따르지 않고 하나님의 뜻을 따라 육체의 남은 때를 살게 하려 함이라"(벧전 4:1-2). 이 말씀은 우리가 받은 승리를 확언하고 있다. 그러나 또한 이 말씀은 두 가지 선택 가능성을 선명히 대조하고 있다. 하나님의 뜻은 우리가 거룩한 삶을 사는 것이다. 그렇게 하지 못하면 인간적인 욕망, 세상의 길을 따라 살게 된다. 그러나 우리는 자기부인에서 오는 고통 없이는 전자를 선택할 수 없다. 육은 죄를 원하고 이기적이고 세상적인 만족을 원한다. 이것이 쉬운 길이고 편하고 많은 사람들이 가는 길이며 본성의 길이다. 그러나 이것을 부인하는 것은 안락과 편리함과 즐거움을 포기하는 것이다. 이는 고통스럽다.

"사랑하는 자들아 너희를 연단하려고 오는 불 시험을 이상한 일 당하는 것 같이 이상히 여기지 말고 오히려 너희가 그리스도의 고난에 참여하는 것으로 즐거워하라 이는 그의 영광을 나타내실 때에 너희로 즐거워하고 기뻐하게 하려 함이라"(벧전 4:12-13). 고난을 겪을 때 하나님께서 당신을 낮추신 것처럼, 놀라지 말라. 고난은 이 세상에서 성령 안에서 행할 때 자연스러운 결과다. 그것은 그리스도께 주어진 것처럼 우리에게 주어진 것이다. 이것이 어쩌면 우리가 영적인 전쟁에서 그렇게 연약하고 거룩한 삶을 살지 못하고 성령 안에서 행하는 데 실패하는 이유일 것이다. 고난받기를 좋아하는 사람은 아무도 없다. 우리는 불편을 감수하려고 하지 않는다. 그래서 계속해서 자기중심적인 육의 본성을 따르는 것이다.

바울은 로마서 8장 18절에서 육을 부인하는 데서 오는 우리의 고통은 장차 우리가 받을 영광에 비하면 아무것도 아니라고 말한다. 이는 단지 천국에서 받을 영원한 상급의 영광만이 아니라 현재 우리가 매일매일 육에 승리하며 살아갈 때 드러나는 영광을 말하는 것이다. 베드로 역시 영적인 전쟁에 관한 기본적인 가르침에서 같은 진실을 말하고 있다. "근신하라 깨어라 너희 대적 마귀가 우는 사자 같이 두루 다니며 삼킬 자를 찾나니"(벧전 5:8).

사탄은 단순히 우리를 넘어뜨리고 죄를 짓게 하는 데 그치지 않는다. 사탄은 우리를 완전히 다스리려고 한다. 세상을 지배하고자 한다. 사탄은 우리의 육적이고 자기중심적인 본성이 우리 삶을 지배하기를 바란다. 그래서 우리의 삶, 우리의 태도와 행동을 완전히 차지해서 하나님께 영광이 되는 일은 아무것도 하지 못하게 하려고 한다. 성경은 우리에게 사탄을 대적하라고 말한다. 어떻게? 믿음을 굳게 함으로써다. 즉 하나님을 믿고 우리의 감정이나 우리의 마음을 믿지 않는 것이다. 우리는 세상적인 가치에 따라서 살라는 유혹에 대항해야 한다. 또 하나님의 말씀을 굳게 믿고 하나님의 말씀에 어긋나는 것은 무엇이든 받아들이지 말아야 한다.

이제 이어지는 말씀에 주목해 보자. "너희는 믿음을 굳건하게 하여 그를 대적하라 이는 세상에 있는 너희 형제들도 동일한 고난을 당하는 줄을 앎이라"(9절). 이 세상에 사는 그리스도에 속한 사람들은 고난을 받고 있다. 우리만 고난을 당하는 것이 아니다. 이 말씀이 우리에게 격려가 되어야 한다. 하나님은 우리에게만 고통을 주시거나 우리를 버리시지 않으신다. 우리가 고난당하는 것은 하나님께서 벌을 주시기 때문이 아니다. 우리가 고난당할 때 사탄이 우리를 패배시키고 우리의 믿음을 파멸시켜 하나님을 부인하고 하나님의 신실하심을 의심하게 만들려 하지만 우리는 이것이 믿는 자들, 특히 성령의 인도를 받아 살아가며 하나님께 진정한 영광을 돌리는 자들이 공통적으로 겪는 일이라는 점에서 위로를 받아야 한다. 하나님께서는 우리의 믿음을 강하게 하기 위해서 고난을 허용하시는 것이다. 고난에 처할 때 우리 자신의 힘으로 애를 쓰지 않고 하나님의 은혜에 의지하기로 결심할 때 하나님께서 영광을 받으신다. 하나님은 우리에게 승리를 주신다. 고통을 대신해서가 아니라 고통에도 불구하고, 또 때로는 고통 때문에 승리를 주신다!

"내 형제들아 너희가 여러 가지 시험을 당하거든 온전히 기쁘게 여기라 이는 너희 믿음의 시련이 인내를 만들어 내는 줄 너희가 앎이라 인내를 온전히 이루라. 이는 너희로 온전하고 구비하여 조금도 부족함이 없게 하려 함이라"(약 1:2-4). 베드로도 같은 원리를 강조하고 있다. 이것이 그리스도인의 삶의 기본 원리이기 때문이다. "우리 주 예수 그리스도의 아버지 하나님을 찬송하리로다 그의 많으신 긍휼대로 예수 그리스도를 죽은 자 가운데서 부활하게 하심으로 말미암아 우리를 거듭나게 하사 산 소망이 있게 하시며 썩지 않고 더럽지 않고 쇠하지 아니하는 유업을 잇게 하시나니 곧 너희를 위하여 하늘에 간직하신 것이라"(벧전 1:3-5). 이것은 놀라운 보증이다. 우리의 구원은 쇠할 수 없고 하나님께서 지키신다는 것이다. 우리의 영원한 기업은 안전하지만 우리가 이 땅의 삶에서 겪어야 할 일에 대해 베드로가 말하는 것에 주목해야 한다. "그러므로 너희가 이제 여러 가지 시험으로 말미암아 잠깐 근심하게 되지 않을 수 없으나 오히려 크게 기뻐하는도다 너희 믿음의 확실함은 불로 연단하여도 없어질 금보다 더 귀하여 예수 그리스도께서 나타나실 때에 칭찬과 영광과 존귀를 얻게 할 것이니라"(벧전 1:6-7). 시험을 통해서 고통 가운데서도 우리의 믿음이 진정한 것으로 증명될 때 하나님께서는 영광을 받으신다.

한 선교 지도자가 어떤 불평이 많은 사람에 관해 한 말이 기억난다. 그 가족은 다른 사람들이 당연시하는 생활 편의 물품들이 없는 오지에 새로 파송되었다. 교제를 나눌 사람도 없고, 사회적인 교류도, 지원하는 그룹도 없었다. 전기는 들어올 때보다 정전될 때가 더 많았고, 상수도도 없는데다 개인의 사생활은 전무했다. 그냥 생존하는 데만도 있는 힘을 다 쏟아 부어야 했다. 이 부부는 다른 선교사들은 편안하고 좋은 생활조건을 누리는데 자기들은 얼마나 불편을 겪고 고생하고 있는지 불평을 쏟아놓았다. 그 지도자는 참을성 있게 다 들은 뒤 조용히 말했다. "글쎄, 예수님도 못을 좋아하지는 않으셨지요." 이 말이 그들의 고생을 올바로 바라보게 해주었다. 예수님도 못을 좋아하지는 않으셨다. 예수님께서는 십자가에 못 박히는 것을 즐기지 않으셨다. 예수님은 고통을 좋아하지 않으셨다. 겟세마네 동산의 기도에서 알 수 있듯이 예수님은 할 수 있다면 그것을 피하고 싶으셨다. 예수님은 우리처럼 자기부인과 고난을 놓고 씨름하셨다. 그러나 히브리서 12장 2절은 그가 자기 앞에 놓인 기쁨을 위해서 십자가의 고통을 견디셨다고 말한다. 구속받은 세상이 아버지께 영광을 돌리는 기쁨이다. 우리가 아무리 고통을 당한다고 해도 예수님처럼 십자가에 못 박히셔서 피를 흘릴 정도까지 고통을 당하지는 않는다.

베드로는 이어서 이렇게 말한다. "모든 은혜의 하나님 곧 그리스도 안에서 너희를 부르사 자기의 영원한 영광에 들어가게 하신 이가 잠깐 고난을 당한 너희를 친히 온전하게 하시며 굳건하게 하시며 강하게 하시며 터를 견고하게 하시리라"(벧전 5:10). 이 고난은 일시적이라는 것을 기억해야 한다. 잠시 고난을 겪은 후에 하나님은 당신의 소망에 답하신다. 성령 안에서 행하고 당신의 삶 속에서 하나님께 영광을 돌리고자 하는 소망이다. 하나님께서는 당신을 개인적으로 완성하시고 확인하시며 능력을 주셔서 세우신다. 왜, 작은 고통을 피하고 작은 쾌락에 빠지고 작은 불편을 피하려고 이를 버린단 말인가? 성경은 예수님이 광야에서 시험 받았을 때 40일 동안 고통받으신 뒤 성령의 힘으로 충만하여 돌아오셨다고 말한다.

모든 신자들은 자신의 삶에서 하나님의 능력으로 기름 부음을 받고자 하는 강한 소망을 가져야 한다. 나는 우리가 파송하는 모든 선교사들이 모두 자신은 적합하지 못하고 영적으로 평범하다는 생각에 사로잡혀서 하나님의 능력에 갈급하기를 바

> 하나님께서는 자기를 부인하고 고통과 희생을 기꺼이 받아들일 만큼 이를 갈급히 원하지 않는 사람에게는 그의 능력을 주지 않으신다.

란다. 모국을 떠날 때 이런 마음이 아니라면, 해외에 나가 낙후된 생활환경 속에서 언어공부를 하고 기독교에 적대적인 사람들에게 복음을 전하려고 애쓸 때 겪는 좌절감을 통해서 성령 하나님의 능력이 꼭 필요하다는 것을 인정하게 될 것이다. 하지만 하나님께서는 자기를 부인하고 고통과 희생을 기꺼이 받아들일 만큼 이를 갈급히 원하지 않는 사람에게는 그의 능력을 주지 않으신다.

우리는 선택을 해야 한다. 히브리서 기자는 모세의 예를 든다. 모세는 순종과 하나님께 영광 드리는 삶의 보상을 바라보고 자기 백성들과

고통과 고난을 함께하기를 선택했다. "믿음으로 모세는 장성하여 바로의 공주의 아들이라 칭함 받기를 거절하고 도리어 하나님의 백성과 함께 고난 받기를 잠시 죄악의 낙을 누리는 것보다 더 좋아하고 그리스도를 위하여 받는 수모를 애굽의 모든 보화보다 더 큰 재물로 여겼으니 이는 상 주심을 바라봄이라"(히 11:24-26).

베드로후서 1장 3~4절은 지금까지 살펴본 것들을 요약하고 하나님께서 영적인 전쟁에서 우리에게 승리를 주셨다는 것을 확인해 준다.

1. "그의 신기한 능력으로 생명과 경건에 속한 모든 것을 우리에게 주셨으니"(3절). 하나님은 이미 거룩하고 의로운 삶을 사는 데 필요한 모든 것을 우리에게 주셨다. 하나님은 단순히 영생만 주시는 것이 아니라 지금 이 땅에서 하나님을 영광스럽게 하는 데 필요한 모든 것을 우리에게 주셨다.

2. 이것이 어떻게 주어졌는가? "이는 자기의 영광과 덕으로써 우리를 부르신 이를 앎으로 말미암음이라"(3절). 즉 그리스도를 알고 믿음으로 우리의 구세주로 받아들이면 된다. 승리의 삶은 그리스도 안에 있지 우리 자신의 노력에 있지 않다. 그리스도 안에서 우리는 평화와 기쁨과 거룩함, 승리, 능력, 즉 승리를 위해 필요한 모든 것을 소유하고 있다.

3. 그러므로 "이로써 그 보배롭고 지극히 큰 약속을 우리에게 주사"

(4절). 성경은 하나님의 진리다. 우리가 가진 모든 것은 하나님의 약속에 근거한다. 그리스도를 알게 되었으므로 우리는 하나님의 약속을 소유하며 사탄의 거짓말과는 반대로 이를 우리 삶의 현실로 만들 수 있다.

4. 왜인가? "이 약속으로 말미암아 … 신성한 성품에 참여하는 자가 되게 하려 하셨느니라"(4절). 우리는 그리스도 안에서 침(세)례를 받았다. 그리스도께서 우리 안에 거하시며 우리는 성령 안에서 행한다. 왜냐하면 이것은 그리스도에 대한 지식을 통해 우리가 맺은 관계와 승리에 대한 하나님의 약속이기 때문이다.

5. 그리고 하나님의 성품에 참여하는 자가 된 결과는 "너희가 정욕 때문에 세상에서 썩어질 것을 피하는"(4절) 것이다. 이것이 영적인 전쟁의 승리다. 우리는 더이상 세상의 욕망의 지배를 받지 않는다. 우리는 죄에 대해 승리를 선언할 수 있다. 썩어질 육신의 영향과 저주 아래서 살지 않는다.

육을 부인하는 사례로써의 금식

금식을 해본 사람은 육을 부인하는 것이 얼마나 고통을 수반하는지 잘 안다. 그러나 금식을 장려하고 가르치는 경우는 많지 않다. 금식의 필요를 인정하면서도 불필요한 율법주의적 훈련의 범주에 넣는 경우가 많다. 우리는 은혜 아래 있으므로 그런 구태의연한 방법으로 하나님께 점수를 따거나 호의를 구할 필요가 없다는 것이다. 그러나 성경은 금식에 대해 많이 언급한다. 실제로 예수님조차도 "너희는 금식을 해야 한다"거나 "너희가 금식을 한다면"이라고 하시지 않고 "너희가 금식할 때"라고 말씀하셨다. 우리의 적 사탄은 금식이 성령 안에서 행하는 데 얼마나 도움이 되는지 잘 알고 있다. 이것은 금식을 강조하지 않는 최근의 풍조와 관련이 있는 것이 틀림없다. 왜냐하면 금식은 영적인 유익을 위해 의도적으로 계획해서 육을 부인하는 결정이기 때문이다. 금식을 할 때는 음식, 즉 몸이 필요로 하는 것을 부인한다. 왜 그렇게 하는가? 영적인 것에 대한 욕구가 더 크기 때문이다.

우리는 하나님께로부터 무언가를 얻기 위해서 금식을 하는 것이 아니다. 하나님은 주권자이시다. 하나님은 우리의 기도에 응답하시지만 우리가 무엇을 하는 대가로 하나님께 무언가를 요구할 수는 없다. 하나님께서는 그분의 섭리 가운데서 선택하는 일을 하실 것이다. 우리는 하나님이 우리 필요를 채워주시도록 하기 위해서 금식하는 것이 아니다. 금식을 하는 유일한 동기는 하나님을 원해서다. 그것뿐이다! 우리의 영혼이 하나님을 갈망할 때, 하나님과의 친밀함을 경험하기를 원할 때, 하나님의 임재를 확인하고 싶을 때, 그리고 성령의 인도를 받기 원할 때, 그리고 음식이나 육신의 안락함보다 하나님을 더 원할 때 하는 것이 바로 금식이다.

어쩌면 당신은 지금 시험을 받고 있고 응답받지 못한 기도로 인해 고통스러워하고 있을지도 모른다. 반항적인 자녀, 병에 걸리신 어머니가 있거나 중대한 결정을 내려야 하는 어려운 상황에 처해 있을 수도 있다. 이러한 필요들 가운데 성령님께서

> 금식을 하는 이유는 하나님께 무엇을 요구하기 위해서가 아니라 우리의 하나님을 향한 갈망이 음식을 향한 욕구보다 더 크기 때문이다.

당신을 인도하셔서 기도와 금식으로 당신 자신을 드리게 하신다. 하나님께서는 당신의 기도에 응답하시겠지만 그것은 당신이 율법주의적인 훈련을 하기 때문이 아니다. 하나님을 향한 마음이 음식에 대한 당신의 욕구를 넘어설 때, 그래서 배고픔의 고통이 육신의 필요보다 하나님께 초점을 맞추게 하는 방아쇠가 될 때 하나님께서는 그분을 향한 당신의 열정과 욕구를 높이 사신다. 그리고 놀라운 것은 우리 삶의 필요도 채워주신다는 것이다.

우리는 모두 마태복음과 마가복음에서 제자들이 귀신들린 한 소년에게서 귀신을 쫓아내지 못한 이야기를 알고 있다. 예수님께서는 제자들을 꾸짖으시며 이렇게 설명하셨다. "기도와 금식이 아니면 이런 유가 나가지 아니 하느니라"(마 17:21). 이 구절이 없는 사본도 있지만 금식의 중요성을 오해해서는 안 된다. 때로 우리가 기도와 금식을 열심히 하면 기적이 일어날 수 있다는 식으로 율법주의적인 해석을 하는 경우도 있다. 내 생각에는 예수님의 말씀은 단지 우리가 기도와 금식에 스스로를 헌신하고 하나님께 대한 더 큰 열정 때문에 음식을 부인할 정도로 하나님을 알고자 하는 욕구가 없다면 하나님께서 우리의 삶과 사역에 능력

을 더하시리라는 것을 기대할 수 없다는 뜻인 것 같다.

내가 언제부터 금식을 중요하게 생각했는지 확실치는 않지만 인도네시아에 선교사로 파송된 직후였던 것 같다. 우리는 다른 선교사들과 고립되어서 외로운 생활을 해야 했다. 우리는 낙심과 의심, 좌절을 겪으며 씨름하고 있었다. 나는 "하나님, 제가 여기서 뭘 하고 있는 겁니까?"라고 기도하는 자신을 발견하게 되었다. 어느 날은 집에 돌아와서 바닥에 얼굴을 대고 "주님, 주님의 명령에 순종하고 희생해서 가족까지 데리고 인도네시아에 왔는데 하나님은 이 상황에서 주님이 하셔야 할 몫을 하지 않고 계십니다"라고 기도했던 것이 기억난다. 나는 하나님께서 최소한 작은 열매나 우리 노력에 대한 결과물을 주실 수 있다고 생각했다. 필요한 것은 너무 많았지만 그중에 가장 절박했던 것은 하나님의 손길을 잃어버린 듯한 느낌이었다. 우리 사역의 결과물이 나오든 안 나오든, 나는 하나님과의 생명력 있는 관계를 갈망했고 하나님과의 관계에서 확신과 믿음을 회복하기를 원했다. 하나님께서는 일주일에 한 번 금식을 하도록 인도하셨다. 나는 육신의 음식을 찾는 대신 의도적으로 영적인 음식을 찾았다.

금식을 하는 날에는 비교적 정해져 있던 묵상시간을 얼마든지 길게 가질 수 있었다. 하루 세 끼를 먹는 시간을 들이지 않아도 되었기 때문이다. 놀랍게도 매일 묵상시간에 읽던 성경이 살아나기 시작했다. 금식은 급하게 기도제목을 훑어 내려간 뒤 서둘러 하루를 시작하는 대신 시간을 가지고 하나님의 말씀을 묵상하며 하나님께서 내게 하시는 말씀에 조용히 귀를 기울일 수 있게 해주었다. 식사시간의 배고픔은 점심이나 저녁에 무엇을 먹을까보다는 하나님께서 무슨 말씀을 하시는가에 더욱 초점을 맞추도록 해주었다. 이것은 원인과 결과 식의 행동 형태다. 배가 고프다는 것은 하나님께 초점을 맞추고 하나님을 찾기 위해서 먹지 않고 있다는 것을 떠올리게 해준다. 금식의 효과를 알게 되자 나와 아내는 두 달이나 석 달에 한 번, 삼일씩 개인적인 기도와 금식의 시간을 갖기 시작했다. 반드시 어딘가로 갈 필요는 없었다. 그냥 집에서 평상시 하던 대로 아이들을 돌보고 이웃과 교제를 했지만, 꼭 필요하지 않은 활동들은 하지 않으면서 주님께 초점을 맞추고 하나님과 시간을 보냈다. 금식은 하나님과의 친밀한 느낌을 강화시켜 주었다. 먹지 않기 때문이 아니라 육적인 필요를 채워주는 음식보다 하나님을 더 원한다는 간절한 마음의 표현이기 때문이다. 육신은 음식을 필요로 한다. 마찬가지로 우리 영혼은 하나님의 영으로 유지된다. 성령 안에서 행하는 것이 영적인 전쟁에서 승리하는 열쇠라는 것은 이상한 개념이다. 왜냐하면 이것이 우리의 선택이라기보다는 수동적으로 일어나는 것처럼 생각되기 때문이다.

나는 금식에 대해 율법주의적이지 않다. 나는 아침에 주스를 마시고 끊임없이 물을 마신다. 그리고 오랫동안 금식하는 경우는 거의 없다. 하나님께서 인도하신다는 강력한 느낌이 들 때만 그렇게 했고, 그 결과는 풍성한 축복이었다. 내가 주로 육적인 반응을 보이고 있다는 것을 깨닫게 될 때, 비판에 대해서 분노하고 나의 태도와 관계에서 그리스도와 같은 모습을 드러내지 못할 때 하나님을 만나서 하나님께서 나의 삶을 다스리도록 해야 할 필요를 알 때 한다. 금식은 종교적인 의식의 문제가 아니라 그냥 먹지 않기로 결정하는 것이다. 그렇게 하면 나의 모든 우선순위가 바뀌고 언제나 하나님의 임재를 느끼게 된다. 금식은 율법주의적인 행위가 아니다. 단순히 음식보다 하나님을 더 갈구하는 것이다. 이것은 하나님을 향한 갈급한 마음의 문제이고 하나님께서 인도하시는 대로 따르는 것이다.

금식은 율법주의가 아니라 영적인 음식에 대한 굶주림 때문에 육적인 필요를 부인하는 것이다. 금식은 육을 부인하는 확실한 방법이다. 금식은 하나님을 향한 우리 마음을 표현하는 성경적인 방법이다. 하나님께서 금식으로 인도하신다는 것이 느껴질 때 나는 대개 사흘 동안 금식을 한다. 하루 금식하는 것은 별다른 영향 없이 후딱 지나갈 수 있다. 그러나 사흘 금식은 정말로 집중을 요한다. 대개 금식 전날 저녁을 먹고 시작한다. 그다음 날 저녁이 되면 벌써 24시간을 금식한 것이지만 나는 언제나 그날 하루를 완전히 굶어야 한다는 생각을 한다. 한번은 금식 셋째 날이었다. 금식을 통해 많은 은혜를 받았지만 아주 특별한 것은 없었다. 그래서 나는 금식을 마치고 아내와 함께 저녁을 먹기로 했다. 어쨌든 72시간 금식은 한 것이니까. 그러나 뭔가 영적으로 하나님께서 그날 온전한 금식으로, 나의 헌신을 온전히, 하기 원하신다는 느낌이 들었다. 결국 나는 그날 저녁을 먹지 않기로 했다.

나는 보통 새벽 4시 반에 일어나는데 그날은 3시 반에 잠이 깨어서 정신이 말똥말똥했다. 보통은 아래층에 내려가서 커피를 내려놓고 무릎을 꿇고 잠시 주님을 예배하는 시간을 가진다. 그리고 커피를 마시면서 성경을 읽고 기도제목 목록을 따라 기도한다. 그러나 그날 아침에는 하나님께서 "내가 너를 기다리고 있다"고 말씀하시는 것을 느꼈다. 무릎을 꿇고 기도할 때 나는 하나님 아버지의 무릎에 머리를 대고 있다는 느낌이 들었다.

그것은 너무나 소중한 경험이었다. 그 전날 밤에 저녁을 먹었더라도 하나님께서 인도하신 금식을 마치는 데는 아무런 문제도 없었을 것이다. 그러나 하나님께서는 그분을 향한 우리의 욕망이 육적인 음식에 대한 욕망보다 더 크다는 것을 보여드리며 하나님의 인도하심에 순종하여 금식할 때 우리에게 필요한 대로 자신을 드러내시는 것 같다. 우리가 하나님께 대한 욕망이 별로 크지 않을 때는 삶이 흐트러진다. 사람들과의 관계에 갈등과 긴장과 부자연스러움이 생기고 걱정과 좌절로 가득 차게 된다. 왜 하나님께서 우리에게 자신을 드러내시도록 분명한 일을 하지 않고 육을 부인하지 않는가? 음식보다 하나님을 더 갈망한 적이 있는가? "오늘 점심은 뭘 먹을까?" 혹은 "오늘 저녁에는 뭘 먹게 될까?" 하는 생각을 얼마나 자주 하는가? 육적인 욕구를 만족시키는 것이 아버지와의 교제와 아버지께서 주시는 영적인 음식보다 더 당신의 관심사인가?

금식은 하나님을 향한 갈망으로 육을 부인하는 한 가지 분명한 방법이다. 우리 본성의 자기중심적이고 육적인 경향을 부인하는 방법은 여러 가지가 있다. 금식은 육을 부인하는 것이 무엇인지, 그리고 고통이 어떻게 자기부인의 결과인지를 이해할 수 있게 해준다. 금식은 하나님에 대한 우리의 갈망을 자기부인을 통해서 표현하고 하나님의 능력과 하나님과의 친밀함이라는 축복을 경험하는 좋은 훈련방법이다. 그렇기 때문에 이 성경적인 훈련이 오늘날 강조되지 않고 있는 것에는 사탄이 관계가 있을 것이라고 생각한다. 우리는 금식이 구약의 율법주의와 바리새인들의 경건이라고 무시하는 경향이 있다. 육신의 욕망에 제한을 가하지 않고도 하나님의 영적인 축복을 넘치게 받을 수 있다고 생각한다. 그러나 금식은 정상적인 육적 욕구를 부인하고 희생함으로써 육에 대한 승리를 선포하는 전쟁에서 하나님을 향한 우리의 갈망과 필요를 보여드릴 수 있는 놀랍고도 실제적인 방법이다.

CHAPTER 7

사탄이 좋아하는 불화살

> 모든 것 위에
> 믿음의 방패를 가지고
> 이로써 능히
> 악한 자의 모든 불화살을
> 소멸하고
>
> _에베소서 6:16

사탄은 우리를 대적하고 우리를 패배시키려고 한다. 우리 안에 있는 육은 우리를 부정한 것으로 인도하고 우리 주변의 세상은 우리의 주의를 분산시킨다. 이 모두가 서로 협력해서 이기적이고 육적인 가치를 선택하고 우리 삶에서 하나님의 영광을 앗아가려 하고 있다. 우리 원수의 본성과 그의 미묘하고도 교활한 수법을 알기 위해서 우리는 사탄이 주로 쓰는 효과적인 전술에 대한 성경 말씀을 살펴보아야 한다. 사탄이 어떻게 우리를 속이며 죄를 짓도록 유혹하고, 거룩하지 못하고 자기중심적인 삶을 살도록 유도하는지 여러 가지로 말할 수 있다. 그러나 무엇보다도 하나님께서 성경 말씀을 통해서 가르쳐 주시는 것을 들어야 한다. 성경은 적이 사용하는 몇 가지 방법에 대해 조심하라고 말씀한다. 이 경고를 무시하거나 사탄의 화살을 막는 것을 게을리해서는 절대로 안 된다. 왜냐하면 우리가 가장 취약한 영역에 대해서 성경은 강조해서 말하고 있기 때문이다.

고린도후서 2장 11절에는 이렇게 쓰여 있다. "이는 우리로 사탄에게 속지 않게 하려 함이라 우리는 그 계책을 알지 못하는 바가 아니로라." 사탄은 고린도 교회에 혼란을 가져왔다. 그들은 사탄의 계책을 알고 있었다. 그들은 도덕적인 문제, 분쟁, 음란, 교만, 은사의 오용 등

많은 문제가 있었다. 그러므로 그들은 사탄의 계책과 궤계에 대해 알고 있었다.

용서하지 않음

바울이 "우리로 사탄에게 속지 않게 하려 함이라"고 한 것은 바로 그 전 구절과 관련되어 있다. 10절은 "너희가 무슨 일에든지 누구를 용서하면 나도 그리하고 내가 만일 용서한 일이 있으면 용서한 그것은 너희를 위하여 그리스도 앞에서 한 것이니"라고 말한다. 용서하지 않는 것은 사탄의 가장 효과적인 계책의 하나다. 우리가 용서하지 못할 때 사탄에게 유리한 고지를 주는 것이다. 왜냐하면 이것은 우리가 마땅히 버려야 할 분노와 상처를 움켜쥐고 있는 것이기 때문이다. 우리가 용서하지 않고 있다는 것은 우리 생각이 우리 자신에게 초점이 맞춰져 있다는 뜻이다. "나는 모욕을 당했다. 나는 상처받았다. 나는 나의 권리를 침해받았다." 그리스도와 함께 십자가에 못 박힌 우리의 낡은 육적인 본성이 제단을 밀쳐내고 다시 살아난 것이다.

사탄은 용서하지 않는 것을 통해서 많은 성도들을 패배의 덫에 빠뜨렸다. 용서하지 않는 마음은 기쁨을 잃는다. 우리는 과거의 누군가를 용서하지 못하는 태도로 인해서 하나님의 축복과 평화를 잃어버린다. 용서하지 않는 감정은 흔히 억눌려 있어서 우리로 하여금 이미 승리를 거둔 것으로 착각하게 만든다. 그러나 어릴 때 자신을 학대한 부모나 배신한 동업자, 자신을 이용한 친구가 떠오른다면, 아직 승리를 거두지 못한 것이다. 사탄은 우리가 이를 극복하고 넘어섰다고 생각한 뒤에도 다시 과거의 상처를 생각나게 만든다. 사탄은 모든 기회를 타서 분노와 상처와 수치의 감정을 불러일으키고 아직 해결되지 않은 이런 감정에 대해서 죄책감을 느끼고 자책하게 만든다. 하나님의 말씀이 분명히 말씀하시는 것과는 반대로 사탄은 속삭이고 때로는 고함을 친다. "너는 진짜로 자유한 게 아니야!" 우리가 자신에게 초점을 맞출 때 원망과 분노가 쉽게 되살아난다.

음주 운전자의 차에 자식을 잃은 한 어머니가 내게 이런 말을 했다. "겉으로는 그 사람을 용서했지만 아직도 마음에 원한이 남아 있다는 것을 깨닫게 돼요. 고통을 느낄 때마다 내가 아직 용서하지 않았다는 것이 떠올라 하나님의 치료를 받아들이는 데 장애가 되고 있어요."

우리가 억울한 일을 당하거나 잘못된 대접을 받았을 때 용서하는 것은 세상의 방식과 우리의 육의 본성과 반대되는 일이다. 그렇기 때문에 예수님께서 용서에 대해서 많은 말씀을 하신 것이다. 주께서 가르쳐 주신 기도에서 용서에 관한 기도는 유일한 조건문이다. 우리가 남을 용서하지 않고는 하나님의 용서를 기대할 수 없다. 마태복음 18장에서 예수님은 일곱 번만이 아니라 일곱 번을 일흔 번까지도 용서하라고 하셨다. 490번까지만 용서하라는 뜻이 아니라 계속해서, 끝없이, 무한히 용서하라는 말씀이다. 우리가 용서를 하지 않는 순간 사탄은 우리를 속일 발판을 얻게 된다. 우리가 용서를 하지 않는다면 그것은 우리 자신에게 초점을 맞추는 것이기 때문이다. 예수님은 이어서 두 종의 비유를 말씀하신다. 한 종이 많은 빚을 탕감받은 뒤 자기에게 적은 빚을 진 자의 빚을 탕감해 주지 않았다. 예수님께서 이 용서하지 않은 종에게 무어라고 말씀하셨는지 기억하는가? 예수님은 그를 '악한 종'이라고 부르셨다. 악한 것은 사탄에 속한 것이다. 그는 단지 용서하지 않았을 뿐인데 말이다. 게다가 예수님은 그를 감옥에 던지셨다. 얼마나 많은 사람들이 용서하지 않는 것 때문에 감옥에 갇혀 지내는가.

우리에게 상처 준 사람을 용서하지 않고 있을 때 우리는 겉으로는 거룩한 삶을 사는 척, 주님을 섬기는 척 할 수 있지만 참된 기쁨과 승리는 맛볼 수 없다. 이런 상황에서 슬픈 현실은 이것이 종종 사소한 일이나 아주 오래 전에 있었던 일 때문이라는 것이다. 우리가 상처를 받았을 때 겉으로 드러내지 않는 법을 배웠을 수도 있다. 그러나 우리의 감정은 계속 안에서 부글부글 끓고 있다. 다른 사람들은 그들이 우리에게 상처를 주었다거나 우리가 그들을 차갑게 대하고 있다는 것도 눈치 채지 못할 수 있다. 하지만 용서하지 못해서 피해를 보는 것은 누구인가? 우리를 억울하게 한 사람이 아니다. 용서하지 않는 것은 독약을 마시고 다른 사람이 죽기를 바라는 것과 같다고 했다. 피해를 보는 것은 자신이다. 성낼 만한 충분한 이유가 있을 수도 있다. 그러나 주님과의 친밀할 관계라는 복을 잃어버리는 것은 바로 우리 자신이다. 그리고 그 관계야말로 사탄이 질투하고 파괴하고자 하는 것이다.

왜 예수님은 십자가에서 "아버지 저들을 사하여 주옵소서 자기들이 하는 것을 알지 못함이니이다"(눅 23:34)라고 기도하셨을까? 예수님께서 용서하셨지만 그들은 구원받지 못했다. 그들이 회개했다든지 믿었다는 증거가 없다. 그렇다면 예수님은 왜 "용서하여 주옵소서"라고 하셨을까? 우리에게 본을 보이시기 위해서가 틀림없다. 예수님 자신의 마음을 지키시기 위해서였을 것이다. 만약 예수님께서 십자가에서 죄와 죽음을 이기시면서도 만에 하나 용서하지 못하셨다면 사탄은 이 용서하지 않는 마음을 통해서 승리의 발판을 얻을 수도 있었다. 용서하지 않는 것이야말로 사탄이 좋아하는 것이다.

하나님의 말씀은 우리를 권면한다. "서로 친절하게 하며 불쌍히 여기며 서로 용서하기를 하나님이 그리스도 안에서 너희를 용서하심과 같이 하라"(엡 4:32). "모든 사람과 더불어 화평함과 거룩함을 따르라 이것이 없이는 아무도 주를 보지 못하리라 너희는 하나님의 은혜에 이르지 못하는 자가 없도록 하고 또 쓴 뿌리가 나서 괴롭게 하여 많은 사람이 이로 말미암아 더럽게 되지 않게 하며"(히 12:14-15).

분노

사탄이 사용하는 또 하나의 불붙은 미사일은 분노이다. "분을 내어도 죄를 짓지 말며 해가 지도록 분을 품지 말고 마귀에게 틈을 주지 말라"(엡 4:26-27). 용서하지 않는 것과 마찬가지로 분노도 우리를 성령 안에서 행하지 못하게 하고 사탄에게 우리를 때려눕힐 기회를 주는 것이다. 우리는 분노에 대해 그렇게 주의하지 않는다. 성경이 분노 자체를 금하지는 않기 때문이다. 사실 성경은 우리가 화가 날 것이라는 것을 인정하는 것처럼 보인다. 단지 이를 잘 처리하고 그날 안에 해결하라는 것이다.

우리는 분노가 자발적인 반응이 아니라고 합리화한다. "사태는 이렇다. 이 상황이 나를 화나게 한다. 그러므로 나는 화를 내겠다." 이러면서 화를 내는 사람은 보지 못했다. 뭔가 거슬리는 일이 생기면 생각할 사이도 없이 화가 난다. 분노는 선택하는 것이 아니다. 이것은 심리적인 보호 메커니즘이다. 우리가 위협을 받을 때, 꼭 신체적인 것이 아니라도 자존심이 상하거나 권리가 침해되었다고 느끼거나 누군가가 불손한 태도를 보이거나 자신의 공간을 침해하거나 우리의 생각을 무시할 때, 우리는 분노라는 감정으로 반응한다. 우리는 이를 쉽게 정당화할 수 있고 "화가 가라앉을 거다"라는 말로 가볍게 넘길 수도 있다. 그러나 야고보서 1장 20절은 분명히 이렇게 말한다. "사람이 성내는 것이 하나님의 의를 이루지 못함이라."

사탄이 우리 삶을 조절하기 위해서 어떻게 분노를 사용하는지 보자. 분노는 늘 대상이 있다. 분노의 대상은 대개 사물이 아니라 어떤 사람이다. 운전할 때 새치기를 하는 사람을 볼 때 겉으로는 분을 터뜨리지 않을지 모르지만, 마음속은 어떤가? 인도네시아에 막 도착했을 무렵, 한 베테랑 선교사와 차를 타고 가고 있었다. 교통은 혼잡하고 질서라고는 찾아볼 수 없었다. 그 선교사는 자기 차 문을 두드리면서 "비켜, 우리가 너희를 도우러 온 것도 모르냐?"라고 소리를 질렀다. 그의 행동은 종으로서의 사랑과 존경을 표현하는 말이 아니었다. 우리는 왜 분노하는가? 자기를 주장하거나 자기 권리를 옹호하기 위해서다. 이는 자기에 대해서 죽는 것과 반대되며 성령의 인도를 받는 반응이 분명 아니다. 성령의 인도를 받지 않을 때 우리는 다시 육의 이기적인 본성으로 돌아가게 된다.

우리의 분노의 대상은 대개 사람이다. 누군가가 잘못을 저질렀다. 그 사람은 비난을 받아 마땅하다. 에베소서는 이어서 이렇게 말한다. "무릇 더러운 말은 너희 입 밖에도 내지 말고 오직 덕을 세우는 데 소용되는 대로 선한 말을 하여 듣는 자들에게 은혜를 끼치게 하라. 하나님의 성령을 근심하게 하지 말라. 그 안에서 너희가 구원의 날까지 인치심을 받았느니라. 너희는 모든 악독과 노함과 분냄과 떠드는 것과 비방하는 것을 모든 악의와 함께 버리고"(엡 4:29-31). 분노는 원망과 비판적인 생각에서 나온다. 비난과 악의적인 조롱, 언어폭력, 그리고 상처 주고 정죄하는 말들은 주님께 영광이 되지 않는다! 당신은 하나님의 도구인데 하나님은 당신 안에서 하나님께 영광이 되는 인내심과 자기부인을 빼앗기시고 있다.

우리가 꼭 화를 폭발함으로써만 분노를 표현하는 것은 아니다. 부드러우면서 깔보는 한 마디 말, 날카롭고 냉소적인 태도, 혹은 정죄하는 태도로도 표현할 수 있다. 분노는 자기에 관한 것이며 자기의 권리를 주장하는 육의 본성과 합치되는 것이다. 분노는 남을 섬기고 사랑하고 남의 잘못을 참고 자기를 내어주는 것이 아니다. 당신이 집에서나 동료들에게 "왜?"라고 묻지 않아야 한다는 것을 이미 알고 있을 것이다. 이는 분노를 표현하는 미묘한 방법이다. "왜 컵을 모서리에 놓아서 떨어져 깨지게 했느냐?" "왜 여기다가 차를 세워서 흠이 나게 만들었냐?" 이런 질문에 어떻게 답을 해야 하는가? 이런 질문은 "글쎄 제가 바보예요." "나는 멍청해" "생각을 못했어요." 이런 대답을 할 수밖에 없도록 몰아간다. 상대방은 자신을 변호할 수가 없다. 당신은 상대를 무시하는 방식으로 분노를 표현하는 것이다. 이것은 상대방에게 도움이 되지 않고 갈등만 불러일으킨다.

분노로 인해 문제를 겪는 것은 단순히 화를 잘 내는 사람들만이 아니다. 그런 사람들은 순간적으로 폭발하지만 곧 이를 극복한다. 나는 그런 사람들을 많이 알고 있고 같이 일해 왔다. 심지어는 선교사들 중에도 그런 사람들이 있다. 그들은 화를 터뜨린 후 곧 이를 깨닫고 인정하고 용서를 구한다. 이것이 그들이 주님과 동행하고 있다는 증거다. 그러나 엄청나게 많은 사람들이 속으로 분노를 끓이면서 살고 있다. 낮은 자존감이나 거부당하는 느낌 때문이다. 그들 내부에는 분노로 특징 지어지는 무언가가 있다. 이것은 사탄에게 발판을 주기 때문에 훨씬 더 큰 문제다.

사도 바울은 고린도 교인들에게 이렇게 충고한다. "누가 너희를 종으로 삼거나 잡아먹거나 빼앗거나 스스로 높이거나 뺨을 칠지라도 너희가 용납하는도다"(고후 11:20). 고린도전서 6장 7절에서는 이렇게 도전한다. "차라리 불의를 당하는 것이 낫기 아니하며 차라리 속는 것이 낫지 아니하냐." 그 의미는 분노로 반응하고 누군가를 공격하여 분쟁을 일으키는 것보다는 수동적으로 고통을 당하는 것이 낫다는 뜻이다.

분노의 문제를 다룰 때 '의로운 분노'라고 합리화하는 것을 경계해야 한다. 그렇다. 나도 법원이 동성애자의 결혼을 인정하는 것을 볼 때 화가 난다. 낙태나 다른 도덕적인 문제들에 대해서 분노한다. 하지만 분노를 하나님께 맡기는 것이 최선이다. 하나님께서는 "원수 갚는 것이 내게 있으니 내가 갚으리라"(히 10:30)고 하셨다. 원수 갚는 일은 우리의 책임이 아니다. 하나님은 우리에게 분노를 표현하라고 승낙하지 않으셨다. 우리는 거룩하고 이타적이고 서로를 사랑해야 하고 성령의 인도를 받아야 한다. 그리고 그 열매는 자기 절제다.

의심

사탄의 가장 효과적인 무기는 의심이다. 믿음이 승리라면 사탄이 해야 하는 일은 믿음을 약화시키는 것이다. 사탄은 창세기 3장 1절에서 하나님이 하실 말씀에 대해 의심을 불러일으킴으로써 하와를 유혹했다. "하나님이 참으로 너희에게 동산 모든 나무의 열매를 먹지 말라 하시더냐." 하와가 하나님이 하신 말씀을 말하자 사탄은 거짓말로 이를 부인한다. "너희가 결코 죽지 아니하리라"(창 3:4). 그리고 이어서 하나님의 동기를 훼방한다. "사실 하나님은 너희가 그것을 먹으면 너희의 눈이 뜨여서 하나님과 같이 되어 선과 악을 알게 될 것을 알고 있다."

이와 마찬가지로 사탄은 끊임없이 하나님께서 하신 말씀에 의문을 제기하도록 만든다. 사탄은 우리가 거듭났고 하나님의 자녀가 되었으므로 어떤 죄의 결과나 하나님의 심판을 받지 않을 것이라고 속여 우리가 죄 된 생활과 태도를 합리화하게 만든다. 우리는 의심에 굴복해서 하나님의 말씀을 진리로 받아들이지 않고 성경 말씀을 우리 생각에 맞추려 든다. 우리는 모든 생각을 그리스도께 복종시켜야 한다. 하나님의 말씀은 우리의 이해를 넘어서는 평화를 우리가 누릴 수 있으며 예수님께서 우리에게 평화를 주신다고 말씀한다. 그러나 사탄은 의심을 일으켜서 우리가 지금 겪고 있는 상황에서는 평화를 누릴 수 없다고 생각하게 한다. 악한 자에 대항할 수 있는 모든 권세를 받았다는 말씀을 들었으면서도 우리는 이 말씀을 의심하여 그리스도인으로서 삶의 실패를 받아들이고 승리를 자기 것으로 하지 못한다.

「스크루테이프의 편지」에서 웜우드에게 준 지침 중에 이런 것이 있다. "그의 마음이 예수님을 생각하지 못하게 해라. 다른 것은 무엇이든지 상관없다. 좋은 생각을 하는 것도 괜찮다. 그냥 하나님의 말씀과 약속만 묵상하지 않게 해라. 자기 자신의 행동에서 좋은 기분을 느끼려고 하도록 해라. 하나님의 사랑을 받아들이는 대신 사랑한다는 감정을 스스로 만들어내려고 노력하게 해라. 구원자의 약속을 단순히 받아들이는 대신 용서받았다는 느낌을 가지려고 노력하게 만들어라. 기도한다고 해서 반드시 그렇게 되지는 않으므로 기도에 대해 의심을 하게 해라."[5]

의심은 우리 승리의 기초를 무너뜨리기 때문에 사탄이 즐겨 사용하는 무기다. 하나님을 믿고 그 말씀을 현실로 신뢰하는 것은 사탄의 거짓말과 속임수에 대해 우리에게 방패로 주신 방어 무기다. 우리의 적은 매일 끊임없이 우리 마음에 의심의 화살을 던진다. 그렇기 때문에 상황이 완전히 반대인 것 같을 때에도 하나님의 말씀 안에 거하면서 하나님의 말씀을 믿어야 한다. 믿음이 곧 승리이기 때문이다.

사탄의 공격은 믿음의 방패 앞에 꺾인다. 히브리서는 이렇게 경고한다. "여러 가지 다른 교훈에 끌리지 말라"(히 13:9). 우리가 하나님의 말씀을 떠나 다른 가르침을 받아들이기 시작할 때 사탄은 의심을 배양하고 승리의 기초를 허물기 위해서 이것을 사용한다. 베드로후서 3장 17절은 이를 잘 표현하고 있다. "너희가 이것을 미리 알았은즉 무법한 자들의 미혹에 이끌려 너희가 굳센 데서 떨어질까 삼가라."

교만

우리가 잘 알고 있는 사탄의 또 하나의 무기는 교만이다. 이미 야고보서 4장 7절을 여러 번 인용한 바 있다. "그런즉 너희는 하나님께 복종할지어다 마귀를 대적하라 그리하면 너희를 피하리라." 그 앞 구절은 이렇게 말한다. "하나님이 교만한 자를 물리치시고 겸손한 자에게 은혜를 주신다 하였느니라." 어떤 사람이 겸손한 사람인가? 자신이 부적합하고 가치가 없다는 것을 깨달은 사람이다. 자신의 능력을 넘어서는 능력이 필요하다는 것을 인정하는 사람이다. 겸손은 우리가 주님께 순종하고 주님을 신뢰하게 한다.

겸손은 바울이 말한 육의 가시와 같은 것이다. 고린도후서 12장에서 바울은 세 번째 하늘로 들림을 받은 놀라운 영적 경험을 이야기한다. 이런 하나님과의 친밀한 경험은 자기가 어떤 경지에 이르렀으며 성령의 기름 부음을 받았고 자기가 뭔가가 되었다고 생각하게 만들 수 있다. 그래서 위험한 것이다. 하나님께서 우리의 삶이나 사역에서 자신을 드러내고자 하실 때 우리는 교만해질 가능성이 아주 높다. 그래서 하나님은 바울에게 육체의 가시를 주셨다. 바울은 그 고통에서 건져주시기를 간절히 기도했다. 그러나 하나님은 이렇게 응답하셨다. "안 된다. 더 중요한 것이 있다. 내 은혜가 충분하다는 것을 배워야 한다. 네 약함을 깨달을 때만 그리스도의 능력이 네게서 드러날 수 있다."

바울이 육체의 가시를 사탄의 사자messenger라고 생각했다는 것에 주목해야 한다. "여러 계시를 받은 것이 지극히 크므로 너무 자만하지 않게 하시려고 내 육체에 가시 곧 사탄의 사자를 주셨으니 이는 나를 쳐서 너무 자만하지 않게 하려 하심이라"(고후 12:7). 하나님께서 바울에게 고통을 주신 것이 아니라 하나님의 주권 가운데 적이 바울을 고통스럽게 하도록 허락된 것이다. 하나님은 바울 주위에 보호벽을 쌓아주실 수 있었다. 하나님은 육체의 가시를 제거하실 수 있었다. 그러나 그랬더라면 바울은 점점 더 교만해졌을 것이다. 하나님은 그를 향한 더 큰 계획이 있으셨고, 바울이 하나님의 힘을 온전히 경험하고 예수 그리스도 자신에게서 힘을 찾기를 원하셨다. 그 유일한 방법은 자신의 한계를 깨닫고 자신의 연약함과 부적합함을 알고 겸손해지는 것이다. 고난은 사탄이 우리를 패배시키고 낙심시키기 위해서 가장 흔히 사용하는 도구일 것이다. 문제는 우리가 고난을 피할 수 있는가 아닌가가 문제가 아니라 우리가 고난에 어떻게 반응하는가다. 우리가 자신을 낮추고 우리의 연약함과 부족함을 인정할 때 하나님께서 영광을 받으시고 그분의 능력을 주셔서 그러한 상황에서 승리를 주신다.

> 교만은 패배를 가져온다. 교만한 사람은 하나님의 능력이 아니라 자신의 힘에 의지해서 승리하려고 하기 때문이다.

하나님은 그분의 영광을 누구와도 나누지 않으신다. 우리는 하나님의 축복과 은혜로부터 나온 어떤 것에 대해서 감히 영광을 받으려고 해서는 안 된다. 하나님만이 우리 삶의 모든 성공과 가치 있는 것에 대해 모든 영광과 찬양을 받을 자격이 있으시다. 교만은 거들먹거리는 사람에게만 해당되는 것은 아니다. 교만이란 자기만족의 태도다. 특히 기독교 사역에서 우리 자신의 힘으로 뭐든지 할 수 있다고 생각하는 것은 지극히 위험하다. 사탄은 우리를 부추겨 인정과 관심을 받을 때 교만한 마음이 생기게 한다. 그리고 이는 자신감을 낳는다. 우리는 자신이 뛰어난 지도자라든지 설교의 은사가 있어서 교회나 사역이 성장하고 있다고 믿기 시작한다. 우리가 겸손하게 하나님께 모든 것을 맡기고 성령을 의지하지 않을 때 교만은 결국 패배를 가져다준다.

이는 구약에서 계속해서 나타나는 문제이다. 창세기 11장의 바벨탑을 지으려는 시도는 자신들의 이름을 내려고 하는 교만한 생각에서 나온 것이다(창 11:4). 하나님께서는 광야에서 그의 백성들을 은혜로 인도하시며 "네 조상들도 알지 못하던 만나를 광야에서 네게 먹이셨나니 이는 다 너를 낮추시며 너를 시험하사 마침내 네게 복을 주려 하심이었느니라 그러나 네가 마음에 이르기를 내 능력과 내 손의 힘으로 내가 이 재물을 얻었다 말할 것이라 네 하나님 여호와를 기억하라 그가 네게 재물 얻을 능력을 주셨음이라"(신 8:16-18). 하나님이 기드온에게 병사의 수를 줄이라고 하신 것도 교만 때문이다. "너를 따르는 백성이 너무 많은즉 내가 그들의 손에 미디안 사람을 넘겨주지 아니하리니 이는 이스라엘이 나를 거슬러 스스로 자랑하기를 내 손이 나를 구원하였다 할까 함이니라"(삿 7:2). 다윗이 인구조사를 한 것도 교만 때문이었다. 성경은 이 자만한 행동 뒤에 누가 있었는지를 밝히고 있다. "사탄이 일어나 이스라엘을 대적하고 다윗을 충동하여 이스라엘을 계수하게 하니라"(대상 21:1).

선지자들은 이스라엘 백성과 특히 지도자들의 교만을 자주 지적했다. 그들은 교만이 하나님의 심판을 부를 것임을 분명히 했다. "대저 만군의 여호와의 날이 모든 교만한 자와 거만한 자와 자고한 자에게 임하리니 그들이 낮아지리라"(사 2:12). "스스로 지혜롭다 하며 스스로 명철하다 하는 자들은 화 있을진저"(사 5:21). 하나님은 앗수르 왕을 이렇게 저주하셨다. "앗수르 왕의 완악한 마음의 열매와 높은 눈의 자랑을 벌하시리라." 그 이유는 그가 스스로 말하기를 "나는 내 손의 힘과 내 지혜로 이 일을 행하였나니 나는 총명한 자라"(사 10: 12-13)고 했기 때문이다.

스크루테이프의 또 다른 편지에서는 웜우드에게 그가 맡은 새신자를 교만으로 쓰러뜨리라고 말한다. "허영심과 영적인 교만이야말로 우리의 가장 좋은 도구다. 영적인 성장을 막을 수 없다면 아주 영적으로 깊이가 생겼다고 느끼게 해서 자기가 이미 무언가를 이루었다고 생각하고 그런 수준이 되지 못한 사람을 경멸하게 만들어라. 혹은 아주 영적으로 풍성한 사람들 사이에 끼게 해서 거기에 끼지 못한 사람들을 무시하게 만들어라."[6]

교만은 많은 교회에서 갈등과 분열을 낳고 있다. 교만은 선교사들 중에서도 그렇게 보기 힘들지 않다. 나는 우리 선교사들 중 누군가가 큰 성공을 거두어서 널리 알려지게 되면 마음이 불안해진다. 귀국을 하면 선교대회나 다른 집회에서 다투어 초대를 한다. 많은 목사들과 교회들이 기적적인 교회의 성장과 엄청난 추수에 참여하려고 몰려든다. 그러나 나는 이런 종들이 도덕적인 실패를 겪거나 너무 교만해져서 관계가 어긋나고 상호책임이 줄어들어 하나님께 더이상 쓰임 받지 못하게 되는 것을 너무나 많이 보아왔다.

바울도 이러한 위험을 알고 있었다. "그러므로 나는 달음질하기를 향방 없는 것 같이 아니하고 싸우기를 허공을 치는 것 같이 아니하며 내가 내 몸을 쳐 복종하게 함은 내가 남에게 전파한 후에 자신이 도리어 버림을 당할까 두려워함이로다"(고전 9:26-27). 바울은 문명 세계에 성공적으로 복음을 전하고 예루살렘에서 일루리곤까지 그리스도의 복음을 편만하게 전하였으며 아시아와 유럽에 걸쳐서 교회를 개척했다. 그러나 바울은 절제된 생활로 자신을 겸손케 하지 않으면 교만해져서 버림을 받을 수 있다는 것을 깨달았다.

우리가 이렇게 교만해지기 쉬운 것은 용서하지 못하고 성내는 것과 마찬가지로 이것이 우리의 육의 본성, 자기중심적인 옛 본성이기 때문이다. 우리가 사람들이 우리를 어떻게 볼 것인가 하는 생각에 사로잡혀 남들에게 인정받기 위해서 일하며 계속해서 인정과 칭찬을 원할 때 주의 경보가 켜진다는 것을 알아야 한다. 하나님께서는 충만한 인생을 사는 데 필요한 모든 것을 우리에게 주신다. 하나님께서는 우리에게 열매와 성공을 주신다. 그러나 우리가 감히 그 공로를 취하거나 그것이 우리 자신의 능력 때문이라고 생각해선 안 된다. 우리가 성공하든 실패하든 모든 것은 하나님과 그분의 주권에 겸손히 자신을 맡기는 계기가 되어야 한다.

아나니아와 삽비라의 이야기는 교만이 얼마나 위험한지를 보여주는 좋은 예다. 그들은 바나바가 땅을 팔아서 교회에 줌으로써 칭찬을 받은 것을 보았다. 자기들도 그런 인정을 받고 싶었던 그들은 약간의 재산을 팔고 자기 재산을 남겨둔 상태에서 마치 모든 재산을 다 교회에 바치는 듯이 거짓말을 했다. 사도행전 5장 3절에서 베드로는 "어찌하여 사탄이 네 마음에 가득하여 네가 성령을 속이고 땅 값 얼마를 감추

없느냐"고 말했다. 자기기만과 교만을 지적한 것이다. 우리가 실제로는 희생하지 않으면서 희생하는 척하는 것, 우리가 어떤 일은 재능과 자질이 있다고 생각하고 스스로 할 수 있다고 생각하는 것, 이 모든 것이 사탄에게서 온다. 사탄이야말로 거짓말의 아버지다. 사탄에게는 진리가 전혀 없으며 우리를 속여서 우리가 하나님을 떠나서 무언가가 될 수 있다고 생각하게 만든다.

성경은 아나니아와 삽비라가 순전히 거짓말을 했다고 말하지 않는다. 그보다는 자기기만으로써 자기들이 사실은 모든 것을 다 내놓은 것이 아니면서 그런 척한 것이다. 그렇다면 우리는 어떤가? 동료나 교인들은 속일 수 있을지도 모른다. 겉으로는 오직 주님만을 위해서 헌신하고 섬기는 것 같지만 사실은 자기가 신실하게 섬긴다는 칭찬과 인정을 받는다는 것을 내심 즐기고 있을 수 있다. 우리는 선교사로 지원한 사람들에게 이런 위험성을 지적한다. 사람들이 그들을 무대 위에 세우고 자신을 희생하면서 해외에 선교사로 간 그들의 헌신을 칭송하면 스스로 자기가 모든 것을 다 바쳤다고 믿게 된다. 그들이 주님을 위해서 아름다운 집과 성공적인 직업과 안락한 생활방식을 떠나서 얼마나 희생을 하고 있는지 사람들이 이야기하면 선교사들은 그것이 정말인 것처럼 생각하기 시작한다. 자신들이 정말 놀라운 사람들이고 엄청난 희생을 하고 있다고 생각한다. 그러나 마음속에서는 자기들이 아직도 붙잡고 있는 것이 무엇인지 알고 있다. 자기들이 완전히 희생하고 헌신한 것은 아니라는 것을 안다. "만일 누가 아무 것도 되지 못하고 된 줄로 생각하면 스스로 속임이라"(갈 6:3).

하나님께서는 오늘날의 영적 지도자들에게 사도들에게 주신 것과 같이 사람들이 주님을 위해 하는 것들의 뒤에 숨어 있는 위선과 거짓과 자기중심적인 동기를 드러내는 영적인 분별을 주지 않으셨다. 사도행전의 이 사건은 교회에 가르침을 준다. "온 교회와 이 일을 듣는 사람들이 다 크게 두려워하니라"(행 5:11). 우리는 하나님께서 우리의 삶과 사역을 축복하실 때 무엇이든 하나님께 속한 것에 대해서 공로를 취하거나 하나님의 영광을 빼앗는 어떤 자기만족적인 태도에 대해서도 두려움에 떨어야 한다.

그러나 교만의 이면은 거짓 겸손으로 표현된다. 우리는 심지어 겸손하다는 것에 대해서도 교만해진다. 어떤 사람이 이런 말을 하는 것을 본 적이 있다. "저는 정말로 아무것도 아닌 보잘것없는 존재입니다." 그는 그리스도를 위해서 아무것도 아닌 존재가 되기를 바라고 있었다. 그러나 그의 간증은 겸손함을 자랑하는 것으로 들렸다. "당신을 창조하시고 은사를 주시고 당신 안에 거하시고 성령으로 능력을 주시는 하나님께 대한 얼마나 큰 모욕인가" 하는 생각이 들었다. 사탄은 다른 무엇보다도 낮은 자존감을 통해서 선교사들을 무력하게 만든다. 우리가 아무런 능력이나 재능이 없으며 더 재능이 많은 사람들과 같을 수 없다고 생각할 때 사탄은 승리하고 하나님께서는 우리 삶에서 영광을 빼앗기신다. 겸손하다는 것은 자존감이 낮은 것이 아니다. 하나님께서는 우리 모두가 하나님을 섬기고 그의 영광을 위해서 살 수 있도록 무한한 가치를 가진 존재로 만드셨다. 우리는 오직 하나님을 믿는 데서 비롯되는 자신감을 가져야 한다.

사탄의 방법은 우리로 하여금 자기 자신에게 초점을 맞추게 한다. 그것은 성취와 자신의 능력에 대한 교만일 수도 있고, 남들이 하는 일을 자기는 할 수 없다는 생각에서 오는 좌절감일 수도 있다. 우리가 자신에 대해서 죽고 오직 하나님의 영광을 위해서 살 때 사탄은 교만으로 우리를 유혹할 수 없다. 하나님께서는 우리가 공로를 취하지 않고 모든 영광을 하나님께 드릴 것을 아시기 때문에 하나님의 능력을 우리에게 맡기시고 우리를 효과적으로 사용하실 수 있다.

거룩하지 않은 삶

우리는 거룩하고 경건한 삶을 살아야 한다. 그리스도 안에서의 우리의 위치가 우리를 거룩하게 한다. 성령님께서 우리 안에 거하시며 하나님을 영광되게 하는 거룩한 삶을 살도록 능력을 주신다. 거룩함으로 세상적인 탐욕과 이기적인 욕망의 충족으로부터 분리되는 것이다. 베드로전서 1장 14~16절은 이렇게 말한다. "너희가 순종하는 자식처럼 전에 알지 못할 때에 따르던 너희 사욕을 본받지 말고 오직 너희를 부르신 거룩한 이처럼 너희도 모든 행실에 거룩한 자가 되라 기록되었으되 내가 거룩하니 너희도 거룩할지어다 하셨느니라." 하나님은 거룩하신데 거룩하신 하나님이 우리 안에 거하시므로 우리가 모든 행동에서 거룩할 것을 기대하신다. 하나님께서는 성령을 통해서 우리를 인도하시고 능력을 주셔서 우리가 이것을 해낼 수 있게 하신다.

바울은 고린도전서 3장 16~17절에서 고린도 교인들 가운데서 보이는 죄를 보고 놀라움을 표현하고 있다. "너희는 너희가 하나님의 성전인 것과 하나님의 성령이 너희 안에 계시는 것을 알지 못하느냐 누구든지 하나님의 성전을 더럽히면 하나님이 그 사람을 멸하시리라 하나님의 성전은 거룩하니 너희도 그러하니라." 우리의 몸은 하나님의 성령의 거룩한 성전이기 때문에 이를 죄에 사용한다는 것은 생각할 수도 없는 일이다.

우리가 아직 육의 노예일 때에는 선택의 가능성이 없었다. 성령의 능력과 공급하심을 모르고 살았다. 다른 선택 가능성이 있다는 것을 몰랐다. 그러나 이제 우리는 하나님의 자녀이므로 이전의 삶의 특징인 육의 욕망과 정욕을 따르지 말아야 한다. 우리는 거룩하도록 부르심을 받았고 거룩하신 하나님께서 우리 안에 거하시므로 거룩해야 한다.

베드로는 우리가 하나님께 얼마나 특별하고 귀중한지를 말하고 있다. 베드로전서 2장 5절은 우리를 이렇게 묘사하고 있다. "너희도 산 돌 같이 신령한 집으로 세워지고 예수 그리스도로 말미암아 하나님이 기쁘게 받으실 신령한 제사를 드릴 거룩한 제사장이 될지니라." 9절은 우리를 '택하신 족속이요 왕 같은 제사장이요 거룩한 나라요 그의 소유가 된 백성'이라고 말한다. 그리고 그 목적은 '너희를 어두운 데서 불러내어 그의 기이한 빛에 들어가게 하신 이의 아름다운 덕을 선포하게 하려' 하심이다(벧전 2:9). 10절은 이를 이렇게 설명한다. "너희가 전에는 백성이 아니더니 이제는 하나님의 백성이요 전에는 긍휼을 얻지 못하였더니 이제는 긍휼을 얻은 자니라."

우리는 하나님의 백성이요 특별한 소유요, 성령님이 거하시는 거룩한 백성이다. 우리의 어떤 존재인가에 대한 중요성이 11절에 이어진다. "사랑하는 자들아 거류민과 나그네 같은 너희를 권하노니 영혼을 거슬러 싸우는 육체의 정욕을 제어하라." 하나님의 백성에게 대항하는 전쟁이 있다. 이는 우리의 영혼, 즉 우리 존재의 핵심을 공격하는 전쟁이다. 육신의 정욕을 가지고 유혹하는 것은 우리가 하나님의 백성이 되기 전에 그분을 떠나서 살았던 삶에서 비롯된 것이다. 우리는 이러한 정욕과 욕망을 우리의 본성과 비교해서 외계인과 이방인 취급을 해야 한다. 왜냐하면 그것이 더이상 우리의 일부가 아니기 때문이다. 이것들은 우리 삶에서 더이상 자리가 없다. 베드로는 "그것과 더이상 상관하지 말라"고 말한다.

바울은 젊은 디모데를 지도하면서 감각적인 욕구의 위험과 세상적인 쾌락을 위해 사는 많은 사람들의 경향에 대해 경고를 한다. "대적에게 비방할 기회를 조금도 주지 말기를 원하노라"(딤전 5:14-15). 고린도후서 6장 16~17절에서도 죄 되고 더러운 것과 분리되어 거룩한 백성으로 사는 것의 중요성을 강조한다. "하나님의 성전과 우상이 어찌 일치가 되리요 우리는 살아 계신 하나님의 성전이라. 이와 같이 하나님께서 이르시되 내가 그들 가운데 거하며 두루 행하여 나는 그들의 하나님이 되고 그들은 나의 백성이 되리라 그러므로 너희는 그들 중에서 나와서 따로 있고 부정한 것을 만지지 말라." 바울은 이어서 말한다. "그런즉 사랑하는 자들아 이 약속을 가진 우리는 하나님을 두려워하는 가운데서 거룩함을 온전히 이루어 육과 영의 온갖 더러운 것에서 자신을 깨끗하게 하자"(고후 7:1). 우리의 신체가 하나님 자신이 거하시는 곳임을 생각할 때 우리가 죄에 몸을 담근다는 것은 생각도 할 수 없다. 하나님에 대한 두려움에서 우리는 하나님의 성전을 더럽힐 만한 모든 것들을 피하고 거룩한 삶을 살도록 최선을 다해야 한다.

게다가 거듭난 그리스도인이 육적인 정욕에 빠지는 것은 성령님을 근심하게 한다. 성령님은 우리의 행동을 조정하고 우리에게 능력을 주시되 빈틈없이, 완전하게 주시기를 간절히 원하신다. 육적인 정욕에

> 우리가 세상 사람들과 아무런 차이가 없이 거룩하지 못한 삶을 살 때 사탄은 우리의 사역을 무력하게 만든다.

빠지는 것은 하나님이 우리의 삶에서 영광을 받지 못하시게 하고 우리의 간증을 무력하게 한다. 이것이 바로 사탄이 우리를 죄에서 벗어나지 못하게 하려고 그렇게 애쓰는 이유일 것이다. 거룩한 삶과 행동은 그리스도인의 증거에서 거대한 의미를 갖는다. "너희가 이방인 중에서 행실을 선하게 가져 너희를 악행한다고 비방하는 자들로 하여금 너희 선한 일을 보고 오시는 날에 하나님께 영광을 돌리게 하려 함이라"(벧전 2:12).

거룩한 삶과 선행은 예수님을 모르고 기독교를 존중하지 않는 민족들과 나라들 사이에서 사는 선교사들에게 특히 중요하다. 그러나 또한 어디에 살든 모든 그리스도인들에게 중요하다. '이방인'이란 하나님을 모르는 사람들을 말한다. 하나님의 목적은 모든 족속들 가운데서 높임

을 받는 것이다. 우리가 거룩하지 못한 삶으로 하나님의 영광을 빼앗을 때 사탄은 하나님께서 열방 가운데서 영광을 받지 못하시게 하려는 자기의 목적을 달성한다.

이슬람 문화권 같은 곳에서는 그리스도인들을 배교자라고 생각하고 비방하고 나쁘게 말한다. 모든 사람들에게 자신을 드러내기를 원하시는 하나님께서는 그들도 하나님을 받아들이고 하나님께 영광 돌리기를 원하신다. 그렇기 때문에 우리는 그들에게 선교사를 보내고 언젠가는 하나님께서 그들에게 하나님의 영광을 드러내실 거라고 확신한다. 그들도 예수 그리스도를 알게 될 것이다.

어떻게 해야 예수 그리스도를 욕하고 하나님을 모독하는 사람들로 하여금 복음을 받아들이고 하나님께 영광을 돌리게 할 수 있을까? 우리의 삶과 행동을 통해서다. 그렇기 때문에 우리는 선교사들을 육신이 된 증언으로써 그들 사이에서 살도록 파견하는 것이다. 길 잃은 사람들 사이에서 자신의 믿음을 삶으로 드러내는 사람보다 더 효과적인 전도는 없다. 성경을 나눠주고 하나님의 말씀을 선포하고 대중매체를 이용하고 혹은 다른 전도의 방법을 사용하는 것을 무시하려는 것이 아니다. 구원자께서 우리 안에 사신다는 것을 현실로 보여주고 예수님으로 인해서 변화된 삶의 모습을 보여줌으로써만 우리의 말은 신빙성을 얻는다. 예수님께서 우리에게 잃어버린 세상, 심지어 땅 끝까지도 "가라"고 하신 이유는 단순히 복음을 듣기만 하는 것이 아니라 하나님의 거룩하심을 보여주는 삶의 현실을 보도록 하기 위해서였을 것이다.

몇 해 전 나는 북아프리카의 이슬람 국가에서 섬기는 한 선교사의 전화를 받았다. 한 직장동료가 예수님을 영접하는 기도를 했다는 것이었다. 나는 반가워서 축하의 말을 했다. 그런데 뭔가 반응이 이상했다. "여기 사정을 잘 모르시는데요. 이 사람이 이곳에서 여섯 번째로 예수님을 영접한 사람인데 그전에 영접한 사람들이 전부 몇 개월 뒤에 살해되었어요." 그는 예수님을 믿으면 죽게 될지도 모르는 상황에서 어떻게 사람들을 정직하게 신앙으로 인도할 수 있는지 고민하고 있었다. 그 젊은이는 그날 아침에 이 선교사를 찾아와서 이렇게 말했다고 한다. "당신과 2년 동안 같이 일하면서 당신의 삶을 지켜보았습니다. 당신은 내가 지금까지 아는 사람들하고는 달랐습니다. 지금까지 당신처럼 남들을 향해서 정직하고 진실된 사랑을 가진 사람을 본 적이 없습니다. 그런데 그게 예수 그리스도를 믿기 때문이라는 것을 알게 되었습니다. 나도 당신처럼 되고 싶습니다. 어떻게 해야 예수님을 따를 수 있는지 가르쳐 줄 수 있습니까?"

이것은 이슬람교도에게 기독교를 전하는 것이 금지되어 있고, 또한 이슬람교도가 그리스도인이 되는 것이 불법인 나라에서 일어난 일이다. 하지만 이 젊은이가 진심이라는 것을 확신한 선교사는 그리스도와 구원받는 길을 전해 주었다. 그리고 죄를 고백하고 예수님을 구원자로 영접하는 기도를 하기 전에 그는 말했다. "만약 당신이 그리스도를 영접하면 살해당할지도 몰라요." 그 젊은이는 대답했다. "압니다. 하지만 다른 길은 없어요. 저는 예수님을 따라야 해요."

복음을 거짓말이라고 생각하고 그리스도인들을 악한 배교자라고 생각하는 이슬람교도들이 어떻게 이런 확신을 갖게 되었을까? 오직 복음의 진실을 삶으로 사는 사람이 있는 것을 자기 눈으로 보고 우리 안에서 성령님의 열매인 하나님의 거룩하심과 예수 그리스도의 성품을 봄으로써만 가능한 일이다. 이와 반대로 우리가 세상 사람들과 같은 삶을 산다면 우리는 어떤 증언을 하는 셈이 되는가? 우리가 자기 자신을 섬기고 분쟁과 갈등에 휘말리고 다른 사람을 무시하고 부도덕한 행동을 한다면 우리는 '이방인'들에게 우리의 증언을 거부할 모든 이유를 제공하는 셈이다. 열방이 뉴스와 영화와 대중매체들을 통해서 우리나라의 도덕적 타락을 목격할 때 사람들은 물질주의와 문란한 생활을 그리스도인들의 생활이라고 받아들인다. 이것은 우리 주 예수 그리스도에 대한 모독이며 이렇게 해서는 어느 누구도 예수님께로 인도할 수 없다.

우리 삶의 거룩함이 드러날 때 열방은 하나님께로 이끌릴 것이다. "내가 그들의 눈 앞에서 너희로 말미암아 나의 거룩함을 나타내리니 내가 여호와인 줄을 여러 나라 사람이 알리라 주 여호와의 말씀이니라"(겔 36:23). 세상이 예수님을 아는 것은 우리가 어떻게 사느냐에 달렸다. 하나님 나라가 열방 가운데 임하는 것을 막기 위해서 사탄은 정부의 금지나 종교에 대한 탄압을 사용할 필요가 없다. 단지 우리를 세상 사람들과 똑같이 살게 만들고 육신의 욕망을 좇고, 죄 된 행동을 정상이라고 생각하게 하기만 하면 된다. 언제 열방이 예수님께서 주님이신 것을 알게 될 것인가? 오직 그들이 우리 그리스도인들과 기독교 국가에서 하나님의 거룩하심을 볼 때다. 우리는 바울이 말한 승리를 우리 것으로 만들어야 한다. "우리가 세상에서 특별히 너희에 대하여 하나님의 거룩함과 진실함으로 행하되 육체의 지혜로 하지 아니하고 하나님의 은혜로 행함은 우리 양심이 증언하는 바니 이것이 우리의 자랑이라"(고후 1:12).

언젠가 우리는 천국에서 그리스도와 함께 살며 단순히 죄의 대가나 죄의 힘뿐 아니라 죄의 존재로부터도 자유롭게 될 것이다. "사랑하는 자들아 우리가 지금은 하나님의 자녀라 장래에 어떻게 될지는 아직 나타나지 아니하였으나 그가 나타나시면 우리가 그와 같을 줄을 아는 것은 그의 참모습 그대로 볼 것이기 때문이니 주를 향하여 이 소망을 가진 자마다 그의 깨끗하심과 같이 자기를 깨끗하게 하느니라"(요일 3:2-3). 그리스도께서는 죄를 없애기 위해서 나타나셨으며 그에게는 죄가 없다. 그러므로 죄가 없는 천국에서의 영화를 바라보며 이 땅에서 거룩한 삶을 살아야 한다. "그의 안에서 산다고 하는 자는 그가 행하시는 대로 자기도 행할지니라"(요일 2:6). 그리고 이는 거룩하고 순결한 삶을 사는 것을 말한다.

분쟁

육의 본성은 갈등과 분쟁을 일으킨다. 사탄이 우리로 하여금 자기의 권리를 옹호하고 주장하여 자기중심적인 본성을 드러내게 할 때는 반드시 남을 존중하지 않고 남에게 상처를 주는 결과를 가져온다. 성경에는 서로 사랑하고 다른 사람을 존중하라는 충고가 수도 없이 나온다. 특히 그리스도의 몸 안에서의 교제는 서로 순종하고 존경하는 것이어야 한다. 베드로전서 2장 13~14절은 영적 전쟁의 실제적인 표현을 강조한다. "인간의 모든 제도를 주를 위하여 순종하되 혹은 위에 있는 왕이나 혹은 그가 악행하는 자를 징벌하고 선행하는 자를 포상하기 위하여 보낸 총독에게 하라." 바울도 로마서에서 같은 충고를 한다. "각 사람은 위에 있는 권세들에게 복종하라 권세는 하나님으로부터 나지 않음이 없나니 모든 권세는 다 하나님께서 정하신 바라 그러므로 권세를 거스르는 자는 하나님의 명을 거스름이니 거스르는 자들은 심판을 자취하리라"(롬 13:1-2).

우리가 성령 충만하고 승리하는 삶을 사는 데 있어 가장 큰 어려움은 그리스도의 몸 안에서 위에 있는 권위에, 또 서로에게 순종하는 일인 것 같다. 성령님께서는 하나 됨을 주신다. 왜냐하면 성령님이 인도하실 때 예수 그리스도를 높이시며 모든 것을 하나님의 영광을 위해 행하시기 때문이다. 분쟁과 갈등과 분열은 자기의 의견을 내세우고 자기의 권리를 주장하고 다른 사람들을 지배하거나 조정하려는 자기중심적인 태도에서 생긴다.

그리스도인들은 교회 안에서 평등한 관계를 맺는 일에 누구보다도 앞장서야 한다. 그러나 우리는 흔히 믿는 자는 모두 제사장이라는 개념을 자기의 개인적 신념을 합리화하고 비협조인 태도를 정당화하는 데 이용한다. 우리는 누구나 다른 사람이나 제사장 같은 중개자를 통하지 않고 직접 하나님께 나아갈 수 있다. 성령님이 내재하시므로 모든 성도는 성경을 해석하고 하나님께서 우리를 인도하심을 느끼는 대로 결정을 내릴 자유가 있다. 그러나 이것이 성령님께서 우리를 하나가 되도록 인도하신다는 사실과 모순이 되거나 이를 앞서서는 안 된다. 이는 자기 입장만 옳다고 생각하고 다른 사람을 존중하지 않는 육의 본성에서 나온 것이다. 야고보서 4장 1절은 갈등과 다툼의 원인이 시기와 "너희 지체 중에서 싸우는 정욕으로부터 나는 것이 아니냐"고 말한다.

우리는 바울과 베드로가 초대교회를 핍박했던 이방인 정부의 권위에 대해서 말하고 있음을 상기해야 한다. 이 통치자들은 심지어 로마 황제에게 절할 것까지 요구했다. 그러나 성도들은 그에 순복하고 그 권위들이 하나님이 우리의 복지를 위해서 정하신 것임을 인정하라고 말하고 있는 것이다. 하나님은 또한 교회 안에 은사를 가진 사람들을 영적인 권위가 있는 자리에 두신다. "너희를 인도하는 자들에게 순종하고 복종하라 그들은 너희 영혼을 위하여 경성하기를 자신들이 청산할 자인 것 같이 하느니라 그들로 하여금 즐거움으로 이것을 하게 하고 근심으로 하게 하지 말라 그렇지 않으면 너희에게 유익이 없느니라"(히 13:17). "형제들아 우리가 너희에게 구하노니 너희 가운데서 수고하고 주 안에서 너희를 다스리며 권하는 자들을 너희가 알고 그들의 역사로 말미암아 사랑 안에서 가장 귀히 여기며 너희끼리 화목하라"(살전 5:12-13). 교인들이 성령을 따라 갈등을 해결하지 않고 육의 본성을 따라 서로를 공격하고 특히 지도자들을 공격할 때, 마귀는 그 교회의 증거를 손쉽게 파괴한다.

예수님은 서로에게 순종하라고 여러 번 말씀하셨다. 핍박과 모욕과 악을 견디고 심지어 잘못되고 부당하더라도 참고 견디라고 말씀하셨다. 예수님은 원수를 사랑하고 그들을 위해서 기도하라고 말씀하셨다. 로마서 12장은 자기 자신을 마땅한 정도보다 더 높이 생각하지 말라고 충고한다(3절). 우리를 박해하고 우리에게 반대하는 자들을 우리는 축복해야 한다(14절). 우리는 즐거워하는 자들과 함께 즐거워하고 우는 자들과 함께 울어야 한다(15절). 우리는 각자 모든 사람과 더불어 화목할 책임이 있다(18절). 그리고 악에게 지지 말고 선으로 악을 이겨야 한다(21절). 바울은 빌립보서 4장 2절에서 서로 갈등이 있었던 두 여인 유오디아와 순두게에게 화목하라고 권한다. 2장에서 그는 서로 순종하고 하나 되는 것이 기독교 신앙의 근본이라고 말한다. "그러므로 그리스도 안에 무슨 권면이나 사랑의 무슨 위로나 성령의 무슨 교제나 긍휼이나 자비가 있거든 마음을 같이 하여 같은 사랑을 가지고 뜻을 합하여 한마음을 품어 아무 일에든지 다툼이나 허영으로 하지 말고 오직 겸손한 마음으로 각각 자기보다 남을 낫게 여기고"(빌 2:1-3).

바울은 교회에 분쟁이 일어나기가 얼마나 쉬운지 잘 알고 있었다. 그래서 그는 에베소의 지도자들에게 이렇게 경고했다. "내가 떠난 후에 사나운 이리가 여러분에게 들어와서 그 양 떼를 아끼지 아니하며 또한 여러분 중에서도 제자들을 끌어 자기를 따르게 하려고 어그러진 말을 하는 사람들이 일어날 줄을 내가 아노라 그러므로 여러분이 일깨어 내가 삼 년이나 밤낮 쉬지 않고 눈물로 각 사람을 훈계하던 것을 기억하라"(행 20:29-31). 이에 대한 처방은 에베소서 5장 21절에 있다. "그리스도를 경외함으로 피차 복종하라"(엡 5:21).

왜 사탄이 그렇게 분쟁을 일으키려고 힘쓰는가? 성경에 나와 있는 복종과 단결은 하나님을 영광스럽게 한다. 교회 안에서 이런 관계는 하나님께서 우리를 통해서 세상에서 일하실 수 있게 한다. 이것은 단순히 시너지 효과를 가져오기 때문만이 아니라 세상의 삶과 분명히 대조가 되기 때문에 예수님께 영광이 된다. 세상은 자기 권리를 주장하고 자기를 변호하고 아무도 자기를 이용하지 못하게 하라고 말한다. 그러나 하나님은 고린도전서 6장 7절에 있듯이 차라리 불의를 당하는 것이 낫고 차라리 속는 것이 낫다고 말씀하신다. 형제를 고소하여 법정까지 가는 자는 이미 패배한 자라고 말씀하신다. 왜 이것이 그렇게 어려운가? 사탄은 이 세상의 가치관과 행동방식을 사용해서 우리의 권리가 중요하다는 확신을 우리에게 심어주고 우리의 권리를 쟁취하는 것이 서로 순종하고 존경하는 데서 오는 화합보다도 더 중요하다고 생각하게 만든다. 사탄은 우리의 교만한 육적 본성을 이용해서 우리의 권리와 의견을 고집하게 만들고 심지어는 우리와 생각이 다른 사람들을 공격하고 비방하게 만든다. 그렇다, 심지어는 그리스도의 몸인 성도들 사이에도 갈등이 있지만 하나님은 갈등을 해결하도록 성경에 지침을 주셨고 성령께서 언제나 그 과정을 인도하셔서 상처를 최소화하고 서로의 차이를 존중하고 우리가 교만하지 않으며 겸손하게 서로를 대할 때 하나 될 수 있게 하신다.

어떤 조직이든 효과적이고 효율적으로 움직이기 위해서는 체계가 필요하고 따라서 지도자들이 필요하다. 지도자의 책임과 의무의 위계질서는 성경에 위배되지 않는다. 하나님께서 교회에 주신 은사의 다양성과 목사, 교사, 전도자 등 다양한 역할로 지도자들을 부르신 것에서 알 수 있다. 거슬러 올라가면 하나님께서 모세에게 지도자들과 재판관들을 세워 오십 명, 백 명씩 다스리게 하신 것을 알 수 있다. 그러나 육은 지도자들에게 순종하는 것을 어렵게 한다.

특히 전 세계에 5천 명의 선교사를 파송하고 있는 국제선교회 같은 큰 조직이 목적을 달성하기 위해서는 체계와 책임의 구조가 필요하다. 누군가 이런 말을 한 적이 있다. 다른 많은 교회와 조직들처럼 우리도 사사기에 나온 것 같은 조직이 있다는 것이다. "사람마다 자기 소견에 옳은 대로 행하였더라"(삿 17:6). 자신의 독립적인 결정과 행동을 합리화하기 위해 이런 태도를 취하는 사람들이 너무나 많다. "하나님께서 나를 부르셨고 나는 하나님께만 책임진다. 누구도 나한테 이래라 저래라 말할 수 없다!" 이것은 전혀 성경적이지 않다. 하나님께서 그리스도의 몸의 일부가 되라고 우리를 부르실 때는 이 몸, 즉 교회 안에서 서로 책임지는 관계로 부르신 것이다. 하나님께서는 그분이 정하시고 부르신 지도자들에게 복종하라고 명하신다.

선교지 조직을 지역별 팀으로 재조직하면서 우리는 사람들을 팀에 할당한다고 해서 그들이 곧 팀이 되는 것은 아니라는 것을 알게 되었다. 우리의 목적은 조직을 좀더 단순화하고 권한을 분산해서 상층의 지도자에게 의지하기보다는 서로에게 책임을 지는 조직을 만드는 것이었다. 그러나 그렇게 한다고 해서 팀워크와 단결을 저해하는 독립적인 생각을 없앨 수는 없었다.

왜 이렇게 복종하기가 어려운 것일까? 우리는 관계성 속에서 자기 육적인 본성과 자기중심적인 생각으로 행하는 경우가 더 많고 그리스도의 마음, 즉 '자기를 비워 종의 형체를 가지사 사람들과 같이 되셨고 사람의 모양으로 나타나사 자기를 낮추시고 죽기까지 복종' 하셨던 마음을 갖지 않기 때문이다(빌 2:7-8). 그리스도인들의 도덕적 실패만 하나님께 수치를 안겨드리는 것이 아니라 성령의 인도 아래 서로 복종하지 못하는 것도 하나님께 수치를 안겨드린다. 우리의 독립적이고 자기중심적인 태도는 분쟁을 낳고 결국 우리를 세상 사람과 아무런 차이가 없게 만들어 하나님의 일을 마비시킨다.

결론적으로 성경은 이런 것들이 사탄의 효과적인 요새들이며 우리는 이를 분쇄해야 한다고 말한다. 시편의 많은 시들은 하나님께서는 강하시고 우리에게 승리를 주신다는 것을 확인시켜 준다. 열정과 중독은 구분되어야 한다. 나는 하나님 외에 스포츠에 관심과 열정이 있어 내가 좋아하는 팀의 현황을 잘 알고 있다. 또 나의 손주들에 대해 열정을 가지고 있고 아내와 가족에게 헌신하고 있다. 우리 선교사역에 대한 압박감은 다른 모든 관심을 다 넘어서서 나의 시간과 에너지와 관심을 거의 다 이 일에 쏟게 만든다. 하지만 나는 이런 모든 관심과 헌신이 주님에 대한 헌신에 해가 되지 않는다고 생각한다. 실제로 어쩌면 하나님께서 이런 것들을 통해서 나를 축복하시고 온전하고 균형 잡힌 삶을 살게 인도하신다고 생각한다.

하지만 또한 하나님께 영광이 되거나 우리에게 축복이 되지 않는 것들, 명백히 적에게 속한 것들에 통제를 당하는 경우가 있다. 흡연, 음주, 마약, 과식은 우리 건강과 성전인 몸을 해친다. 많은 사람들이 부도덕한 것들에 중독되어 있다. 이런 무기들은 사탄이 우리 삶에 영향을 미치는 요새가 될 수 있다. 용서하지 않음, 분노와 교만은 파괴되어야 하는 요새다. 부, 승진, 외모와 옷차림 등은 그 자체로서는 악하지 않더라도 이런 것들에 지나치게 집착하게 되면 사탄은 이를 이용해서 우리를 하나님께로부터 멀어지게 하고 삶의 균형을 잃게 한다. 시편 101편 3절은 이렇게 말한다. "나는 비천한 것을 내 눈 앞에 두지 아니할 것이요 … 나는 그 어느 것도 붙들지 아니하리이다."

CHAPTER 8

사탄의 가장 효과적인 무기, 시련

> 이것을 너희에게 이르는 것은
> 너희로 내 안에서
> 평안을 누리게 하려 함이라
> 세상에서는
> 너희가 환난을 당하나
> 담대하라
> 내가 세상을 이기었노라
>
> -요 16:33

우리는 용서하지 않는 것, 분노, 교만 등의 문제를 인식하고 성령님의 도우심을 받아 이런 육의 본성을 물리칠 수 있다. 믿음이 성장하여 우리의 느낌이나 경험에 상관없이 하나님의 말씀을 진리와 현실로 받아들이고 의심하지 않게 되었다고 생각하고 싶어 한다. 거룩하지 못한 삶이나 그리스도의 몸 안에서의 분쟁이 어떻게 마귀에게 이용되어 전도를 가로막는지도 잘 알고 있다. 그러나 시련 속에서는 가장 헌신된 그리스도인조차 스스로 깨닫지 못하던 약점이 드러나게 된다. 하나님의 사랑과 신실하심과 그분의 능력에 대해 의심하게 되고 하나님께 영광을 돌리지 못하는 반응을 보이게 되는 경우가 있다. 이것은 사탄이 사용하는 가장 강력한 불화살이다. 왜냐하면 사탄은 그냥 인생에 흔히 일어나는 일들에 대한 우리의 생각을 왜곡하기만 하면 되기 때문이다.

앞에서 말했듯이 우리에게 상처와 해와 파괴를 가져오는 것들은 하나님의 도덕적인 본성에 어긋나는 일이다. 또한 하나님의 주권적인 다스림과 허락 없이 사탄은 우리의 신체에 해를 미칠 수 없다. 우리는 죄된 선택으로 인해서 자신에게 신체적인 고통을 초래한다. 왜냐하면 우리는 사고, 질병, 비극, 자연 재해가 일어나는 타락하고 불완전한 세상에 살고 있기 때문이다. 이런 일들이 일어날 때 우리는 로마서 8장 28절 말씀을 믿고 하나님을 사랑하는 사람들을 위해서 그리고 그의 목적에 따라 부르심을 입은 사람들에게는 하나님께서 모든 일을 통해서 선을 이루신다는 것을 믿을 수 있다. 그리고 이를 통해 하나님께 영광을 돌릴 수 있다. 그러나 우리가 믿음으로 반응하지 못하고, 어려운 상황에서도 하나님의 약속을 믿고 이를 통해 하나님을 향한 우리의 사랑을 보이지 못할 때, 사탄은 우리의 믿음을 파괴시키고 승리를 빼앗고 낙심시키고 패배시키는 데 이와 같은 상황을 사용할 수 있다. 이 모든 것은 인생의 부정적인 경험들에 대해 우리가 어떻게 반응하느냐에 달려 있다.

사탄은 우리 마음속에 거짓말을 불어 넣어서 우리가 자기 연민에 빠져 하나님께 버림받았다고 느끼고 모든 소망을 잃을 때 기뻐 환호한다. 사탄은 우리로 하여금 건강과 안락하고 안정된 생활을 누릴 자격이 있다는 거짓말을 믿게 함으로써 손쉽게 시련을 통해서 우리를 패배시킨다. 우리는 하나님께 속했고 하나님은 전능하시므로 그분이 우리 주변에 보호벽을 쌓아주셔서 우리가 아무런 시련이나 어려움을 겪지 않도록 해주셔야 한다고 생각한다. 하나님이 우리에게 고난을 허락하시는 이유는 고난이야말로 믿음이 성장할 수 있는 기회요, 하나님의 사랑과 은혜의 깊이와 넉넉함을 경험할 수 있는 기회이며, 가장 끔찍한 비극과 어려움 가운데서도 예수 안에서 승리할 수 있다는 것을 보여줌으로써 하나님께 영광을 돌릴 수 있는 가장 좋은 기회이기 때문이다. 그러나 사탄은 우리로 하여금 이를 깨닫지 못하게 한다.

우리는 신참 선교사들에게 어려움이 닥칠 것을 예상해야 한다고 말해 준다. 왜냐하면 이것은 선교사역에 반드시 따라오는 것이기 때문이다. 우리가 그리스도께 속했으므로 환난에서 면제를 받을 것이라는 착각을 버려야 한다. 예수님은 요한복음 16장 33절에서 제자들에게 세상에서는 그들이 환난을 당할 것이라고 말씀하셨다. 또한 예수님은 '종이 주인보다 크지 못' 하기 때문에 그가 미움을 받고 박해를 받은 것처럼 제자들도 미움을 받고 박해를 받을 것이라고 말씀하셨다(요 15:20). 그러므로 시련을 면제받느냐 아니냐가 문제가 아니다. 우리가 축복을 받고 일이 순조롭게 풀리고 모든 것이 뜻대로 이루어질 때는 승리하는 삶을 살다가 비극과 시련이 올 때는 하나님께 버림을 받은 것처럼 느끼고 패배해서는 안 된다. 이것은 바로 사탄이 원하는 것이다. 우리가 시련을 겪는가 아닌가가 문제가 아니라 어떻게 반응하는가가 문제다.

비극은 우리의 많은 선교사 가족들에게 일상적인 일이다. 매주 열 명 이상의 선교사들이 부모나 형제, 혹은 배우자나 자식을 잃는다. 이런 일은 누구에게나 힘든 일이지만 선교사들은 가족과 멀리 떨어져 있기 때문에 그 슬픔과 고통이 더욱 클 수밖에 없다. 선교사들이 이상하고 심각한 병에 걸리는 경우도 많이 있다. 서아프리카에서는 가는 곳마다 선교사들이 말라리아에 대해서 이야기한다. 말라리아에 걸린 적이 있나 없나가 아니라 가장 최근 말라리아에 걸렸던 것이 언제였는지, 그때 어떻게 했는지에 관한 것들이다. 복음을 전하려는 열정을 품고 외국까지 갔는데 왜 이렇게 끊임없이 질병과 박해와 교통사고와 법률상의 문제들을 겪어야 하는지 의아해한다.

내가 선교사로서의 첫 임기를 받아서 언어 공부를 마치고 열심히 선교활동을 하기 시작했을 때 가족이 모두 스태프 병에 감염되었다. 얼굴과 몸에 수포가 생겼고, 심지어는 눈꺼풀에까지 나서 밤사이 퉁퉁 붓는 바람에 이웃의 어린애들이 나를 보고 소스라치곤 했다. 의사는 우리보고 침대 시트와 옷을 빨라고 했고, 그다음에는 침대 시트와 옷을 태우라고 했다. 마침내 의사는 이 병이 물을 통해서 감염되는 것을 알았다. 우린 그때 정말 괴롭고 힘들었다.

동료 선교사들이 우리와 첫 추수감사절을 함께 보내려고 찾아왔다. 이른 저녁을 먹기 위해 막 둘러앉았을 때 당시 겨우 두 살이었던 나의 아들 러셀의 이마에 작은 수포가 생긴 것을 발견했다. 자세히 살펴보니 이마뿐 아니라 다른 곳에도 나기 시작했고 눈 쪽으로 붉은 선이 뻗어 있는 것이 보였다. 우리는 직감적으로 사태가 심각하다는 것을 느꼈다. 당장 케디리에 있는 선교사 병원에 전화를 하여 지금 출발한다고 알렸다. 병원까지는 다섯 시간이나 걸리기 때문에 우리는 친구들을 식탁에 남겨둔 채 곧장 차에 올라탔다. 병원에 도착했을 때 러셀의 머리는 부어올라 있었고 두 눈이 너무 부어서 뜰 수조차 없었다. 의사들은 급히 엄청난 양의 항생제를 주사했다. 며칠 뒤 아이가 회복되었을 때에야 의사들은 그때 당장 오지 않았더라면 아이의 생명이 위험했을 거라고 말해 주었다. 죽음의 트라이앵글이라고 하는 얼굴에는 임파선이 없기 때문에 감염균이 곧장 뇌로 간다는 것이었다.

아들을 잃을 뻔한 일은 고통스러운 경험이었다. 우리는 병원에 간

김에 미뤄왔던 건강검진을 하기로 했다. 그런데 아내 바비가 응급 수술을 받아야 한다는 결과가 나왔다. 아내가 회복되어서 집으로 돌아갈 때까지 또 몇 주일이 지체되었다. 마침내 크리스마스 일주일 전에 집으로 돌아왔는데 곧 아내와 나는 열대지방의 전염병인 뎅기열에 걸렸다. 뎅기열은 뼈를 부수는 열병, 혹은 피나는 열병이라는 별명이 있는데, 온몸의 뼈가 다 부서지는 것 같고 머리는 터질 것 같고 때로는 땀구멍으로 피가 나오기도 한다. 아무런 치료방법도 없고 그냥 저절로 낫기까지 한 열흘 동안 앓으며 기다리는 수밖에 없다. 인도네시아에서의 첫 크리스마스를 아내와 나는 펄펄 끓는 몸으로 침대에 누워서 괴롭게 보내야 했다. 크리스마스 다음날 우리집 전화가 불통이어서 이웃집으로 전화가 왔다. 그 지역의 교환수가 우리 사는 곳을 알고 있었기 때문에 장거리 전화를 이웃집으로 연결해준 것이다. 상의 끝에 내가 일어나서 옷을 입고 전화를 받으러 갔더니 자카르타의 선교 사무국에서 온 전화였다. "부인 되시는 분 가족이 사무실로 전화를 했는데, 부모님께서 교통사고를 당하셨답니다. 아버지께서는 돌아가셨고 어머니께서는 위독하시다고 합니다."

나는 집으로 돌아왔다. 마치 한 대 맞은 것 같고, 버림받은 것 같던 그 느낌을 뭐라고 표현할 수가 없다. 선교의 소명을 다하기 위해서 오랫동안 준비한 끝에 마침내 인도네시아에 와서 막 복음을 전하려는 중이었다. 하나님의 뜻에 순종해 왔고, 희생을 감수하며 가족들과 안락한 미국의 삶을 떠나 하나님을 섬기러 왔다. 그런데 포도상구균 감염으로 아들이 죽을 뻔했고 아내는 응급 수술을 하고 크리스마스에는 뎅기열에 걸리고, 거기에 장인어른이 돌아가셨다는 소식까지 들은 것이다. 사무실의 직원은 동료 선교사들이 우리 집으로 오고 있다고 전해 주었다. 그들은 그날 밤 도착해 우리의 짐을 싸서 수라바야에 있는 자기들 집으로 데려가 간호하고 위로해 주었다.

장모님이 살아나실지 알 수는 없지만 어쨌든 아내는 어머니를 보러 가야겠다고 생각했다. 미국으로 돌아가는 한 동료 선교사와 같이 여행 일정을 짰다. 아직도 수술과 뎅기열에서 완전히 회복되지 못한 상태에서 아내는 아이들을 데리고 미국으로 갔다. 병원에 도착했을 때 장모님은 의식이 없으셨고 여전히 위독한 상태였다. 아내는 곧장 침대 곁에 무릎을 꿇고 기도를 드렸다. 어머니를 낫게 해달라고 하나님께 빌기 위해서였다. 그러나 기도를 하기 위해서 무릎을 꿇은 순간 하나님의 임재와 평화가 그녀를 압도했다. 아내는 기도를 할 필요가 없다는 느낌을 받았다. 하나님의 임재와 은혜가 너무 확실했기 때문이었다. 장모님은 살아나셨고, 우리가 미국에 갈 일이 있을 때마다 늘 우리를 보러 오셨고 손주들의 대학 졸업식, 결혼식, 선교사 임명식에 다 참석하시고 88세에 돌아가셨다.

하지만, 이런 경험은 아무도 바라지 않는다. 우리는 그냥 하나님을 섬기고 인도네시아인들에게 복음을 전하고자 하는 마음뿐이었는데 하나님께서 왜 이런 일들을 허용하셨는지 알 수 없었다. 그러나 그때를 돌이켜 볼 때 우리는 하나님이 실제로 우리와 함께하신다는 것과 하나님의 은혜의 완전함을 깨닫게 하기 위한, 우리가 도저히 알 수 없었을 방식을 사용한, 하나님의 방법이었다. 고통을 구하는 사람은 아무도 없다. 아무도 이런 고통을 원하지 않는다. 이것은 사탄이 좋아하는 불화살 중의 하나다. 왜냐하면 이를 통해 우리를 패배시킬 수 있기 때문이다. 사탄은 쉽게 우리의 믿음을 파괴하고 우리로 하여금 하나님의 사랑과 신실하심을 의심하게 할 수 있다. 우리가 항복의 백기를 들고 하나님을 순종으로 섬기기를 포기하게 할 수 있다. 하지만 고난은 또한 우리의 신앙을 성장시키고 성령과 동행하는 법을 배우게 할 수 있다.

초기의 경험을 돌이켜 볼 때 이런 개인적인 시련은 초신자들이 믿음을 버리고 등을 돌렸을 때, 혹은 새로 개척한 교회가 갈등과 분열로 무너지는 것을 봐야 했을 때 느꼈던 슬픔과 좌절에 비하면 아무것도 아니라는 생각이 든다. 바울이 고린도후서 11장에서 말했듯이 옥에 갇히고 돌에 맞고, 매 맞고, 배가 파선하고 굶주림과 고난을 겪었다. 그러나 또한 매일같이 교회들로 인한 부담을 안고 있었다. 우리는 단지 하나님을 섬기고 하나님께 사용되기를 원했을 뿐인데 계속해서 고통과 슬픔과 어려움이 닥치는 것 같다.

하나님께서는 우리가 하나님의 부르심에 답했을 때 이런 일들이 기다리고 있는 것을 알고 계셨을까? 하나님은 이런 일들이 일어난 것에 대해 놀라지 않으셨을 것이다. 하나님께서는 우리가 장기간 살아남기 위해서 필요한 것들을 알고 계셨다. 하나님은 우리가 장차 사람들을 인도하고 섬기고 돕기 위해서 무엇이 필요한지 알고 계셨다. 우리는 하나님의 사랑의 깊이를 알아야 했고 앞으로 늘 겪어야 할 개인적인 어려움을 견디기 위해서 더 강한 믿음이 필요했다. 우리는 하나님께서 우리의 장래를 위해 예비하신 것들을 알지 못했지만 하나님은 알고 계셨다. 성경은 주와 동행하는 것이 우리를 고통에서 면제해 주지 않는다고 분명히 말한다. 반대로 고통이 반드시 따를 것이라고 되어 있다. 그러나 사탄은 이

> 어려움은 사탄이 즐겨 쓰는 무기다. 왜냐하면 모든 사람이 어려움을 겪고, 어려움은 우리로 하여금 자기 자신에 초점을 맞추고 하나님을 의심하게 하기 때문이다.

렇게 거짓말을 한다. "만약 네가 거룩한 삶을 살고 하나님의 뜻에 순종하면 하나님께서 반드시 너를 보호해주셔야 한다. 하나님은 너를 번영하게 하고 축복하실 의무가 있다." 건강과 부와 번영을 약속하는 기복신앙은 하나님의 말씀을 왜곡한 것이다. 이와는 반대로 그리스도와 동행한다는 것은 곧 고난을 의미한다. 왜? 이는 육을 부인하고 타협하지 않으며 자기 자신을 위한 삶의 안락과 쉬운 삶을 포기하는 것을 뜻하기 때문이다. 고난은 하나님이 우리를 버렸다거나, 하나님께서 우리를 사랑하지 않으신다거나, 하나님께서 다스리지 않으신다는 것을 뜻하지 않는다. 고난은 하나님께서 우리를 위해 보다 나은 것을 예비하셨다는 것, 그리고 고통을 떠나서는 하나님과 더욱 깊은 관계를 결코 갖지 못한다는 것을 의미할 뿐이다.

이는 1장에서 말한 하나님의 목적이라는 맥락에서 이해해야 한다. 당신의 삶을 향한 하나님의 뜻은 하나님께서 영광을 받으시는 것이다. 하나님께서는 어떻게 해야 당신의 삶에서 가장 영광을 받으실 수 있는지 알고 계신다. 그리고 이는 당신이 아무런 문제나 어려움을 겪지 않

도록 온실 속에 보호하는 것을 통해서가 아니다. 하나님께서는 전 세계 모든 사람들의 삶 속에서 영광 받으시고 높아지시기를 원하신다. 그러나 그의 가장 큰 영광은 멋진 서구식 집에서 살면서 수입품 코너에서 필요한 것을 모두 구입하고 문제가 생기면 미국 여권을 사용해서 편안하고 안전한 집으로 돌아가는 선교사들을 통해서는 얻어지지 않는다. 우리 자신의 안락함과 복지에 초점을 맞추어서는 하나님께서 열방 가운데서 영광을 받으실 수 없다. 그러나 사람들이 우리가 고생하고 어려움을 겪는 것을 볼 때 우리가 심한 병에 걸리거나 사랑하는 사람을 잃는 것을 볼 때 이것은 우리의 믿음의 실재와 예수 그리스도 안에서 우리가 가진 승리를 목격할 수 있는 기회가 된다. 중요한 것은 우리가 고생을 하는가 안 하는가가 아니라 우리가 이런 어려움에 어떻게 반응하는가이다.

이것이 바로 예수님이 하나님을 영광스럽게 하신 방법이다. 영화 〈패션 오브 크라이스트〉The Passion of the Christ는 예수님께서 겪으신 마음과 육신의 고통에 초점을 맞추었다. 하지만 오직 그리스도만이 이 모든 것이 하나님의 영광을 위한 것임을 알고 계셨다. 예수님의 순종과 고난을 통해서 잃어버린 세상 사람들에게 구원의 길이 열림으로써 하나님께서 영광을 받으셨다. 이것이 바로 베드로가 우리에게 고난과 시련에 대해서 하고자 하는 말이다. "사랑하는 자들아 너희를 연단하려고 오는 불 시험을 이상한 일 당하는 것 같이 이상히 여기지 말고"(벧전 4:12). 우리는 하나님께서 우리를 버리셨다고 생각해서는 안 된다. 하나님께서는 믿음과 순종의 보상인 승리를 얻을 기회를 우리에게 주고 계시는 것이다.

버지니아 리치몬드에 있는 선교사 훈련관의 식당 밖에는 〈구름같이 허다한 증인〉So Great a Cloud of Witnesses이라는 제목의 그림이 있다. 선교사로 섬기다가 죽은 선교사들을 기념하는 그림이다. 그 옆에는 중국에서 비행기 추락사고로 죽은 마리아나 길버트Marianna Gilbert와 달라 러벨Darla Lovell을 기념하는 기념패가 놓여 있다. 2001년 테러리스트가 뉴욕의 세계 무역센터와 워싱턴의 국방부를 공격했을 때 우리는 행정팀 모임을 갖기로 되어 있었다. 아침 9시쯤 모여 앉았는데 누군가가 들어오더니 "텔레비전을 틀어보세요. 뉴욕에 무슨 일이 있대요." 우리는 그날 오전 내내 거기에 앉아서 두려움 가운데 텔레비전을 보았다. 우리는 이미 그 전날 게네사 웰스Genessa Wells라는 중동 선교사가 임기를 마치기 두 주일 전에 버스 사고로 죽었다는 소식을 받고 슬퍼하던 중이었다.

나의 영웅 중의 한 명은 찰스 비티Charles Beatty다. 찰스는 보험회사에서 일하다가 북아프리카의 아랍인들에게 선교를 하기 위해 튀니지로 갔다. 첫 임기를 마치기 전에 그는 암이라는 진단을 받았다. 치료를 위해 귀국했으나 결국 죽었다. 그는 겨우 서른네 살이었고 아내와 네 명의 어린 자녀가 있었다. 그 무렵 짐Jim과 로니 바워스Ronnie Bowers라는 선교사 부부가 ABWEAssociation of Baptists for World Evangelism와 함께 페루 선교사로 섬기고 있었는데 그들이 탄 선교사용 비행기를 마약상인들의 비행기로 오인한 사람들의 총격으로 비행기가 추락하여 로니와 그녀의 아이가 모두 죽었다. 교회개척자 빌 하이드Bill Hyde는 필리핀 테러리스트의 폭탄 공격으로 사망했다. 그리고 2002년 예멘의 지블라 침례교 병원에서 병원 직원으로 일하던 헌신된 세 명의 선교사들이 암살

당했다. 그 후 얼마 안 되어 네 명의 선교사가 이라크의 절망하고 낙심한 사람들에게 복음을 전하기 위해서 용감히 떠났다. 알래스카에서 의사로 일하던 자넷 셰클스Janet Shackles는 턱없이 인원이 부족한 의료진을 이끌고 가나 나리리구에 있는 침례교 병원에 도착한 지 일 년 만에 교통사고로 죽었다.

작년에는 선교사가 관련된 두 번의 교통사고가 있었다. 그들은 길을 건너다 죽기도 하고 감옥에 갇히기도 한다. 선교지에는 법적으로 보호받을 수 없는 나라가 많다. 유죄라고 증명이 되기까지는 무죄로 간주한다는 규칙이 적용되지 않는다. 아프리카에 있던 한 선교사는 열흘 동안 감옥에 갇혀 있었다. 사도 바울이 로마를 통해 스페인까지 가서 복음을 전할 계획을 가지고 있었지만 가이사랴에서 감옥에 갇힌 것이 떠오른다. 우리는 모두 비전과 꿈을 가지고 건강하며 순조롭게, 또 성공할 것이라고 기대하며 선교지로 떠난다. 그러나 결과는 비극과 고난인 경우가 많다. 이런 일들에 어떻게 대처해야 할 것인가? 이를 하나님께 영광을 돌리는 기회로 삼을 것인가, 아니면 하나님을 원망하며 등을 돌리고 사탄이 승리하게 할 것인가?

작년 〈사명〉Commission지에는 찰스 비티와 게리 슬로안Gary Sloan의 이야기가 실렸다. 의사로부터 암 말기라 회복 가능성이 없다는 말을 들은 찰스는 마지막까지 경주하기를 원했다. 그는 튀니지로 돌아가 자기가 아는 모든 사람들에게 담대하게 복음을 전했다. 아무것도 잃을 것이 없었던 것이다. 게리와 글로리아 슬로안Gloria Sloan은 멕시코에 선교사로

막 도착해서 9개월이 지났을 때 바닷가에서 딸의 생일 파티를 하고 있었다. 그런데 그의 딸이 급류에 휩쓸려버렸다. 게리와 여름 선교팀으로 온 세 명의 학생들이 아이를 구하려고 뛰어 들었다. 하지만, 결국 다섯 명 모두가 익사하고 말았다. 잡지에는 물에서 건져낸 게리 슬로안의 사진이 있었다. 이웃 마을 사람들이 몰려와 그를 둘러싸고 있었다. 그리고 글로리아가 그들에게 전도하는 사진이 있었다. "만약에 여러분한테 이런 일이 생겼다면 여러분은 어디에 가 있겠습니까? 우리 남편이 지금 어디 있는지 말해 드리겠습니다." 자기 남편과 딸을 잃은 순간에도 그녀는 사람들에게 천국의 영광과 남편이 천국에 간 것을 자신이 어떻게 확신하는지에 대해 전하기 시작했다. 미국에서 잠시 시간을 보낸 후 그녀는 멕시코로 돌아가 지금 이 순간 더욱더 열정적으로 선교에 헌신하고 있다.

당신은 인생의 비극에 어떻게 반응하는가? 사랑하는 사람을 잃었을 때, 불치병에 걸렸다는 진단을 받을 때, 혹은 불운을 겪을 때 우리는 깊이 파고 들어가 믿음의 저수지에 이르고 하나님의 엄청난 은혜를 경험할 수 있다. 절박한 어려움은 오직 하나님께만 소망을 두게 만든다.

그러나 꼭 심각한 위기만이 우리를 패배시키는 것은 아니다. 오히려 계속되는 시련과 낙심, 질병, 그리고 갈등이 우리를 패배시킨다. 가장이 직장을 잃는다든지, 화재나 태풍으로 집과 재산을 잃는다든지, 사고가 나서 자식이 장애인이 된다든지, 선교사가 섬기던 곳에서 추방을 당한다든지, 아니면 비자를 받지 못한다든지, 빚과 부실한 재정관리로 인해서 살던 집에서 쫓겨나게 된다든지, 자식이 성인이 되면서 방탕하고 부도덕한 삶을 살면서 믿음을 저버린다든지, 딸이 결혼도 하기 전에 임신을 한다든지 등등 갖가지 일들이 있을 수 있다.

국제선교위원회의 회장으로 일하다 보니 선교사들이 겪는 많은 어려움들에 관해 알게 된다. 서아프리카에 첫 임기를 맞아 떠난 선교사들이 있었다. 그들은 리베리아로 파송을 받았는데 일 년이 안 되어 부족들 간의 전쟁이 일어나 그곳을 떠나야만 했다. 그들이 남겨 두고 온 모든 재산은 다 약탈당하고 파괴되었다. 그들은 국경을 넘어 기니아에 재배치되었다. 그러나 전쟁은 기니아까지 번져서 결국 거기에서도 떠나야 했다. 그래서 임시로 다른 곳으로 갔으나 그곳에서도 군사 쿠데타가 일어나 혼란에 휩싸였다. 사회 기본시설들이 다 파괴되어서 음식과 기초적인 생필품마저 구입하기 어려웠다. 마침내 일 년간의 임시 배치기간을 마칠 무렵 리베리아의 정세가 호전되어 원래 배치된 곳으로 돌아갔다. 그런데 또다시 얼마 안 되어 전쟁이 격화되어 다시 떠나야 했다. 그때 마침 미국에서 할 임무가 있었기에 그들은 미국으로 돌아왔다. 나는 그들을 선교대회에서 만나 동정을 표했다. 그는 웃으며 이렇게 말했다. "하나님께서 우리가 섬길 사람들을 이해할 수 있도록 그들과 같은 경험을 하게 하시는 것이 정말 놀랍지 않습니까?" 그들은 자신들이 겪은 어려움은 서아프리카인들이 받은 고통을 알고 그들을 섬길 수 있게 하는 하나님의 방법이라고 받아들이고 있었다.

바울이 자신을 어떻게 하나님의 종으로 자천하고 있는가 보자. "오직 모든 일에 하나님의 일꾼으로 자천하여 많이 견디는 것과 환난과 궁핍과 고난과 매 맞음과 갇힘과 난동과 수고로움과 자지 못함과 먹지 못함 가운데서도"(고후 6:4-5). 왜 이런 일들이 그에 대한 추천이 되는가? 왜냐하면 그가 '우리가 이 직분이 비방을 받지 않게 하려고 무엇에든지 아무에게도 거리끼지 않게' 하고자 하는 태도로 이런 어려움을 대했기 때문이다(3절). 바울은 고린도후서 4장 17~18절에서 어려움에 대한 올바른 관점을 제시한다. "우리가 잠시 받는 환난의 경한 것이 지극히 크고 영원한 영광의 중한 것을 우리에게 이루게 함이니 우리가 주목하는 것은 보이는 것이 아니요 보이지 않는 것이니 보이는 것은 잠깐이요 보이지 않는 것은 영원함이라." 사탄은 우리가 그 순간의 어려움과 불편만을 보기를 원한다. 믿음을 통해 시련을 영원한 목적과 영광의 맥락에 바라볼 때 우리는 승리를 얻을 수 있다.

우리의 육적인 본성은 너무나 자기중심적이어서 자신의 안락과 편리함만 생각하고 자신의 계획이 방해를 받거나 물질적인 손해를 입을 때 자기연민에 빠진다. 그래서 우리는 하나님께서 더 높은 목적을 위해서 이런 어려움을 주셨다는 것을 깨닫지 못한다. 하나님은 우리의 믿음이 성장하고 우리가 자신이 원하는 것이나 물질에 초점을 맞추는 대신 하나님을 신뢰하는 법을 배워야 할 필요를 보신다. 하나님께서는 우리가 남들을 섬기고 도움이 필요한 사람들을 섬길 수 있도록 우리를 준비시키기를 원하신다. 그러나 우리 자신이 시련을 겪기 전에는 그런 준비가 되기 어렵다. 사탄은 세상의 관점으로 우리를 속여 우리가 편안하고 안전하고 건강하고 순조로운 삶을 누릴 자격이 있다고 믿게 만든다. 그래서 예상치 못한 시험을 통해 우리로 하여금 이를 보다 큰 영적인 승리와 성장의 기회로 삼지 않고 하나님을 의심하고 낙심하게 만들고자 한다.

바울은 고린도후서 1장 3~5절에서 고난과 시련을 하나님의 위로의 관점에서 올바로 바라보게 해준다. 하나님은 물론 우리를 고난에서 보호하실 수 있다. 그러나 하나님은 보다 큰 목적을 가지고 고난을 허용하신다. 그것은 우리가 그리스도의 고난을 함께하고 다른 사람들을 위로하고 섬길 수 있도록 하기 위해서다. 바울은 자기 육신의 가시에 대해서 그랬듯이 고난 가운데 하나님을 찬양하고 감사를 드렸다. "찬송하리로다 그는 우리 주 예수 그리스도의 하나님이시요 자비의 아버지시요 모든 위로의 하나님이시며 우리의 모든 환난 중에서 우리를 위로하사 우리로 하여금 하나님께 받는 위로로써 모든 환난 중에 있는 자들을 능히 위로하게 하시는 이시로다 그리스도의 고난이 우리에게 넘친 것 같이 우리가 받는 위로도 그리스도로 말미암아 넘치는도다." 하나님께서 바울에게 육신의 가시를 허락하셔서 교만해지지 않도록 하셨듯이 우리가 얼마나 부적합한 존재이며 하나님을 의지해야 하는지를 상기시켜 주시기 위해서 고난을 사용하신다. 바울은 이렇게 말했다. "우리는 우리 자신이 사형 선고를 받은 줄 알았으니 이는 우리로 자기를 의지하지 말고 오직 죽은 자를 다시 살리시는 하나님만 의지하게 하심이라"(고후 1:9).

고난은 종종 계획이 일그러질 때 드러난다. 바울은 로마에서 복음을 전하고 스페인으로 가려던 계획이 좌절되었을 때 이를 경험했다. "여러 해 전부터 언제든지 서바나로 갈 때에 너희에게 가기를 바라고 있었으니"(롬 15:23). 28절에서 그는 이 계획에 대한 확신을 다시 이야기한다. "그러므로 내가 이 일을 마치고 이 열매를 그들에게 확증한 후에 너희에게 들렀다가 서바나로 가리라." 우리가 아는 한 바울은 결국 스페인에 가지 못했고 로마에 간 것도 죄수의 몸이 되어서였다. 바울은 자신의 계획과는 달리 가이사랴 감옥에 갇혀있었다. 바울처럼 많은 사람들이 하나님을 섬길 계획과 비전을 갖지만 예상치 못했던 고난과 상황을 만나서 좌절하는 일이 많다. 많은 새 선교사들이 하나님의 소명에 응답하여 열정을 가지고 말한다. "중국에 가서 교회를 개척하는 일에 참여하겠다, 이슬람 국가에 가서 영어를 가르치며 예수 그리스도를 전하겠다, 아프리카나 라틴 아메리카에 가서 추수에 참여하겠다, 아직 복음을 듣지 못한 사람들에게 가서 복음을 전하겠다." 그런데 현실은 바울처럼 대단히 헌신적이고 비전 있고 순수한 동기를 가진 사람들도 좌절을 경험한다는 것이다.

몇 해 전 선교사 오리엔테이션이 끝날 무렵 어떤 신참 선교사가 심한 두통을 겪기 시작했다. 검사를 해보니 종양이었고 결국 선교사로 가려던 계획은 취소되었다. 앞에서 말한 예처럼 선교지에 도착했지만 임기를 마치지 못하고 돌아오는 선교사들도 있고, 자기가 어떤 나라나 어떤 사람들을 섬기도록 부름을 받았다고 확신하고 있는 사람들이 비자를 받지 못하는 경우도 있다. 우리가 하나님의 뜻이라고 확신하고 있는 계획이 좌절될 때 바울이 가이사랴의 감옥에서 느낀 것 같은 느낌이 들

것이다. 처음에는 의심을 했을 것이다. "하나님은 어디 계시는가? 왜 이런 일이 일어나게 하시는가?"

다행히 인생에서 아주 심각한 위기를 맞는 사람은 드물다. 그러나 누구에게나 위기가 있다. 언젠가는 부모님과 사랑하는 사람들을 잃을 날이 올 것이다. 때로는 예상치 못한 순간에 그런 일이 일어날 수 있다. 질병에 걸리거나 경제적인 곤란, 또는 갈등과 오해로 인해 관계가 틀어질 수도 있다. 그러나 우리를 패배하게 하는 것은 이러한 심각한 위기가 아니다. 매일매일 우리를 성가시게 하는 작은 어려움들이 우리에게서 기쁨을 앗아가고 그리스도를 닮지 않은 행동과 태도에 굴복하게 한다. 사탄은 비판과 갈등을 불러일으키고 우리의 계획과 소망을 좌절시키고 실망시키는 것을 기뻐한다. 왜냐하면 우리는 예수님을 바라보지 않고 자기 자신만 생각하는 경향이 있기 때문이다. 그럴 때 사탄은 우리로 하여금 분노를 터뜨리게 하고, 마음속에 원망의 씨앗을 심고 책임을 져야 한다고 생각하는 사람을 용서하지 않는 마음을 품도록 쉽게 인도한다. 사탄이 성공하는 이유는 우리가 믿음을 버리고 하나님께서 도우시고 힘 주시고 위로하시고 승리를 주신다는 약속을 거부하기 때문이다.

남침례교 해외선교위원회의 전 회장이었던 베이커 제임스 코센Baker James Cauthen 박사는 우리가 선교사 임명을 받았을 때 이렇게 말했다. "당신을 패배하게 하는 것은 코끼리가 아니라 개미들이다." 그는 일상생활의 작은 문제들을 가리킨 것이다. 늘 생기는 이런 문제들이 우리를 갉아먹고 기쁨과 평화를 앗아가며 패배주의적인 태도로 감정을 소모하게 만든다. 코끼리를 다루는 것은 오히려 쉽다. 큰 위기를 만나면 사람들이 몰려와서 위로해 주고 격려해 주고 섬겨준다. 그러나 개미들은 우리가 깨닫지도 못하는 사이에 일상생활에서의 승리를 갉아먹는다.

하나님은 우리에게 일어날 일들을 알고 계시는가? 나는 우리 선교사들에게 하나님은 그들이 선교지에 도착해서 일어날 일에 대해서, 모든 어려움과 곤란에 대해서 다 알고 계신다고 상기시킨다. 하나님께서는 오늘 오후, 내일, 다음 주, 그리고 우리의 남은 인생에 무슨 일이 일어날지 다 알고 계신다. 시편 139편은 이렇게 말한다. "주께서 내 내장을 지으시며 나의 모태에서 나를 만드셨나이다 … 내 형질이 이루어지기 전에 주의 눈이 보셨으며 나를 위하여 정한 날이 하루도 되기 전에 주의 책에 다 기록이 되었나이다"(13, 16절). "여호와여 주께서 나를 살펴보셨으므로 나를 아시나이다 주께서 내가 앉고 일어섬을 아시고 멀리서도 나의 생각을 밝히 아시오며 나의 모든 길과 내가 눕는 것을 살펴보셨으므로 나의 모든 행위를 익히 아시오니 여호와여 내 혀의 말을 알지 못하시는 것이 하나도 없으시니이다 주께서 나의 앞뒤를 둘러싸시고 내게 안수하셨나이다"(1-5절). 하나님께서는 모든 시험과 시련을 포함해서 우리 인생에서 일어날 일들을 다 알고 계신다.

미리 알고 계신다면 왜 그런 일을 허용하시는가? 하나님께서는 전능하시고 모든 것을 다스리시지 않는가? 왜 최소한 하나님을 위해서 살고자 하는 하나님의 자녀를 위해서만이라도 고통을 막아주시지 않는가? 우리는 하나님께서 선교사들은 특별히 보호하셔서 하나님의 나라를 확장하는 선교활동에 방해가 되는 일은 막아주실 거라고 생각한다. 하지만 하나님께서는 선교사들에게 질병과 사고와 전쟁과 폭력의 피해, 재산의 손실, 혹은 사랑하는 사람의 죽음 같은 일들이 일어나게 허용하신다. 우리는 이런 일들에 어떻게 반응해야 하는가? 하나님께서 이런 어려움을 통해서 우리를 하나님께 더 가까이 이끄실 수 있게 하는가? 하나님의 은혜가 족한 것을 아는 기쁨을 누리고 우리가 알지 못했던 힘을 경험하는가? 아니면 사탄으로 하여금 우리 마음을 의심으로 가득 채우도록 내버려 두고, 자기중심적인 좌절감으로 감정을 소모하고 하나님을 섬길 기회를 놓치게 하는가? 이사야 48장 10~11절은 이렇게 설명한다. "보라 내가 너를 연단하였으나 은처럼 하지 아니하고 너를 고난의 풀무 불에서 택하였노라 나는 나를 위하여 나를 위하여 이를 이룰 것이라 어찌 내 이름을 욕되게 하리요 내 영광을 다른 자에게 주지 아니하리라."

우리는 고난을 올바른 태도로 보고자 하지 않기 때문에 하나님의 은혜의 충만함을 경험하지 못하고 하나님의 능력을 경험하지 못한다. 엘리자베스 헤일Elizabeth Hale은 중국 선교사로 일하다가 1950년대에 말레이시아로 옮겨야 했다. 나는 동남아시아 지역 책임자가 되어 그 지역의 선교사들과 연락을 하면서 엘리자베스 여사를 알게 되었다. 그녀는 몇 해 전에 은퇴를 했으나 그 지역을 떠나기를 원치 않았다. 선교위원회도 동의하여 그녀는 거기서 연금을 받으며 생활했다. 나중에 그녀의 건강이 악화되자 우리는 이제는 미국으로 돌아와야 할 때라고 그녀를 설득했다. 그래서 그녀는 버지니아의 컬페퍼에 있는 침례교 양로원에 들어갔다(가족이 없었기 때문에).

미국으로 돌아온 후 그녀는 계속 말레이시아의 동료 선교사들과 교회 친구들에게 편지를 썼다. 그녀가 점점 연로해짐에 따라 편지 내용은 점점 일관성이 없고 이해하기가 힘들었다. 하지만 한 편지의 구절이 내 눈에 띄었다. 그 배경에 대해서는 전혀 알지 못하지만 그녀는 말레이시아의 한 그리스도인 친구에게 이렇게 썼다. "여러분 중에는 시련과 어려움을 겪는 사람들이 있지만 그것을 통해 그 사람은 귀하신 주님을 더 깊이, 더 의미 있게 알 수 있는 특권을 가지게 될 것입니다." 이 말은 그녀가 오랫동안 주님과 친밀하게 생활해 온 것을 보여주었다. 이 말은 그녀가 중국과 말레이시아에서 겪었던 외로움과 어려움을 드러내고 있었다. 그녀는 고난과 자기부인이 그리스도와 함께하는 길임을 배웠으며 주님을 더 깊이, 더 의미 있게 아는 기회라는 사실을 알았던 것이다.

> 시련과 어려움은 귀하신 주님을 더 깊이, 더 의미 있게 알 수 있는 특권을 준다.

선교지에 나간 사람들 중에는 낙심하고 버림받았다는 느낌에 굴복하는 사람들이 있다. 우리 역시 그랬다. 전도를 해도 반응은 미미하고 열대의 더위는 우리를 무기력하게 만들었다. 아이들은 병에 걸리고 우리는 외롭다. 아무도 우리를 돌보지 않는다는 생각이 들었다. 나는 불평하며 하나님을 원망했다. 왜 하나님께서는 이런 일들을 허용하시는가? 사탄이 우리의 사고를 왜곡시켜서, 하나님은 왜 우리를 보호해 주지 않으시냐고 비난하기가 얼마나 쉬운가? 마치 하나님께서 우리를 언제나 보호해 주실 의무가 있으신 것처럼, 그리고 우리는 고난을 면제받아 마땅하다는 듯이 말이다. 그러나 이것은 하나님의 방식이 아니다.

최근 나는 잰 모세스Jan Moses의 장례식에 참석했었다. 그녀는 남편 마크Mark와 함께 20년 동안 필리핀에서 선교사로 일했다. 잰은 죽기 전에 삼 년간 암과 싸웠다. 가망이 없다는 사실을 알고 그녀는 자기의 병을 능력 있는 증거의 기회로 삼기로 결심했다. 처음 암이라는 사실을 알게 되었을 때는 그녀도 다른 사람들처럼 "왜요? 왜 저입니까, 주님?" 하고 물었다. 하지만 점차 "왜 나라고 예외여야 한단 말인가?"라는 관점에서 바라보게 되었다. 해마다 많은 사람들이 암에 걸리는데 왜 그녀라고 해서 예외여야 한단 말인가? 그녀는 하나님께서 암을 막아주실 수 있었지만 그렇게 하지 않기를 선택하셨다고 확신했다. 그녀는 이렇게 말했다. "하나님께서 제게 이렇게 말씀하셨어요. '나는 이것을 네게 맡길 수 있다. 네가 신실할 것이고 너의 고통을 통해서 내가 영광을 받을 것을 알기 때문이다.'"

하나님께서는 고통과 역경을 초래하지는 않으시지만 우리 삶에서 영광을 받으실 기회로 이를 허용하신다. 우리가 연약하고 시련을 겪을 때, 신실하게 하나님을 신뢰하고 하나님의 은혜에 의지할 때, 하나님께서 가장 영광을 받으신다. 우리는 하나님의 섭리를 자주 말하는데 섭리라는 말은 라틴어 *pro*라는 말과 *video*라는 말에서 왔다. *video*는 본다는 뜻이고 *pro*라는 전치사와 합하면 앞을 내다본다는 뜻이 된다. 하나님의 섭리란 하나님께서 계획하시고 미리 정하셔서 어떤 일이 생기든지 이 일들을 통해서 하나님께서 영광을 받으신다는 것을 말한다. 하나님은 앞으로 일어날 모든 일들을 미리 아시기 때문이다.

왜 하나님께서는 욥에게 그렇게 심한 고난을 허용하셨을까? 첫째로 우리는 하나님께서 이 상황을 다스리고 계셨다는 것을 알아야 한다. 사탄은 욥이 하나님을 찬양하고 신실하게 섬기는 유일한 이유는 하나님께서 욥을 보호하시기 때문이라고 투덜거렸다. 이에 하나님께서는 "좋다. 내가 보호벽을 치우겠다. 그러나 그의 생명은 건드리지 말아라"고 말씀하셨다. 하나님께서 공격을 허용하셨다. 하나님께서 욥의 인생에 모든 고난과 역경을 가져다주신 것이 아니다. 하나님의 보좌와 권위를 버리신 것도 아니다. 왜 하나님께서 보호벽을 치우시고 사탄으로 하여금 역경과 육신의 가시와 인생의 재난들을 허용하시는가? 하나님께서는 그 섭리 가운데서 처음부터 그 마지막을 알고 계셨다. 하나님께서는 이사야 46장 9~11절에서 이렇게 말씀하셨다. "나는 하나님이라 나 외에 다른 이가 없느니라 나는 하나님이라 나 같은 이가 없느니라 내가 시초부터 종말을 알리며 아직 이루지 아니한 일을 옛적부터 보이고 이르기를 나의 뜻이 설 것이니 내가 나의 모든 기뻐하는 것을 이루리라 하였노라 … 내가 말하였은즉 반드시 이룰 것이요 계획하였은즉 반드시 시행하리라."

하나님은 욥이 가족, 자식들과 모든 소유를 잃게 될 것을 아셨다. 욕창으로 고생할 것을 아셨다. 그의 모든 고난을 아셨다. 그러나 하나님은 그 결말을 아셨고 욥이 처음보다 더 번영하고 축복을 받을 때 결국 하나님께서 영광을 받으실 것을 아셨다. 욥은 축복을 받고 하나님은 영광을 받으셨다. 왜냐하면 욥이 역경 가운데서 신실했고 하나님께 초점을 맞추었기 때문이다.

요셉의 이야기도 이와 비슷하다. 그는 자연 재해나 환경 때문이 아니라 형들의 악한 행동으로 인해 역경을 겪었다. 그의 형들이 이집트에 왔을 때 요셉이 자기가 누군지를 알리자 형들은 자기들이 한 악한 행위를 기억했다. 그들 중에는 요셉을 죽이려고 한 사람도 있었다. 그들은 요셉을 구덩이에 던졌다가 노예로 팔아버렸다. 뿐만 아니라, 억울한 누명을 쓰고 몇 년이나 감옥살이를 해야 했다. 그 형들이 자기들 눈앞에 있는 것이 요셉이라는 사실을 알았을 때 그들은 요셉이 자기들을 엄하게 다스려서 복수를 할 것이 틀림없다고 생각했다.

그러나 요셉은 이렇게 말했다. "당신들이 나를 이 곳에 팔았다고 해서 근심하지 마소서 한탄하지 마소서 하나님이 생명을 구원하시려고 나를 당신들보다 먼저 보내셨나이다 … 하나님이 큰 구원으로 당신들의 생명을 보존하고 당신들의 후손을 세상에 두시려고 나를 당신들보다 먼저 보내셨나니 그런즉 나를 이리로 보낸 이는 당신들이 아니요 하나님이시라 하나님이 나를 바로에게 아버지로 삼으시고 그 온 집의 주로 삼으시며 애굽 온 땅의 통치자로 삼으셨나이다"(창 45:5, 7-8). 요셉은 세 번이나 자기를 애굽으로 보낸 것은 형들이 아니라 하나님이라고 말한다. 그렇다. 형들은 그 상황에 책임을 져야 했고, 누구도 구덩이에 던져지고 노예로 팔리고 몇 년이나 감옥살이를 하는 경험을 하고 싶어 하지는 않는다. 그러나 이 시간은 어렵고 힘든 시간이었지만 요셉은 하나님께서 그 섭리 가운데 이를 더 높은 목적, 그의 선택한 백성들의 생명을 보존하는 데 사용하셨다는 것을 깨달았다.

야곱이 죽자 요셉이 자기들에게 친절하게 대한 것은 아버지 때문이었다고 생각한 형제들은 이제야말로 보복을 당할 것이라고 생각했다. 그러나 요셉은 "두려워하지 마소서 내가 하나님을 대신하리이까 당신들은 나를 해하려 하였으나 하나님은 그것을 선으로 바꾸사 오늘과 같이 많은 백성의 생명을 구원하게 하시려 하셨나니"(창 50:19-20)라고 말한다. 사람들은 우리를 억울하게 하고 학대하고 악의를 가지고 이용할 것이다. 이 때문에 고난을 당할 수도 있다. 그러나 하나님은 보좌에 앉아 계셔서 이 모든 것이 어떻게 우리에게 복을 가져오고 하나님께 영광이 될 것인지를 보고 계신다. 그렇게 될 것인지 아닌지는 욥과 요셉의 경우처럼 우리가 하나님을 믿고 하나님만 바라보며 승리를 확신하는가에 달려 있다. 사탄이 어려움을 이용해서 당신을 패배시키고 하나님께서 당신의 삶에서 일하실 기회를 **빼앗게** 하지 말라.

몇 년 전 방글라데시에서 32년을 섬긴 톰Tom과 글로리아 써만Gloria Thurman의 은퇴식에 참석한 적이 있다. 나와 그는 미시시피 강 유역 출신으로 오래 전부터 서로 아는 사이였고 동남아시아 선교사로서 함께 일하기도 했다. 톰은 간증에서 이렇게 말했다. "방글라데시에서의 32년 동안 우리는 스스로는 선택하지 않았을 많은 상황을 겪었습니다. 지진, 홍수, 태풍, 기근, 가뭄, 해일이 일어나 수많은 사람이 죽었고, 우리는 세 번이나 강도를 당했고 네 번 뼈가 부러졌고 291번의 파업을 겪었고, 186번 타이어 공기가 빠졌습니다." 그는 숫자를 세고 있었다. "언어를 배우는 어려움, 정전, 글로리아가 나병에 걸린 일, 간염에 걸린 일, 그리고 한 번은 칼에 찔린 적도 있습니다. 그러나 우리는 감사와 찬양밖에 드릴 것이 없습니다. 언젠가 하나님께서 우리 어깨를 치시며 '너를 위해서 자리를 마련해 두었단다' 하실 것이기 때문입니다. 우리는 수백만의 잃어버린 이 땅의 영혼을 위해서 왔습니다. 우리는 하나님과 동행했고 우리는 기쁨으로 충만했습니다." 나는 그가 한 말을 떠올릴 때마다 경이로운 마음이 든다. 방글라데시에서 32년간 이렇게 많은 어려움을 겪으면서도 그들은 하나님과 동행했으며 "우리는 기쁨으로 충만했다"고 말한다! 고통과 역경은 그리스도를 섬기는 기쁨을 빼앗아 갈 수 없다.

게네사 웰스가 죽은 뒤 얼마 안 되어 한 사람이 게네사가 임기를 마치고 귀국하기 직전에 쓴 마지막 소식지를 보여주었다. 그녀는 이렇게 썼다.

이 여름은 내 인생에서 가장 바쁜 여름이었습니다. 저는 북부의 '빛 프로젝트' 일로 프랑스에 왔습니다. 도착하는 순간까지도 그 일에 대해 아는 것이 별로 없었습니다. 돌이켜 볼 때 제가 생각했던 것보다 육신적으로나 영적으로 정신적으로 훨씬 더 힘들었습니다. 그러나, 또한 저는 제가 생각했던 것보다 훨씬 더 많이 성장했고, 더 많이 배웠고 더 많은 것을 보게 되었습니다.

이어서 그녀는 그 여름에 해야 하는 일이 얼마나 많은지를 적었다. 그리고 계속해서 이렇게 말했다.

> 저는 설사 바꿀 수 있다고 하더라도 한 가지도 바꾸지 않을 것입니다. 저는 '주님, 내 마음의 눈을 열어주세요.' Open the Eyes of My Heart, Lord라는 노래를 좋아합니다. "내 마음의 눈을 열어주세요. 내 마음의 눈을 열어주세요. 주님을 보기 원합니다. 주님이 높이 찬양 받으시고 영광의 빛 가운데 빛나는 모습을 보기 원합니다. 우리가 거룩 거룩 거룩 노래할 때 주님의 능력과 사랑을 부어주세요."7)
>
> 이 노래는 길지 않지만 이 노래를 부를 때마다 온갖 상상을 하게 됩니다. 특히 이번 여름에 많은 것들을 본 뒤라 더욱 그렇습니다. 우리가 하는 모든 일은 한 가지로 귀결되는 것 같습니다. 바로 하나님의 영광입니다. 저는 제 삶이 언제나 하나님의 영광을 반영하기를 기도합니다. 저는 지난 2년을 다섯 나라에서 보냈습니다. 올 여름을 보내는 프랑스가 그중 유일하게 신앙을 자유롭게 나눌 수 있는 나라입니다. 하나님께서는 제게 복음 전할 열정을 주셨습니다. 그리고 이는 하나님의 영광을 위해서입니다.

우리는 자기가 아직 죽을 때가 안 되었을 때 죽으리라고 생각하지 않는다. 하지만 죽음이 다가왔을 때 "한 가지도 바꾸지 않겠다. 모두 다 하나님의 영광을 위해서 했기 때문이다"라고 말할 수 있기를 소망해야 하지 않을까?

사람들은 예상치 못했던 문제와 역경을 겪으면 하나님께 버림받았다고 느낀다. 믿음을 떠나고 자기 스스로 살아가려고 노력하면서 마음속에 쓴 뿌리가 자라도록 놔둔다. 모든 평화와 기쁨은 사라지고 슬픔과 고통을 이길 수 있는 유일한 힘의 근원을 저버린다. 하지만 결과는 엘리자베스 헤일이 말한 것처럼 하나님과 그의 은혜를 보다 깊고 의미 있게 알 기회를 저버리는 것이다.

우리는 다시 한 번 '하나님께서 우리를 이 모든 것으로부터 지켜주실 수 있지 않았나, 하나님은 전능하지 않으신가, 하나님은 우리를 사랑하지 않으시는가?' 하고 물어야 한다. 문제는 우리가 축복의 개념을 좁고 왜곡되게 이해하는 데서 이런 태도가 나오는 것이다. 우리는 축복이란 편안하고 순조롭고 우리가 원하는 것을 갖는 데서 오는 기쁨을 누리는 것이라고 생각한다. 축복은 고통의 반대라고 생각한다. 그러나 이와는 반대로 우리를 하나님께 가까이 가게 만드는 모든 것이 축복이다. 우리는 하나님의 은혜의 깊이와 하나님의 신실하신 사랑을 알게 해주는 경험을 통해서 큰 축복을 받는다. 우리는 그리스도의 고난에 동참하는 특권을 받을 때 하나님을 더 친밀하게 알게 된다. 건강과 번영이 하나님을 아는 것보다 더 가치 있다고 믿게 만드는 사탄의 속임수는 얼마나 얄팍한가?

켄 앤더슨Ken Anderson은 「양처럼 담대하게」 *Bold as Lamb*라는 책에서 중국 가정교회 목사인 새뮤얼 램Samuel Lamb이 그리스도인이라는 이유로 10년간을 강제노동 수용소에서 지내며 받은 핍박과 수난에 대해 기록했다.

우리는 운이 좋은지도 모른다. 우리는 이렇게 많은 고통을 받고 가진 것은 거의 없다. 다른 그리스도인들처럼 가진 것이 많고 잘 살았다면 제자도에 있어서 이렇게 진지하지 못할 것이다. 기독교 신앙은 시련을 겪을 때 가장 귀한 것을 알 수 있다. 우리의 첫 번째 기도는 부나 편안한 생활이나 세상적인 안전함이 아니다. 믿음과 기도는 우리를 주님의 참된 제자로 만들어주어야 한다. 주님은 고통받으심으로써 가장 큰 모범을 보이셨다. 고난을 겪지 않은 그리스도인은 훈련을 받지 않은 아이와 같다. 그런 그리스도인은 하나님의 온전한 축복을 받지도 이해하지도 못한다.[8]

내가 여행할 때 아내는 종종 시편 125편 2절을 가지고 기도한다. "산들이 예루살렘을 두름과 같이 여호와께서 그의 백성을 지금부터 영원까지 두르시리로다." 왜 주님께서 산들이 예루살렘을 두름같이 우리를 보호하지 않으시는가? 사실 하나님께서는 신실하게 끊임없이 보호하고 계신다. 하나님이 우리와 함께하시고 인도하시고 해로부터 보호하시기 때문에 재난이 일어날 것을 상상하지 못하는 것이다. 비극이나 실패는 결코 일어나지 않으리라고 생각한다. 왜 하나님은 가끔씩 보호벽을 치우시고 고난과 시련을 당하게 하시는가? 하나님께서 영광을 받으시기 위해서다. 하나님께서는 우리가 상상하는 것보다 훨씬 더 승리 가운데 행하기를 원하신다. 하지만 우리가 전쟁에서 보호받고 전쟁과 멀리 떨어져 있다면 승리도 있을 수 없다.

우리가 같이 생활하고 일하기 힘든 사람들에 대해 불평하고, 일상생활의 모든 불편과 장애들에 대해서 상황을 탓하고, 어려움이 닥쳤을 때 원망을 한다면, 하나님께서 관리를 잘못하고 계시다고 탓하는 것이다. 우리가 그리스도와 같은 태도로 반응하고 하나님의 성령께서 주관하시고 인도하시도록 내어드리지 못한다면, 결국은 우리가 자기 힘으로 대처하기를 그만두고 그리스도 안에서 승리를 낼 것으로 만드는 법을 배울 때까지 우리는 이런 어려움을 자초하게 되는 것이다. 그러나 일단 우리가 그리스도 안에서 승리하면 사랑하기 힘든 사람들을 대면해도 괴롭지 않고 우리의 인내심을 시험하는 일들을 만나도 담담하며 개인적인 시험에 승리할 수 있다. 왜냐하면 이런 것들을 하나님의 은혜와 힘을 경험하는 기회로 받아들이기 때문이다. 우리가 성령 안에서 행할 때 시험과 어려움은 더이상 문제가 되지 않는다. 하나님의 사랑과 하나님의 기쁨, 하나님의 평화와 하나님의 인내와 하나님의 힘이 다른 방법으로는 경험할 수 없는 방식으로 당신의 삶 속에 부어질 것이기 때문이다. 그리고 이것을 통해 하나님께 영광을 올려드리게 된다.

어려운 상황에서 승리할 수 있는 실제적인 열쇠가 있다. 우리가 인도네시아에서 살 때 우리가 배치를 받은 곳은 다른 선교사 가족들과 다섯 시간 떨어져 있는 곳이었다. 그래서 우리는 외로웠다. 두세 달 동안 선교사들의 모임이나 수련회 없이 우리 가족끼리 지내고 나면 우리는 며칠간 동료 선교사들과 함께 있을 필요를 느꼈다. 그래서 그럴 때면 우리는 가장 가까운 케디라나 수라바야에 사는 선교사 가족을 찾아가곤 했다. 우리 아이들도 그들의 아이들과 같이 놀 수 있었고 함께 멋진 음식점도 가고 쇼핑도 하면서 교제를 통해 새 힘을 얻곤 했다. 이들에게 갈 때 우리는 늘 아침 일찍 출발을 했다. 왜냐하면 늦게 출발하면 아스팔트가 좁고 깨져서 울퉁불퉁한 고속도로가 트럭과 소달구지, 자동차로 막혀 무덥고 먼지 나는 도로에서 두 시간은 더 지체해야 하기 때문이다.

그날 아침 우리는 수라바야에 가기 위해서 해가 뜨기 전에 일찍 일어났다. 그러나 우리의 계획은 일그러지기 시작했다. 집을 비운 동안 집을 봐주기로 한 사람이 오지 않았다. 병이 났다는 것이었다. 다행히 우리는 믿을 만하고 시간이 있는 다른 사람을 급히 찾을 수 있었다. 그런데 교인 한 명이 와서 목사의 아이가 병이 나서 병원에 갔다는 소식을 알려 주었다. 우리는 그 가족에게 가봐야 했다. 그리고 그 외에도 또 다른 이웃으로 인해 출발이 지연되었다. 나는 점점 더 조급해지고 참을성이 없어졌지만 마침내 출발을 하게 되었다.

고속도로까지 가려면 시내를 지나가야 했다. 그런데 시내를 빠져나가기도 전에 타이어 바람이 빠졌다. 그때는 이미 내 참을성이 바닥이 나고 있었다. 타이어를 바꾸고 나면 옷이 다 더러워 질 것이므로 다시 집에 가서 옷을 갈아입고 출발해야 했다. 길 건너에는 시장이 있었는데 내가 타이어를 바꾸기 시작하자 사람들이 몰려와서 구경을 하기 시작했다. 도와주겠다는 사람은 한 사람도 없고 킬킬거리고 농담하며 타이어 바람이 빠진 외국인을 보고 즐거워만 했다. 그때 나는 하나님께서 복음을 전하라고 주신 그 사람들에 대해서 별로 사랑을 느낄 수 없었다.

그런데 내가 막 마지막 나사를 끼우고 났을 때 우리 아들 러셀이 차 앞자리에 앉아서 창밖으로 얼굴을 내밀고 나를 쳐다보다가 "하나님, 타이어가 바람이 빠져서 감사해요!"라고 말하는 것이었다. 그러나 나는 하나님을 찬양할 마음이 전혀 아니었다. 얘는 왜 이런 말을 하는 걸까? 러셀은 겨우 네 살이었다. 우리 가족은 평소에 무슨 일에든지 감사하라는 말씀을 실천하고 있었다. 뭔가 일이 잘못되거나 계획대로 되지 않거나 아이들 중에 한 명이 넘어져서 살이 벗겨지거나 장난감이 망가지면 우리는 무조건 하나님께 감사했다. 우리가 하나님께 감사할 때 어떤 일이 일어나는가 주목해 보라. 우리의 초점이 상황에 머물지 않고 하나님께로 향하게 된다. 감사를 통해서 주님께 초점을 맞추면 하나님께서 우리와 함께하신다는 사실을 떠올리게 된다. 성경은 하나님께서 그 백성들의 감사 찬양 속에 거하신다고 말한다. "이스라엘의 찬송 중에 계시는 주여 주는 거룩하시나이다"(시 22:3). 감사는 우리에게 하나님의 존재를 의식하게 해준다. 그리고 일단 우리가 하나님의 임재를 의식하게 되면 하나님께서 우리의 감정과 태도와 행동을 다스리신다. 성내고 분을 터뜨리지 않게 된다. 왜냐하면 예수님께서 우리에게 인내심과 자제력을 주시기 때문이다. 예수님은 우리가 역경을 올바르게 바라볼 수 있게 해주신다. 예수님 안에서 우리가 가진 것들을 생각할 때 사소한 불편이나 개인적인 좌절이나 질병 같은 것이 뭐란 말인가? 육적으로 반응하고 성을 내고 남을 비난하고 하나님이 우리를 좌절케 하셨다고 원망하는 것은 결코 하나님께 영광이 되지 않는다. 그렇게 해서는 남들에게 유익을 주거나 섬길 수 없고 사탄이 우리에게서 승리를 앗아가게 할 뿐이다.

우리 가족은 이것이 승리할 수 있는 단순하고도 실제적인 방법이라는 것을 알게 되었다. 우리가 질병이나 사랑하는 사람의 죽음이나 비극적인 사고 자체를 감사하는 것은 아니다. 하지만 하나님의 하나님 되심을 찬양하고 어떤 상황에서든 감사를 드린다. 하나님은 찬양과 영광과 찬송을 받기 합당하시고 우리의 문제와 고통을 능가하신다. 하나님을 찬양할 때 우리는 하나님과 올바른 관계를 회복하게 되고 우리의 상황을 올바로 바라볼 수 있다. 하나님은 우리의 찬양 가운데 거하시며 그의 임재를 실제적인 것으로 만드신다. 그리고 우리는 특히 어려운 처지에 있을 때 하나님의 임재를 더욱 느낄 필요가 있다.

> 주님께 감사를 드리면 하나님께서 함께하심을 깨닫게 되고, 상황에서부터 하나님께로 초점을 옮길 수 있게 된다.

데살로니가전서 5장 18절은 이렇게 말한다. "범사에 감사하라 이것이 그리스도 예수 안에서 너희를 향하신 하나님의 뜻이니라." 골로새서 3장 17절은 "또 무엇을 하든지 말에나 일에나 다 주 예수의 이름으로 하고 그를 힘입어 하나님 아버지께 감사하라." 몇 해 전 우리 인도네시아 여자 선교사는 소식지에 이 승리의 원리에 관해 이렇게 썼다.

"인도네시아에 오기 전 우리가 받은 가장 좋은 조언은 모든 일에 감사하고 하나님을 찬양하라는 것이었다. 그러나 나는 최근 문화에 적응하는 어려움을 겪으면서 낙심이 되었다. 의심과 싸우면서 이전의 기쁨이 사라졌다. 그래서 오늘 아침 주님께서는 감사 제목을 적으라고 하셨다.

| 인도네시아에 온 후 처음으로 운전 연습을 했는데 하나님께서 남

편에게 용기를 주신 것을 감사드린다.

| 내가 아무런 가치가 없는 것 같은 느낌이 든 날들로 인해서 하나님께 감사드린다. 왜냐하면 나의 약함을 통해서 하나님의 힘을 더 깨닫게 되었기 때문이다.

| 지난 번 이웃집에 가서 털이 숭숭 달린 고기를 먹었는데 튼튼한 비위와 용기를 주신 하나님께 감사드린다.

| 우리 집안일을 도와주는 사람을 통해 종으로 섬긴다는 것에 대해서 배우게 된 것을 감사드린다.

| 교통 혼잡으로 인해 감사드린다. 어둠 속에 사는 사람들이 얼마나 많은가를 내게 상기시켜 주고 무릎 꿇고 기도하게 만들기 때문이다.

| 성령께서 나를 하나님 아버지로부터 분리시키는 교만과 잘못된 태도와 다른 죄들을 깨닫게 해주셔서 용서를 구하고 다시 한 번 하나님의 거룩하신 임재를 느낄 수 있게 해주신 것을 감사드린다.

| 우리 아들이 아팠던 것에 감사드린다. 이를 통해서 아들에게 병 낫기를 기도하고 하나님을 의지하도록 가르칠 수 있었기 때문이다.

| 하나님의 뜻을 알기 위해 고투해야 하는 것에 대해서 감사를 드린다. 이런 고투를 통해서 하나님의 말씀을 더 주의 깊게 듣고 더 열심히 찾게 되었기 때문이다.

| 자카르타의 스모그로 인해서 감사드린다. 왜냐하면 하늘이 맑고 푸른 날이 얼마나 큰 축복인지 감격하게 되기 때문이다.

| 구역질이 날 정도로 냄새가 나는 집 앞의 노천 하수도로 인해서 하나님께 감사드린다. 왜냐하면 나와 인도네시아인의 모든 죄가 하나님 앞에 얼마나 냄새 나는 것인지 떠올리게 하기 때문이다.

| 시끄러운 이웃 여자로 인해서 주님께 감사드린다. 왜냐하면 그녀를 통해서 내가 복음 전하는, 사람다운 삶을 살아야 한다는 것을 다시 상기하게 되기 때문이다.

| 믿지 않는 우리 아버지가 내게 부정적이고 낙심케 하는 말을 하실 때도 나의 소명에 대해 확신과 평화를 가질 수 있음에 대해서 감사드린다.

| 내가 아이들에게 흉한 모습을 보였을 때 성령님께서 "마음에 가득한 것을 입으로 말하느니라"고 말씀하신 것으로 인해 감사드린다. 나는 아이들에게 마음속의 화와 나의 추함에 대해서 고백했고 아이들은 겸손과 용서의 본을 볼 수 있었다.

| 내가 가장 감사한 한 가지 이유는 우리 남편이다. 하나님께서 내가 약할 때 그를 강하게 하시고 그가 약할 때 나를 강하게 하시며 어려운 가운데서도 우리의 사랑이 성장하도록 해주신 것을 감사드린다.

히브리서 13장 15절은 "그러므로 우리는 예수로 말미암아 항상 찬송의 제사를 하나님께 드리자 이는 그 이름을 증언하는 입술의 열매니라"고 말한다.

베드로전서 4장 12~13절은 이렇게 말한다. "사랑하는 자들아 너희를 연단하려고 오는 불시험을 이상한 일 당하는 것 같이 이상히 여기지 말고 오히려 너희가 그리스도의 고난에 참여하는 것으로 즐거워하라 이는 그의 영광을 나타내실 때에 너희로 즐거워하고 기뻐하게 하려 함이라." 어려움이 닥칠 때 마치 하나님께서 당신을 낙심하게 하신 것처럼 놀라지 말라. 그리스도께서 그러하셨듯이 이는 이 세상에서 겪는 정상적인 경험이다.

바울은 스페인에 가지 못했지만 빌립보서 1장 12~14절에서 이렇게 썼다. "형제들아 내가 당한 일이 도리어 복음 전파에 진전이 된 줄을 너희가 알기를 원하노라 이러므로 나의 매임이 그리스도 안에서 모든 시위대 안과 그 밖의 모든 사람에게 나타났으니 형제 중 다수가 나의 매임으로 말미암아 주 안에서 신뢰함으로 겁 없이 하나님의 말씀을 더욱 담대히 전하게 되었느니라." 바울이 원하던 것이 바로 사람들이 하나님을 신뢰하고 하나님 말씀을 더욱 담대히 전하는 것이 아니었는가? 선교사들은 일이 계획대로 풀리지 않고 사역에 어려움이 닥칠 때 흔히 실망한다. 사탄은 우리가 역경에 어떻게 반응하는가에 사역의 성공이 달려 있다는 것을 우리가 알게 되는 것을 원치 않는다.

어려움을 겪을 때 사탄은 당신을 낙심하게 하고 버림받았다는 느낌이 들게 하고 의심을 불어넣어 하나님께 대한 확신과 믿음을 무너뜨리려고 한다. 자기 연민 속에서 포기하고 싶을 때 하나님을 찬양하고 감사하라. 그러면 하나님께서 어떻게 당신의 환경을 통해 복음전파를 진전시키고 하나님께 영광을 가져오는 일에 사용하고자 하시는지 깨닫게 될 것이다. 고통은 우리에게 하나님의 은혜를 경험할 기회를 주며 우리가 예수 그리스도 안에서 소유하고 있는 승리에 대해서 돌이켜 볼 가장 큰 기회를 준다.

CHAPTER 9

승리의 기초

> 우리가 육신으로 행하나
> 육신에 따라 싸우지 아니하노니
> 우리의 싸우는 무기는
> 육신에 속한 것이 아니요
> 오직 어떤 견고한 진도 무너뜨리는
> 하나님의 능력이라
> 모든 이론을 무너뜨리며
> 하나님 아는 것을 대적하여
> 높아진 것을 다 무너뜨리고
> 모든 생각을 사로잡아
> 그리스도에게 복종하게 하니
>
> 고린도후서 10:3-5

요즘 교회들은 성령 충만한 삶에 대해 많이 말하지 않는다. 예전에는 성령 충만한 삶이 목사들과 기독교 작가들이 즐겨 다루는 주제였는데 요즘의 그리스도인들은 거룩함과 성령의 기름 부음을 받은 사역에 대해서 거의 관심이 없는 것 같다. 오늘날 믿음의 표현은 우리가 구원의 유익을 누릴 수 있는 최소한의 헌신만 하면서 나머지는 우리가 원하는 대로 사는 것이다. 어쩌면 성령 충만하기를 바란다거나 우리가 경험하고 있는 것 이상의 그리스도인의 삶이 있다고 생각하는 것이 너무 주제넘다고 생각하는 것인지도 모른다. 많은 학자들과 설교자들이 우리가 거듭날 때 모든 것을 다 받는다는 사실을 강조하고 더이상 바랄 것이 없다고 말한다. 어떤 점에서는 맞는 말이다. 예수님께서 우리 안에서 사시기 위해 들어오셨고 우리 자신의 선함 때문이 아니라 '우리로 하여금 그 안에서 하나님의 의가 되게 하려'(고후 5:21)고 그리스도께서 죄가 되셔서 우리에게 의롭다 일컬음 받는 새 생명을 주셨다.

그러나 많은 사람들이 미적지근한 수준의 그리스도인의 삶을 살면서 그게 다라고 생각하는 것은 실로 슬픈 일이다. 올바른 그리스도인은 자기의 구원의 확실성을 알지만 죄 된 생활방식과 정욕, 이기심과 육적인 가치관을 버리기 위해서 투쟁한다. 성경은 우리가 예수 그리스도를 영접한 후 이어서 두 번째로 성령을 받는다고 말하지 않는다. 하지만 우리는 하나님께서 이미 우리 안에 내재하시는 성령님을 통해서 죄를 이기고 우리에게 주신 승리를 경험하고자 하는 깊은 갈망이 있어야 한다.

가끔씩 우리는 죄를 깨닫고 다시 한 번 헌신하고 성령 충만한 삶에 대해 진지하게 생각한다. 하지만 대개는 잠시 그러다가 죄와 씨름하기에 지치고 승리는 환상에 불과하다면서 포기해 버린다. 나는 평생 물이 새는 바가지의 문제를 가지고 씨름했다. 주님의 놀라운 축복을 경험하고 주님과의 친밀한 관계에서 오는 기쁨에 감격하며 하나님께서 나의 삶을 인도하시는 것을 느끼는 시간이 있다. 그런데 그러다가 모든 것이 사라져 버린다. 나는 또한 영적으로 메마르고 씨름하는 계절을 겪었다. 나는 성경어 영적인 성숙과 능력 있는 증거, 그리고 내 삶의 수준을 넘어서는 거룩한 삶에 대해서 가르치고 있다는 것을 늘 알고 있었다. 하지만 어떻게 거기에 도달하고 계속해서 그런 깊은 주님과의 동행을 유지한단 말인가?

때로 우리는 성령의 능력을 경험하기를 원한다. 우리는 기적을 일으키는 능력에 대해서 노래를 하지만 그런 쪽으로 빠졌다는 비판을 들을까봐 겁을 내고 성경에서 성령 안에서 행하는 사람들에게 평상적으로 있는 일로 되어 있는 것들을 자기 것으로 삼기를 꺼린다. 나는 어떤 일이나 직책을 맡을 때마다 내가 얼마나 부적합한지를 느꼈고 하나님의 성령의 역사라고밖에는 설명할 수 없는 일이 일어나기를 간절히 기대해 왔다. 하나님의 축복임을 알고 있었지만 너무나 많은 경우, 나의 성공은 노력과 인격, 교회 프로그램을 지혜롭게 운영한 것으로 설명될 수 있었다. 사도행전 1장 8절 '오직 성령이 너희에게 임하시면'이라는 말씀을 읽을 때마다 나는 내 삶에는 왜 이런 증거가 없을까 의아해했다. 나는 성령님께서 내 안에 사신다는 것을 의심하지 않았지만 그러기에 성령께서 나를 온전히 다스리기를 원했다. 요한계시록 3장 8절 "볼지어다 내가 네 앞에 열린 문을 두었으되 능히 닫을 사람이 없으리라 내가 네 행위를 아노니 네가 작은 능력을 가지고서도 내 말을 지키며 내 이름을 배반하지 아니하였도다"라는 말씀을 볼 때 나는 "주님, 저는 하나님의 말씀을 따르고 하나님을 부인하지 않았습니다. 내 삶에 조금만이라도 능력이 있을 수 없을까요? 크고 기적적이고 놀라운 일들을 바라지는 않습니다. 제 삶에 하나님의 능력이 함께하신다는 증거, 거룩한 삶과 죄와 유혹에 대한 승리로 나타나는 하나님께 영광을 돌릴 수 있는 승리하는 삶을 살기를 바랍니다."

그런데 이것이 바로 영적인 전쟁이다. 이 전쟁은 현실이다. 우리에게는 적, 우리 삶에서 하나님의 영광을 빼앗아가고자 하는 원수가 있다. 그는 우리 삶에서 하나님이 그리스도 안에서 주신 능력과 온전한 축복을 빼앗아가고자 한다. 그는 우리를 속여서 씨름하게 하고 죄와의 싸움에서 패배하게 한다. 사탄은 우리를 미혹해서 우리 자신의 힘으로 하나님의 율법을 지키고 거룩한 삶을 살기 위해 헛되이 노력하게 만들며 우리가 이 전쟁에 패배해서 하나님을 수치스럽게 하고 사람들이 우리의 증언을 불신하게 할 때 환호한다.

모든 체육 교련들은 좋은 공격이 최상의 수비라고 말한다. 수비를 잘해서 상대방 팀이 득점을 못하게 할 수는 있지만 공격을 하지 않는다면 득점을 할 수 없고, 결국 이길 수 없다. 승리를 우리 것으로 하는 방법은 사탄의 공격을 막는 방어의 공식을 찾는 것이 아니다. 우리의 초점은 공격이 되어야 한다. 즉 이미 받은 승리를 우리 것으로 만들어 그 안에서 행하는 것이다. 영적인 전쟁에 관한 많은 책들이 사탄에 대한 과대망상을 불어넣고 사탄이 전능한 것처럼 두려워하게 만든다. 그에 대항한 우리의 소극적이고 마지못한 노력은 상대도 되지 않는 것 같다. 또 어떤 사람들은 말로 주문을 외우는 것 같은 공식을 가르친다. 우리는 승리를 이미 받았다. 그러나 우리가 하나님을 믿고 하나님과 동행하며 매일 성령님의 능력을 자기 것으로 만들 때만 이 승리가 현실이 된다.

어떤 사람들은 "그냥 예수님의 피를 외쳐라"든지 "예수님의 이름으로 사탄을 물리쳐라, 그러면 사탄은 도망갈 것이다"라고 말한다. 또 어떤 사람들은 "자녀들아 너희는 하나님께 속하였고 또 그들을 이기었나니 이는 너희 안에 계신 이가 세상에 있는 자보다 크심이라"(요일 4:4)는 말씀을 인용하여 이것이 사탄과의 모든 문제를 해결한다는 식으로 말한다. 물론 고백이 우리의 믿음을 확인하고 우리가 믿는 것에 힘을 준다는 점에서 이 모든 것에 타당성이 있다. 바울은 시편 116편 10절을 인용하면서 이렇게 말했다. "내가 믿었으므로 말하였다"(고후 4:13). 입으로 고백하는 것은 마음속에 있는 것에 대한 강한 확신을 반영하며 진리를 말로 하는 것은 그 진리를 믿고 현실로 만드는 우리의 믿음을 강화한다.

그러나 영적인 전쟁에서 승리하는 것은 단순히 말 몇 마디를 외운다고 해서 되는 것이 아니다. 이는 하나님과 우리와의 관계의 문제다. 왜냐하면 승리를 주는 것은 우리 삶 속에 거하시는 하나님의 능력과 임재이기 때문이다. 이 승리는 이미 확보된 것이고 우리에게 주어진 것이다. 또 다시 성령을 받아야 하는 것이 아니다. 성령님은 우리가 예수 그리스도를 구원자로 영접할 때 이미 우리 안에 들어오셔서 거하신다. 우리는 이미 받은 것을 어떻게 자기 것으로 만드는가만 배우면 된다. 우리가 교활하고 속임수를 잘 쓰고 보이지 않으며 비밀스럽게 일하는 적에 대항해서 확고히 서기를 기대하기는 어렵다. 하나님의 능력에 의해 우리는 승리를 우리 것으로 만들 수 있다. 하나님은 실패가 없으시기 때문이다!

앞에서 든 예들을 통해서 알 수 있듯이 그리스도와 동행하고 성령의 인도를 받는 훈련은 정말로 성령님을 바라고 바라는 데서 온다. 우리가 세상에서의 사탄의 활동과 악의 표현들을 볼 때 하나님께서는 우리에게 어떻게 대처해야 하는지 지혜와 분별을 주신다. 그러나 우리가 우리의 삶에서 승리를 누릴 때만 이를 받을 수 있다. 우리도 귀신 들린 사람을 만날 수 있다. 영적으로 눌리는 곳에 갈 수도 있다. 세계의 많은 지역의 사람들은 어둠의 세력에 묶여 있다. 사탄은 그들을 속여서 거짓된 것들을 믿고 따르게 만든다. 우리는 이런 사람들을 선교지뿐 아니라 미국내에서도 매일 마주친다. 하나님께로부터 오지 않고, 우리 주 예수 그리스도께 영광이 되지 않는 모든 것은, 철학이든 종교든, 생활방식, 정부의 정책, 태도나 행동이든 모두가 다 사탄에게 속한 것이다. 사탄의 가장 효과적인 속임수는 하나님에게도 사탄에게도 속하지 않은 도덕적인 중립지대가 있다고 믿게 하는 것이다.

세계 곳곳에서 나는 내가 설명할 수 없는 어둠의 세력들의 표현을 보아왔다. 예를 들면 브라만 승려들은 하얗게 불붙은 석탄 위를 걷는데 발에는 전혀 데인 흔적이 없다. 중동 지역에서 나는 어떤 이슬람 금욕파 수도자들이 춤을 추다가 무아경에 빠져 유리를 먹고 칼로 몸에 상처를 내도 피가 나거나 상처를 입지 않는 것을 보았다. 그러나 명백히 악귀가 들린 사람을 만났을 때 그 사람이 정말로 귀신이 들린 것인지 아니면 정신병에 걸린 것인지를 알아내는 것은 중요하지 않다. 그들이 악귀의 영향을 받은 것과 온전해져야 하는 것만은 분명하다. 우리가 그 증상을 확실히 알 수 없고 그 악귀의 이름을 모른다고 해서 우리의 간절한 기도를 하나님께서 외면하시겠는가? 믿음에 기초해서 능력을 구할 때 하나님께서 율법주의적인 태도를 취하시리라고는 생각하지 않는다. 하지만 우리가 전능하신 하나님의 도움을 구할 수 있는데도 그냥 항복해선 안 된다. 하나님께서는 이런 상황을 어떻게 대면해야 할지에 대해 지혜와 분별을 주실 수 있다. 그러나 우리 자신이 주님과 동행하는 삶 속에서 승리를 얻지 못했다면 이러한 사탄의 외적인 표현에 감히 맞서서는 안 된다. 그랬다가는 에베소의 스게와의 아들들처럼 된다. 스게와의 일곱 아들들이 바울을 흉내 내서 악귀를 쫓아내려고 하자 악귀가 그들에게 뛰어올라 눌러 이기면서 "내가 예수도 알고 바울도 알거니와 너희는 누구냐"(행 19:15)고 했다. 나는 이 사건에 대해서 여러 번 생각해 보았다. 내가 영적인 전쟁에서 적을 대면할 때 적은 나를 보는가, 아니면 내 안의 그리스도를 보는가? 그렇기 때문에 우리는 개인적으로 승리의 삶을 살아야 하며 매일매일 승리하여야만 한다.

우리 삶에서 예수님의 존재가 우리를 지켜주고 개인적인 공격을 막아준다. 신자는 악귀가 성령을 몰아내고 우리의 삶을 통제하는 식으로 악귀에게 사로잡힐 수 없다. 하지만 우리의 선택에 따라서, 즉 유혹에 넘어가거나 하나님의 뜻을 거부하거나 하나님의 말씀을 무시하는 선택을 할 때 우리는 사탄의 모든 사악함을 드러내는 삶을 살 수 있다. 그와 반대로 우리 안에 계시는 성령님께 민감하고 성령님의 뜻에 순종하는 것을 선택할 때 성령님으로 하여금 그 능력과 임재를 드러내시도록 할 수 있다.

> 자신의 내면의 삶 속에서 승리하지 못하면서 함부로 사탄의 외적인 공격에 맞서려고 해서는 안 된다.

나는 인도네시아에서 동역자들과 마을에서 마을로 다니며 기회가 될 때마다 설교와 전도활동을 한 적이 있다. 한 작은 장터에 들어섰는데 어떤 남자 주위에 사람들이 몰려 있었다. 그는 서커스, 마술사, 최면술사였는데 무언가 영적인 힘을 끌어들이고 있는 것이 분명했다. 그는 이상한 심리 현상을 이용한 속임수를 써서 사람들을 조작했다. 그는 작은 부적과 호신 장신구 같은 것을 팔면서 이것을 지니고 있으면 건강과 안전을 가져다준다고 확언을 했다. 그리고 가난하고 의지할 데 없는 사람들이 완전히 속아 넘어가서 그에게 돈을 주고 이것을 사고 있었다. 나는 구경꾼들 뒤에 서서 조용히 영적인 어둠과 거짓말에 대항하는 기도를 했다. 우리는 눈에 띄는 행동을 하지 않았다. 잠시 후 그 남자의 조수가 우리에게 오더니 "죄송하지만 좀 떠나주세요. 당신들은 그리스도인들이고 당신들이 여기 있어서 능력에 방해를 받고 있어요"라고 말하는 것이었다.

우리는 성령의 능력을 받았다. 우리와 자기중심적이고 세상적이고 하나님을 대적하는 어둠의 힘과는 큰 차이가 있다. 우리는 하나님의 종이고 그의 도구이며 이 세상에서 벌어지는 싸움에서 하나님의 나라와 하나님의 선하심과 하나님의 능력을 대표해야 한다. 승리하는 삶을 사는 것은 단순히 개인적으로 축복을 받기 위해서만이 아니라 세상에서 주 예수님을 대표하기 위해서 꼭 필요하다.

마귀와 이방 종교 예식과 관련된 물건들에 대해서 언급하지 않을 수 없다. 이런 물건들은 생명이 없는 나무나 돌이나 금속으로 된 것들로 영을 가질 수 없다. 서양의 이성주의적인 생각에 따라 이런 물건들의 의미를 무시할 수 있지만 성경은 이 물건들의 악귀와의 관련성에 대해서 가볍게 다루지 않는다. 우리는 영적인 세계에 대해서 상대적으로 무지하다는 것을 인정해야 한다. 그리스도인들이 이러한 물건들을 다루는 데 어떤 보장이 있다는 근거도 없다. 나는 아프리카에서 귀신이 들린 예식에 사용되는 기도 가면이나 불교에서 사용하는 전경기(기도나 명상 때 돌리는 바퀴 모양의 경전), 혹은 힌두교의 우상들을 집에 두고 있을 때 악몽을 꾸고 심리적으로 어지러움을 경험하다가 그것들을 없앤 뒤에 괜찮아졌다는 이야기를 여러 번 들었다. 나는 선교사 가정이나 혹은 진

열대에서 그런 것들을 보면 움찔한다. 뭔가 문화적인 것을 전시하고자 하는 의도였을 것이다. 하지만 설사 악귀의 영향이 없더라도 그런 물건들을 숭배하는 사람들 가운데 그런 것들을 전시하는 것은 좋은 증거가 될 수 없다.

구약에서 하나님께서는 그 백성을 거룩한 백성이 되라고 부르셨다는 것을 명백히 하셨다. 이는 그들이 이웃 민족들의 거짓 종교와 바알 숭배와 관련된 모든 것으로부터 분리돼야 한다는 것을 의미했다. 하나님께서는 이방 민족의 조각한 신상들과 우상들은 가증한 물건들로 파괴해야 한다고 말씀하셨다. 그것으로 말미암아 '올무에 걸리지' 않도록 집에 가지고 들어오지 말라고 하셨다. 하나님은 강력한 언어로 그것을 멀리하며 심히 미워하라고 하셨다(신 7:25-26). 하나님께서는 점을 치거나 귀신을 부르는 행위, 무당, 영매를 다 가증하다고 하셨다. 하나님의 백성은 절대로 그들과 상관을 해서는 안 된다고 하셨다. 바울의 사역을 보고 에베소의 마술하는 자들은 예수님을 믿고 자기의 마술 책들을 다 불살랐다(행 19:18-19). 하나님께서는 우리를 거룩한 백성으로 부르셨다. 나는 미신적이 되고 싶지 않고 그 인과관계에 대해 설명을 할 수는 없다. 그러나 우상 숭배와 관련된 물건들을 지니는 것이 사탄의 힘과 영향에 취약하게 만든다고 믿는다.

승리는 믿음의 기초 위에 세워진다

세상은 우리를 둘러싸고 육은 우리 안에 있고 마귀는 우리를 대적한다. 이 모든 것이 우리가 그리스도와 동행하는 데 실패하도록 음모를 꾸민다. 어떻게 해야 우리는 승리를 우리 것으로 하고 예수님께서 주신 모든 것을 현실로 만들 수 있는가? 승리의 기초는 믿음이다. 베드로전서 5장 9절은 우리의 적에 대해 이렇게 말한다. "너희는 믿음을 굳건하게 하여 그를 대적하라." 요한은 하나님을 믿는 믿음이 왜 승리의 근원인지를 이렇게 설명한다. "무릇 하나님께로부터 난 자마다 세상을 이기느니라 세상을 이기는 승리는 이것이니 우리의 믿음이니라"(요일 5:4-5).

믿음이란 무엇인가? 히브리서 11장 1절은 좋은 정의를 제공한다. "믿음은 바라는 것들의 실상이요 보이지 않는 것들의 증거니." 믿음은 우리가 느끼고 경험하는 것이 아니다. 믿음은 세상에서 보이는 환경처럼 눈에 보이는 것이 아니다. 믿음은 하나님을 믿는 것이고 우리가 보고 생각하는 것과 반대되는 하나님의 말씀을 믿는 것이다. 우리는 예수 그리스도를 믿음으로 그분을 우리의 구원자로 영접했다. 즉 그리스도의 십자가에서의 죽음과 부활이 우리의 죄의 대가를 치렀다는 하나님의 말씀을 믿은 것이다. 마찬가지로 믿음이란 죄와 마귀에 대한 실제적인 승리를 우리에게 주셨다는 하나님의 말씀을 그와 반대되는 모든 증거에도 불구하고 믿는 것이다. 능력으로 덧입는 것은 하나님의 약속을 믿음으로 이를 자기 것으로 함으로써 이루어진다.

많은 그리스도인들이 예수 그리스도를 구원자로 믿는 것에만 믿음을 적용한다. 그러나 하나님은 훨씬 더 많은 것을 말씀하셨다. 그것을 믿는가? 하나님께서 하신 말씀은 모두 진리임을 믿는가? 그렇다면 사탄이 우리를 속일 수 없을 것이다. 만약 믿지 않는다면 사탄은 쉽게 우리를 패배시킬 수 있다. 사탄은 우리 마음에 의심을 불어 넣어 하나님의 약속이 진실이 아니며 우리의 상황에는 적용되지 않는다고 믿게 한다. 그리고 우리로 하여금 교만한 변론에 가담해서 세상적인 가치를 가지고 말씀을 해석하고 우리 이성의 틀을 가지고 하나님의 말씀을 무시하게 한다. 또 성경과는 반대되는 말로 우리가 우리 권리에 초점을 맞추게 하고 세상적인 행동을 합리화하도록 교묘하게 설득한다.

예를 들어 예수님은 "평안을 너희에게 끼치노니 곧 나의 평안을 너희에게 주노라 내가 너희에게 주는 것은 세상이 주는 것과 같지 아니하니라 너희는 마음에 근심하지도 말고 두려워하지도 말라"(요 14:27)고 말씀하셨다. 우리는 이를 모든 상황에서 받아들이는가? 아니면 사탄이 우리 마음에 불안과 걱정을 일으키도록 허용하는가? 많은 그리스도인들이 걱정과 근심 가운데 산다. 하나님 말씀의 진실성을 의심하지는 않겠지만, 걱정은 하나님의 선하심과 섭리에 대한 확신이 부족한 것을 드러낸다. 걱정한다는 것은 우리가 하나님께 의지하지 않고, 하나님의 인도하심에 순종하는 마음으로 의지하지 않으며, 하나님께서 문제와 시련들을 통해서 우리를 인도하시도록 하지 않는다는 것을 의미한다.

우리 선교사들 중 많은 수가 우간다 북부처럼 전기나 수도, 의료 설비가 없는 곳에서 산다. 그들은 그리스도인들을 환영하지 않는, 전쟁 중인 이슬람교도들 사이에서 살고 있다. 때로 그들은 바로 앞에서 전투가 벌어질 때 집 바닥에 엎드려 밤을 새우기도 한다. 실제로 그 선교사들을 방문해서 아침을 먹는데 그 집 아들이 폭탄 껍질을 들고 와서 "우리 집 마당에 이게 떨어져 있었어요"라며 보여주었다. 당신은 이런 상황에서도 평안을 유지할 수 있는가? 예수님은 무어라고 말씀하셨는가?

몇 해 전 가자에 있는 독신 자매들로부터 전화가 왔다. 그녀의 목소리는 완전히 두려움에 차있었다. 이스라엘 군인들이 바로 옆집을 파괴하고 그들의 탱크가 자기 집을 둘러싸고 있다는 것이었다. "그들이 여기 미국 사람들이 사는 줄을 아나요?" 그녀가 물었다. 우리는 즉시 국무성에 있는 아는 사람에게 연락을 했다. 그들은 이스라엘 군대와 비상 연락망이 있었다. 잠시 후 그들은 이스라엘 군인이 그 집에 미국인들이 산다는 것을 알고 있으며 아무 일 없을 것이라고 알려왔다. 하지만 당신이 그 집 안에 있고 탱크와 박격포가 당신을 향하고 있다면 예수님이 주신 평화로 인해서 걱정이나 두려움이 없을 수 있겠는가?

모든 지각을 뛰어넘는 평화, 성경은 이런 놀라운 약속으로 가득하다. 우리는 이런 약속을 믿고 자기가 처한 상황에도 적용되는 말씀으로 받아들이는가? 그렇게 할 수 있는 유일한 길은 믿음을 통해서다. 하나님의 말씀과 그 신실하심에 대한 절대적인 믿음이다. 하나님께서 우리의 낡은 육적인 본성은 죽었고 우리에 대해 아무런 힘이 없다고 말씀하실 때, 하나님을 믿을 것인가, 믿지 않을 것인가? 하나님께서 당신에게 악한 자에 대한 권세를 우리에게 주셨다고 말씀하실 때 당신은 그분을 믿고 그 권세를 사용할 것인가? 믿음이 어떤 차이를 낳는지는 명백하다. 우리가 무언가를 믿는다면 우리는 그것에 근거해서 행동할 뿐 아니라 우리의 마음과 행동을 결정하고 어떤 상황에 대한 시각을 결정한다. 우리가 하나님의 말씀을 믿지 않으면 어떻게 될 것인가?

이사야 65장 2절은 이렇게 말한다. "내가 종일 손을 펴서 자기 생각을 따라 옳지 않은 길을 걸어가는 패역한 백성들을 불렀나니." 우리가 사탄의 거짓말과 속임수에 그렇게 잘 속아 넘어가는 이유는 우리 자신의 생각과 판단을 따를 뿐 아니라 교만하게도 그것을 고집하기 때문이다. 잠언 3장 5절은 이렇게 말한다. "너는 마음을 다하여 여호와를 신뢰하고 네 명철을 의지하지 말라." 사탄으로 하여금 당신 자신의 명철을 의지하도록 유혹하게 놔두지 말라. 당신은 현명하고 교육받은 사람일지 모르지만 하나님의 시각에서 보고 이해할 능력이 없다. 하나님은 우리에게 영감으로 쓰인 말씀을 주셨다. "모든 성경은 하나님의 감동으로 된 것으로 교훈과 책망과 바르게 함과 의로 교육하기에 유익하니" (딤후 3:16).

바울은 디모데에게 이렇게 말한다. "이 교훈의 목적은 청결한 마음과 선한 양심과 거짓이 없는 믿음에서 나오는 사랑이거늘"(딤전 1:5). 그리스도인의 삶의 성공은 단순히 행동의 문제가 아니라 하나님을 믿고 따르는 진정한 믿음의 문제다. 바울은 '그 믿음에 관하여는 파선' 한 자들에 관해 말하면서 그 결과 이들을 사탄에게 내주었다고 말한다(딤전 1:19-20).

하나님의 말씀을 믿지 않는 결과가 무엇인지 상기시켜 주는 강력한 권고의 말씀이다. 우리가 믿지 않는다면 어떻게 될 것인가? 우리가 사탄을 하나님의 말씀에 대한 믿음으로 대항하지 않을 때 사탄은 우리의 마음과 생각을 자유롭게 다스리게 된다.

많은 그리스도인들이 믿음이 자라고 더 성공적인 그리스도인이 되기를 원한다. 그러나 평생 숱한 공식과 프로그램을 시도하면서 헛되이 노력한다. 수십 권의 책을 읽지만 성령 충만한 사람이 되지 못하고 죄에 대한 승리를 얻지 못한다. 그러나 이 전쟁에는 오로지 하나님의 말씀을 믿고 따르는 것만이 필요하다. 성경을 단순히 믿는 것은 합리적이고 포스트모던적인 현대사회에서는 어리석은 일이다. 그러나 그것이 바로 믿음이 뜻하는 모든 것이다. 하나님의 말씀을 현실로 받아들이는 것이다. 그래서 고린도후서 10장 4~5절 말씀이 중요한 것이다. "우리의 싸우는 무기는 육신에 속한 것이 아니요 오직 어떤 견고한 진도 무너뜨리는 하나님의 능력이라 모든 이론을 무너뜨리며 하나님 아는 것을 대적하여 높아진 것을 다 무너뜨리고 모든 생각을 사로잡아 그리스도에게 복종하게 하니."

그래서 바울은 디모데에게 하나님의 말씀을 선포하라고 한 것이다. 우리는 자신의 욕망을 따르고 세상적인 생각을 합리화하기 위해서 성경 말씀에 위배되는 것을 믿는 경향이 있다.

너는 말씀을 전파하라 때를 얻든지 못 얻든지 항상 힘쓰라 범사에 오래 참음과

> 가르침으로 경책하며 경계하며 권하라 때가 이르리니 사람들이 바른 교훈을 받지 아니하며 귀가 가려워서 자기의 사욕을 따를 스승을 많이 두고 또 그 귀를 진리에서 돌이켜 허탄한 이야기를 따르리라(딤후 4:2-4).

믿음이 영적인 전쟁에서 승리하는 열쇠라면 어떻게 믿음을 얻을 것인가? 어떻게 믿음이 성장하고 강해져서 승리를 얻을 수 있는가? 로마서 10장 17절이 해답을 제공한다. "그러므로 믿음은 들음에서 나며 들음은 그리스도의 말씀으로 말미암았느니라." 그렇다면 당신은 하나님의 말씀을 듣는 데 얼마나 많은 시간을 들이는가? 하나님의 말씀을 읽고 공부하고 묵상하는 데 얼마나 많은 시간을 들이는가? 이에 비해 세속적인 책들을 읽고, 텔레비전과 컴퓨터를 통해서 세상의 소리를 듣는 데 얼마나 많은 시간을 들이는가? 우리의 행동과 믿음은 우리의 가치관에 의해 결정되고 우리의 가치관은 우리 마음에 무엇을 먹이는가에 달려 있다. 믿음의 근원인 성경이 우리의 뇌에 아주 적은 양의 정보밖에 들어가지 않는데 어떻게 믿음이 강하게 자라기를 바랄 수 있는가?

우리는 여가시간도 하나님을 영광스럽게 하는 방식으로 보내야 한다. 하나님의 말씀을 모르고서는 하나님의 말씀을 우리 삶에 적용하고 유혹을 당할 때 하나님의 힘을 얻어 승리할 수 없다. 하나님 말씀에 나와 있는 경고에도 주의를 기울이지 않는데 사탄에게 어떻게 대항할 수 있겠는가? 대다수의 그리스도인들이 성경을 매일 몇 구절 읽는 데서 그치고 매일매일 생존하고 살아남는 데 절대적으로 필요한 것처럼 말씀을 먹지 않는다. 성경을 읽는 것은 우리의 믿음에 양식을 공급하는 것이다. 진리 되신 말씀을 더 많이 읽고 더 알게 될수록 말씀이 더욱더 우리 삶과 우리 생각의 일부가 된다.

나는 어릴 때부터 매일 성경을 읽는 훈련을 해왔다. 그러나 양식을 먹는 자세로 읽는다기 보다는 형식적으로 한 적이 많았던 것을 인정하지 않을 수 없다. 바쁜 날은 '하나님과의 7분'이라는 팸플릿에서 본 공식을 따라 하곤 했다. 3분 동안 성경을 읽은 후 ACTS 공식에 따라 기도하는 것이다. 즉 찬양Adoration, 고백Confession, 감사Thanksgiving, 간구Supplications를 한다. 그러나 하나님과 7분을 보내는 것으로는 믿음이 성장할 수 없다.

> 승리하는 삶으로 인도하는 믿음은 기도와 말씀, 즉 하나님과 함께 보낸 시간으로부터 온다.

하나님께서는 1980년대에 나의 마음을 더욱 하나님께로 인도하셨다. 당시 나는 일본 교회성장 전략을 연구하는 과제를 맡았다. 남침례교단은 오랫동안 일본에 많은 선교사를 보냈지만 성과는 미미했다. 일본 문화는 복음을 잘 받아들이지 않았고 높은 물가로 인해 비용도 엄청났다. 우리는 2년 동안 깊이 있는 연구와 인터뷰를 통해서 효과적인 전도와 교회성장의 방법을 모색하기로 했다. 그러나 연구를 할수록 낙심이 되었다. 목사들과 선교사들과 면접을 했는데 하나같이 일본 사람들은 전도하기 어렵다는 생각을 하고 있었다. "일본 남자들은 기독교에 마음이 열려 있지 않아요. 뭔가 하려고 해도 예산이 부족해요." 일부는 교회개척에 평생을 보냈지만 교인은 몇 명 되지 않고 그나마 있는 사람도 믿음은 잘 자라지 않았다. 낙관주의와 비전은 전혀 찾아볼 수 없었다.

그러던 중 첫 임기를 맡은 한 젊은 선교사와 인터뷰를 하게 되었다. 놀랍게도 그는 이미 120명의 새신자에게 침(세)례를 주었다. 그중에는 남자들도 많이 있으며 아무런 후원도 받지 않고 다른 교회를 시작하고 있었다. 우리는 노트를 꺼내면서 "좋아요. 자, 어떻게 했는지 차례차례 이야기해주세요"라고 말했다. 우리는 '드디어 일본 교회성장의 열쇠를 찾았나보다' 라고 생각하며 흥분했다. 그런데 그가 말을 시작하기 전에 그 아내가 이렇게 말했다. "첫째로 우리 남편은 매일 새벽 다섯 시에 일어나서 한 시간씩 기도해요."

우리는 노트를 다시 집어넣었다. 나도 기도에 관한 책들을 읽었고 주님의 말씀을 읽으며 주님과 시간을 보내는 것이 우리의 능력과 가진 것을 넘어서서 쓰임을 받는 데 꼭 필요하다는 것을 알고 있었다. 그 인상 깊은 순간을 돌이켜 볼 때 일본선교 전략연구보다 하나님께서 나를 깨우치고자 하시려는 마음이 더 중요했던 것 같다. 나는 하나님의 사역에서 중요한 역할을 하기 위해서는 하나님과 시간을 보내야 한다는 확신을 갖게 되었다. 하나님께서 내게 능력을 주시고 나의 사역을 축복하시기를 원한다면 그 대가를 기꺼이 치러야 한다. 매일 계속해서 나는 삶 속에서 하나님의 임재를 의식하는 연습을 해야 한다.

나는 아침형 인간이 아니지만 예수님은 아침형이시라는 것을 알게 되었다! 바쁜 일정으로 마음이 분주하기 전에 하나님을 만나기 위해서는 일찍 일어나야 했다. 복음서를 보면 예수님께서 아직 어두울 때 일어나셔서 아버지를 만나시고 그 뜻을 알고 사역을 위한 힘을 얻으셨음을 알 수 있다. 우리의 구주이신 주님이 필수적이라고 생각하신 일들을 게을리 하면서 어떻게 하나님을 위해서 살고 적의 교활한 공격을 막을 수 있는 힘을 얻을 수 있다고 생각할 수 있겠는가.

나는 아침 6시에 일어나서 30분간 성경을 읽고 기도하기 시작했다. 그러나 30분은 기도제목을 한 번 훑기에도 부족했다. 그래서 나는 5시 30분에 일어나기 시작했다. 말씀에 더 많은 시간을 들이자 하나님께서 자신을 드러내시기 시작했고 시간이 너무 빨리 지나갔다. 너무나 축복된 시간이었기 때문에 기도를 마칠 시간이 되면 너무나 아쉬움이 컸다. 그래서 결국 5시에 일어나다가 4시 반에 일어나기 시작했다. 하나님의 말씀이 살아났다. 매일 아침 아버지와의 친밀한 교제의 시간을 누렸고 하루 종일 아버지의 존재를 느낄 수 있었다. 나의 간증은 모든 사람이 다 따라할 필요가 있는 것은 아니다. 하지만 하나님의 말씀을 게을리 하고는 사탄의 공격을 감지하고, 적이 우리 마음에 불어넣는 의심을 물리치고 마음이 분산되지 않을 수 있는 강한 믿음을 가질 수 있으리라는 기대는 할 수 없다. 말씀은 믿음의 근원이고 믿음은 곧 승리다. 예수님은 '하나님의 말씀을 듣고 지키는 자가 복이 있다' 고 하셨다(눅 11:28).

히브리서는 약속된 땅에 들어가지 않고, 따라서 하나님의 안식과 축복과 번영의 삶을 놓쳐버린 믿음 없는 이스라엘 민족의 경험을 돌이켜 보면서 그들이 하나님의 말씀을 분명히 들었지만 "그 말씀이 그들에게 유익하지 못한 것은 듣는 자가 믿음과 결부시키지 아니함이라"(히 4:2)고 말한다. 그들은 '믿지 아니하므로 능히 들어가지 못한' 것이다(히 3:19). 마찬가지로 우리도 하나님의 말씀을 믿지 않으면 하나님이 주신 승리에 들어갈 수 없다. 히브리서의 경고는 우리에게도 해당된다. "형제들아 너희는 삼가 혹 너희 중에 누가 믿지 아니하는 악한 마음을 품고 살아 계신 하나님에게서 떨어질까 조심할 것이요 오직 오늘이라 일컫는 동안에 매일 피차 권면하여 너희 중에 누구든지 죄의 유혹으로 완고하게 되지 않도록 하라 우리가 시작할 때에 확신한 것을 끝까지 견고히 잡고 있으면 그리스도와 함께 참여한 자가 되리라"(히 3:12-14). 우리는 오직 믿음을 통해서만 우리가 그리스도 안에서 소유한 모든 것들을 견고히 잡을 수 있다.

바울은 전도의 성공을 주의 말씀에 돌린다. "주의 말씀이 힘이 있어 흥왕하여 세력을 얻으니라"(행 19:20). 우리 사회의 문제, 사탄의 영향이 이렇게 널리 퍼져 있는 이유 중 하나는 아모스 선지자의 말로 설명할 수 있을 것이다. "보라 날이 이를지라 내가 기근을 땅에 보내리니 양식이 없어 주림이 아니며 물이 없어 갈함이 아니요 여호와의 말씀을 듣지 못한 기갈이라"(암 8:11). 우리 사회는 하나님의 말씀을 듣지 않는다. 그러나 우리 자신의 삶은 어떤가? 하나님의 말씀을 듣기 게을리 하는 기근이 있는가? 우리는 얼마나 하나님과 말씀의 시간을 보내는가? 성경이 지루하고 재미없게 느껴지는가? 우리의 삶과는 아무런 관계가 없다고 생각되는가? 이것이야말로 우리가 죄에 대해 대항할 힘이 없고 승리하지 못하는 이유다.

믿음은 사탄의 유혹과 세상적인 가치관에 대항하는 기초이며 이는 하나님과 말씀으로부터 온다. 요한은 청년들에게 이렇게 권고한다. "내가 너희에게 쓴 것은 너희가 강하고 하나님의 말씀이 너희 안에 거하시며 너희가 흉악한 자를 이기었음이라"(요일 2:14). 하나님의 말씀이 우리 안에 거하실 때 우리는 악한 자를 이길 수 있다.

마음을 새롭게 함

하나님의 말씀을 믿는 믿음이 있다면 다음 단계는 마음을 새롭게 하는 것이다. 성경은 이것에 관해 여러 번 말한다. "그러므로 형제들아 내가 하나님의 모든 자비하심으로 너희를 권하노니 너희 몸을 하나님이 기뻐하시는 거룩한 산 제물로 드리라 이는 너희가 드릴 영적 예배니라 너희는 이 세대를 본받지 말고 오직 마음을 새롭게 함으로 변화를 받아 하나님의 선하시고 기뻐하시고 온전하신 뜻이 무엇인지 분별하도록 하라"(롬 12:1-2). 사탄은 우리가 세상에 맞춰 살게 하려고 애쓴다. 세상은 우리를 온통 둘러싸고 있다. 우리는 시시각각 세상적인 가치를 받아들이라는 압력을 받는다. 어떻게 세상에 동화되지 않고 그 미묘한 유혹을 맞설 수 있을까? 우리를 얽어매는 죄의 힘과 유혹은 압도적이다. 기드온의 3백 명도 이 엄청난 세상과 맞선, 우리보다는 그 수가 많게 느껴진다.

죄 된 세상에 동화되지 않는 유일한 방법은 변화되는 것이다. 이러한 변화는 끊임없이 생각을 새롭게 함으로써 일어난다. 우리의 생각은 우리가 세상을 어떻게 보는지, 어떻게 생각하고 감지하는지를 반영한다. 이것이 바로 우리가 선택을 하는 영역이다. 마음을 새롭게 하는 것은 의식적으로 하나님을 믿는 것을 선택하고 세상 것들이 아니라 하나님의 말씀 위에 서기를 선택하는 것이다.

우리는 이미 우리 생각 속에서 일어나는 영과 육간의 전쟁의 중요성을 살펴보았다. 성경은 우리에게 우리가 더럽혀지는 것은 바로 우리의 마음이 더럽혀지는 것이라고 말한다. 죄의 씨는 마음에 뿌려진다. 정욕과 죄 된 욕망은 생각에서 비롯된다. 노아 시대에도 그러했다. "여호와께서 사람의 죄악이 세상에 가득함과 그의 마음으로 생각하는 모든 계획이 항상 악할 뿐임을 보시고"(창 6:5). 그렇기 때문에 승리는 마음과 선택을 새롭게 함으로써 시작되어야 한다.

다윗의 고백도 이러한 현실을 반영한다. 다윗은 명백한 육의 죄인 간음을 저질렀다. 그러나 그는 "하나님이여 내 속에 정한 마음을 창조하시고 내 안에 정직한(견고한) 영을 새롭게 하소서"(시 51:10)라고 기도한다. 다윗은 이것이 자기의 문제임을 알고 있었다. 죄 된 행동은 깨끗하지 못한 마음에서 나온다. 그가 패배한 이유는 하나님과의 관계에서 견고하지 못했고 거룩함과 순종이 부족했기 때문이다. 그는 구원의 기쁨을 잃었고 하나님과 분리되었다고 느꼈다. 그래서 더이상 자기 백성을 영적으로 지도할 수가 없었다. 그 자신의 마음 문제 때문이었다.

마음을 새롭게 하는 것은 무언가를 향해 새롭게 하는 계속적인 과정이다. 단지 한 번 죄에 맞서는 결정을 한다고 되는 것이 아니라 매일 하나님을 믿고 성령의 인도를 따르는 의도적인 선택을 하는 것이다. 누가복음에는 예수님께서 말씀하신 더러운 영들을 깨끗이 청소한 집의 비유가 나온다. 그 집이 비었기 때문에 악한 영들이 더 많이 들어왔다. "더러운 귀신이 사람에게서 나갔을 때에 물 없는 곳으로 다니며 쉬기를 구하되 얻지 못하고 이에 이르되 내가 나온 내 집으로 돌아가리라 하고 가서 보니 그 집이 청소되고 수리되었거늘 이에 가서 저보다 더 악한 귀신 일곱을 데리고 들어가서 거하니 그 사람의 나중 형편이 전보다 더 심하게 되느니라"(눅 11:24-26).

하나님께 헌신

설사 우리가 사탄의 공격을 바로바로 깨닫고 의식적으로 죄를 물리치더라도 마음이 계속해서 하나님과 하나님의 주권에 대한 헌신으로 새롭게 되지 않으면 곧 취약해진다. 우리 안에 계신 성령님께 계속해서 순종하고 성령님의 인도를 따르지 않으면 영적 전쟁에서 결코 승리할 수 없다. 세상을 따라 살면서 동화되지 않고 하나님의 말씀에 초점을 맞추어야 한다. 진리 되신 하나님의 말씀이 승리의 기초임을 믿어야 한다. 하나님의 말씀을 우리 마음에 먹여야 한다.

야고보서 4장 7절은 이렇게 말한다. "그런즉 너희는 하나님께 복종할지어다 마귀를 대적하라 그리하면 너희를 피하리라." 이것이 영적인 전쟁의 순서다. 하나님께 순종하지 않고 마귀의 교묘한 유혹과 영향력을 물리칠 수 있다고 생각해선 안 된다. 즉 하나님께 헌신하고 우리 삶에서 하나님의 임재와 그 능력이 드러나도록 헌신해야 한다. 영적 전쟁에 승리하는 것이 우리 스스로의 힘으로는 불가능하다는 것을 인정하는 것이 중요하다. 우리 힘으로는 마귀를 물리치는 것은 물론이고 그 교묘한 공격을 알아채는 것조차 불가능하다. 그렇기 때문에 계속해서 그리스도께 복종해야 한다. 우리가 그리스도 안에 거하고 그리스도께서 우리 안에 계실 때 사탄은 우리가 선택하지 않는 것을 하도록 만들 능력이 없다.

그리스도께 헌신하기 위해서는 어떻게 주님께 영광을 돌릴 것인가에 맞춰서 모든 결정을 내리도록 우리 생각을 훈련해야 한다. 흔히 말하는 "예수님이라면 어떻게 하실까?"라는 질문을 하는 것이다. 그리스도의 형상에 합당한 생각과 행동이 무엇인

> 사탄이 우리를 속이는 것은 우리 마음을 통해서다. 따라서 하나님과 진리 되신 하나님의 말씀에 순종하며 마음을 새롭게 하는 것이 핵심이다.

가? 우리 마음을 새롭게 할 때 예수님이라면 하지 않을 행동이 분명해진다. 예수님이라면 사랑하는 사람에게 상처가 되는 심한 말을 하지 않으실 것이다. 예수님은 탐욕이나 자기중심적인 욕망을 채우려는 생각을 품지 않을 것이다. 예수님은 남을 학대하거나 배신하지 않으실 것이다. 당신의 삶에서 예수님과 같지 않은 것이 무엇인가? 마음을 새롭게 하여 하나님께 복종함으로 예수님의 성품을 따르라. 성령의 인도하심

을 따르려는 단순하고 의식적인 결단으로부터 승리의 능력이 온다.

사탄은 우리로 하여금 우리 자신, 우리 자신의 필요, 우리 자신의 안락, 그리고 세상적인 것들을 생각하도록 우리 마음에 접근한다. 그러나 우리가 마음을 새롭게 할 때, 즉 의식적으로 하나님께 순종하고 하나님께 초점을 맞출 때 그분은 우리를 다스리신다. 그리스도 안에 거하는 것이 현실이 된다. 우리가 마음을 새롭게 하지 않을 때 마귀의 공격에 취약해진다. 사탄은 은밀하고 교묘하게 일한다. 그래서 우리는 우리의 생각과 태도와 감정이 공격을 당하고 있다는 사실을 즉각적으로 눈치 채지 못한다. 안다면 저항할 것이다. 그러나 사탄은 우리가 쉽게 알아챌 수 있는 방법을 쓰지 않고 우리의 주의를 분산시킨다든지 그리스도가 아닌 것에 신경을 쓰게 한다든지 해서 잘못된 방향으로 빗나가게 한다.

C. S. 루이스는 「스크루테이프의 편지」에서 "이 세상에는 중립지대란 없다. 모든 땅과 모든 시간은 하나님의 것인데, 사탄이 하나님께 대적해서 자기 것으로 삼으려고 하는 전쟁터다"라고 했다. 한번은 이를 선교사들과 같이 나누는 중에 한 자매가 "맞아요!"라고 자기도 모르게 탄식을 했다. 자기가 갑자기 내 말에 끼어든 것에 스스로 당황하며 그녀는 이렇게 말했다. "그게 바로 제 문제예요. 저는 대부분의 경우 중립지대에 있어요. 사탄에 속한 것들을 따르기를 선택하는 것은 아니고, 그렇다고 세상의 방식대로 살기를 원하는 것도 아니에요. 하지만 의식적으로 하나님께 순종하고 하나님을 따르기를 선택하지는 않아요." 그녀는 우리의 마음이 중립적일 때 사탄에게 공격받기 쉽다는 것을 깨달

게 되었다. 우리는 우리 마음을 하나님의 생각과 진리로 채워야 하고 의식적으로 하나님께 헌신해야 한다.[9]

스콧 펙Scott Peck은 정신분석학자로서 인생의 후반에 구원을 받고 「아직도 가야 할 길」The Road Less Traveled[10]을 비롯해서 몇 권의 책을 썼다. 그의 생각에 모두 다 동의하는 것은 아니지만 그에게는 심리적으로 문제가 있는 사람들을 많이 다루어온 사람으로서의 독특한 통찰이 있다. 「거짓에 속한 사람들」The People of The Lie이라는 책에서 그는 이렇게 썼다. "세상에는 오직 두 가지 상태의 존재가 있다. 하나는 하나님께 복종하는 삶이고 다른 하나는 자기 자신의 의지를 넘어서는 어떤 것에도 복종하기를 거부하는 것이다. 후자는 악의 세력의 노예가 된다."[11] 나는 이 말에 완전히 동의한다. 우리 사회의 대다수의 선량한 사람들이 도덕적으로 중립적이라는 생각은 거짓이다. 많은 비그리스도인들이 이 사회의 기준과 도덕규범으로 보면 선량한 사람으로 보인다. 그러나 그리스도의 주권에 복종하지 않는 사람에게 유일한 대안은 자기 자신을 위해서 사는 것이다. 자기 삶의 주인이 되기를 선택하면, 설사 그 선택이 수동적이라 해도 악의 노예가 되고 만다. 부도덕한 삶이라는 기준에서 악하다는 것이 아니라 그리스도께 순종하는 것이 악에 대항하는 유일한 요새라는 것이다.

성경은 마음을 새롭게 하는 것이 우리가 해야 할 일이라는 것을 분명히 말씀하고 있다. "너희는 유혹의 욕심을 따라 썩어져 가는 구습을 따르는 옛 사람을 벗어 버리고 오직 너희의 심령이 새롭게 되어 하나님을 따라 의와 진리의 거룩함으로 지으심을 받은 새 사람을 입으라"(엡 4:22-24). 우리는 계속해서 옛 본성, 육을 거부하고 부인함으로써 벗어버려야 한다. 우리는 그것을 인정하기를 거부하고 그것에 설 자리를 주지 말아야 한다. 어떻게 새 사람을 입고 하나님을 본받고 그리스도를 닮은 삶을 살 수 있는가? 우리 마음을 새롭게 함으로써 죄 된 옛 본성을 거부하고 그리스도의 눈으로 삶을 바라보는 선택을 통해서다. 마음을 새롭게 하는 것은 앞에서 말한 승리를 쟁취하기 위한 순서에 완전히 합치한다. 매일 하나님의 말씀을 먹고 하나님의 진리에 대한 믿음을 강화하지 않고는 마음을 새롭게 할 수 없다. 그럴 때만 하나님의 진리에 상반되는 것들을 분별하고 알아 볼 수 있다.

헌신
마음을 새롭게 함
믿음

내가 육적인 삶이 노골적으로 죄에 빠진 삶이라기보다는 자기중심적인 삶을 말한다는 것을 강조하자 어떤 사람이 이렇게 말했다. 육flesh이라는 단어에서 h를 빼고 거꾸로 쓰면 자아self라는 글자가 된다는 것이다. 성경에서 육이라는 말을 볼 때마다 자아를 생각하게 해주는 좋은 방법이다. 그리스도를 영광되게 하지 않고 자기에게 초점을 맞추는 것, 자기를 위해 살고, 자기를 높이고, 이기적인 욕망을 채우는 것이 육의 본성이다.

앞에서 말했듯이 최선의 방어는 공격이다. 하나님께 복종하고 하나님의 말씀을 먹고 하나님의 진리를 자기 것으로 만듦으로써 우리의 믿음을 강화하고 하나님을 영광되게 하는 일들에 매일 새롭게 헌신할 수 있다. 골로새서 3장 2절은 이렇게 말한다. "위의 것을 생각하고 땅의 것을 생각하지 말라." "끝으로 형제들아 무엇에든지 참되며 무엇에든지 경건하며 무엇에든지 옳으며 무엇에든지 정결하며 무엇에든지 사랑 받을 만하며 무엇에든지 칭찬 받을 만하며 무슨 덕이 있든지 무슨 기림이 있든지 이것들을 생각하라"(빌 4:8). 사탄이 주는 생각을 거부하는 가장 좋은 방법은 하나님의 말씀을 생각하는 것이다. 이것이 바로 마음을 새롭게 하는 것이다.

CHAPTER 10

하나님의 영광을 위한 궁극적인 승리

> 이제 우리 하나님의
> 구원과 능력과 나라와
> 또 그의 그리스도의 권세가 나타났으니
> 우리 형제들을 참소하던 자
> 곧 우리 하나님 앞에서
> 밤낮 참소하던 자가 쫓겨났고
> 또 우리 형제들이 어린 양의 피와
> 자기들이 증언하는 말씀으로써
> 그를 이겼으니 그들은 죽기까지
> 자기들의 생명을 아끼지 아니하였도다
>
> _요한계시록 12:10-11

영적 전쟁에서의 승리의 단계가 반드시 점진적으로만 나아갈 수 있거나 순서가 있는 것은 아니다. 모두가 다 그 자체로 하나님을 영광스럽게 하는 삶의 필수적이고 합당한 요소들이다. 그러나 그것들이 어떻게 서로 관련되어 있고 승리의 기초로 서로를 강화하는지를 살펴보는 것은 도움이 된다. 우리가 하나님과 하나님의 말씀을 믿는 믿음의 기초에 서서 끊임없이 우리 마음을 하나님께 대한 헌신으로 새롭게 할 때 그 결과는 순종, 혹은 성경이 말하는 의다. 이렇게 하나님과 올바른 관계 안에서 살고 하나님의 뜻을 행하고 의롭고 거룩한 삶을 사는 것이 하나님을 영광되게 한다. 이것이 하나님의 법을 성취하는 삶이다. 그러나 우리 자신의 노력과 능력으로 되는 것이 아니라 하나님께 순종하고 그리스도의 삶을 본받고 성령의 인도를 받아야 한다.

　우리는 어떻게 의로운 삶, 순종하는 삶을 살 수 있는가? "자녀들아 아무도 너희를 미혹하지 못하게 하라 의를 행하는 자는 그의 의로우심과 같이 의롭고 죄를 짓는 자는 마귀에게 속하나니 마귀는 처음부터 범죄함이라 하나님의 아들이 나타나신 것은 마귀의 일을 멸하려 하심이라"(요일 3:7-8). 자기중심적인 욕망을 충족시키는 죄에 빠진 삶을 계속하는 데 대해 어떤 변명도 있을 수 없다. 마음을 새롭게 하여 우리를 의롭게 하시는 하나님께 순종할 때 우리는 하나님의 뜻에 합당한 거룩한 삶을 살 수 있다.

요한일서 5장 18절은 우리가 마귀에 대한 승리를 이미 받았다는 것을 확인해 주는 놀라운 약속의 말씀이다. 우리는 육신의 정욕에 항복하고 세상의 방식을 따르도록 인도하는 마귀의 속임수를 분별하고 물리칠 수 있다. "하나님께로부터 난 자는 다 범죄하지 아니하는 줄을 우리가 아노라 하나님께로부터 나신 자가 그를 지키시매 악한 자가 그를 만지지도 못하느니라." 하나님께서는 우리가 하나님께로부터 나면 마귀가 우리를 건드리지도 못한다고 말씀하셨다. 마귀는 우리 삶에 대해서 아무런 능력이나 권리나 소유권이 없다. 마귀가 그렇게 한다는 것은 우리가 그의 거짓말을 받아들이고 그가 갖지 않은 능력을 그에게 주는 것이다.

우리는 하나님께 속한 것과 하나님을 기쁘시게 하는 것, 그렇지 않은 것의 차이를 안다. 우리는 하나님께 영광이 되지 않는 것들은 마귀로부터 온다는 것을 즉각 알아채야 한다. 우리 안에 사시는 성령께서 우리를 인도하시고 깨우쳐 주신다. 단순히 옳고 그른 일을 행하는 것의 문제가 아니다. 문제는 많은 신자들이 자기 힘으로 순종하려고 한다는 데 있다. 하나님께서는 우리가 옳은 것을 행하고 그른 것을 피하기 위해서 씨름하기를 원하신다. 우리의 제자도 훈련은 대개 어떻게 순종적인 그리스도인이 되어서 의로운 삶을 살 것인지 배우고 연구하고 훈련하는 것으로 시작한다. 하지만 우리 자신의 노력으로 순종하려는 것은 헛된 일이다. 순종은 믿음의 기초 위에서 시작해야 한다. 즉 하나님의 말씀의 진리와 약속을 믿는 것이다. 그렇게 되면 계속해서 우리 마음을 새롭게 하고 우리의 생각을 진리에 맞추고자 하는 끊임없는 헌신이 생겨난다. 이렇게 마음을 새롭게 할 때 우리는 자신이 무력하고 부적합하다는 것을 깨닫게 된다. 승리는 예수 그리스도께 복종할 때 얻을 수 있다.

많은 사람들이 승리하는 삶을 살지 못하는 이유는 그들의 노력이 믿음의 기초 위에서 마음을 새롭게 하고 성령의 인도하심에 온전히 따르는 데 기초하지 않기 때문이다. 바울은 갈라디아 교인들의 삶에서 이것이 문제임을 보았다. "어리석도다 갈라디아 사람들아 예수 그리스도께서 십자가에 못 박히신 것이 너희 눈 앞에 밝히 보이거늘 누가 너희를 꾀더냐 내가 너희에게서 다만 이것을 알려 하노니 너희가 성령을 받은 것이 율법의 행위로냐 혹은 듣고 믿음으로냐"(갈 3:1-2). 답은 명백하다. 그들은 믿음으로 성령을 받았으며 자신의 행위나 율법을 통해서 받지 않았다. 바울은 이어서 이렇게 말한다. "너희가 이같이 어리석으냐? 성령으로 시작하였다가 이제는 육체로 마치겠느냐?"

이것이 사탄의 가장 효과적인 속임수다. 그렇다. 우리는 구원을 받았다. 우리는 오직 믿음으로, 예수 그리스도를 영접함으로써 하나님의 은혜를 믿음으로 새 생명을 얻었다. 그러나 이제 우리는 순종하는 의로운 삶 역시 하나님의 은혜로 믿음을 통해서 온다는 사실을 깨닫지 못하고 우리 자신의 힘으로 그리스도인의 삶을 살려고 한다. 갈라디아 교인들처럼 우리도 어리석게 우리 자신의 능력으로 승리를 거두려고 애쓴다. 사탄이 우리에게 그리스도인이 되는 것은 믿음을 통해서지만 그리스도인으로 사는 것은 우리 자신의 행위를 통해서라고 속인 것은 아닌가? 우리는 하나님께 복종함으로써만 마귀와 그 속임수를 물리칠 수 있다. 하나님을 영광되게 하는 순종은 우리 자신의 노력을 통해서가 아니라 하나님께로부터 온다.

에베소서 6장 10절 이하의 말씀은 영적 전쟁에 관한 가장 잘 알려진 말씀이다. 이 말씀은 우리에게 하나님이 주신 보호 장비를 입고 굳게 서서 마귀를 대적하여 승리하라고 말씀한다.

> 끝으로 너희가 주 안에서와 그 힘의 능력으로 강건하여지고 마귀의 간계를 능히 대적하기 위하여 하나님의 전신 갑주를 입으라 우리의 씨름은 혈과 육을 상대하는 것이 아니요 통치자들과 권세들과 이 어둠의 세상 주관자들과 하늘에 있는 악의 영들을 상대함이라 그러므로 하나님의 전신 갑주를 취하라 이는 악한 날에 너희가 능히 대적하고 모든 일을 행한 후에 서기 위함이라(엡 6:10-13).

싱가포르에 살 때 다니던 작은 교회에서 내게 수련회에서 성경공부를 인도해 달라는 부탁을 한 적이 있었다. 당시 하나님께서는 영적 전쟁에 관한 것들을 많이 보여주고 계셨다. 나는 영적 전쟁에 관해서 가르치고 싶다고 제의를 했다. 위원회는 좋은 생각이라고 동의를 했고 토론 중 한 화가에게 부탁을 해서 전신 갑주를 입은 로마 군인의 그림을 그려달라고 하고 이 갑주의 각 부분에 대해서 한 번씩 수업을 하는 것이 어떠냐는 제안이 나왔다. 나는 이 구절을 중심으로 삼을 생각이 아니었기 때문에 그다지 내키지가 않았다.

이 일은 왜 내가 이 구절을 특별히 도움이 된다고 생각하지 않는지 생각해 보는 계기가 되었다. 나는 그전에 하나님의 전신 갑주에 대해서 설교를 했었다. 나는 사탄의 공격에 대한 이 구체적인 장비들을 잘 이해하고 있다고 생각했다. 왜 이 구절들이 승리에 필요한 만족스런 해답을 주지 못한다고 생각했을까? 나는 이에 대해 기도하고 이 구절들을 더 깊이 연구했다. 내가 이 구절들이 승리의 열쇠를 준다고 느끼지 못한 이유는 이 전신 갑주가 다 무언가 내가 해야 하는 일로 생각되었기 때문이라는 결론에 도달하게 되었다. 내가 진리의 허리띠를 매야 하고 의의 흉배를 입어야 하고 성령의 칼을 잡아야 했다. 그렇다 하나님께서는 승리의 모든 요소를 주셨다. 하지만 그것을 사용하고 매일 입는 것은 나 자신의 노력과 투쟁이었다. 나는 그러지 못하는 경향이 다분했고 결국 이 구절은 내가 필요로 하는 진짜 열쇠를 주지 못했다.

나는 내가 보지 못하는 무언가가 있으리라고 믿고 계속해서 이 구절을 연구했다. 문법을 살펴보던 중에 특이한 사실을 알게 되었다. 하나님의 전신 갑주를 입으라는 명령은 소유격으로 표현되어 있었다. 우리는 이를 하나님께 속한 갑옷을 입으라는 말로 받아들인다. 즉 하나님의 전신 갑주, 하나님의 것인데 우리에게 사용할 수 있게 해주신 것이다. 이것이 합당하고 전통적인 해석이다.

그러나 소유격에는 또 다른 용법이 있다. 즉 동격을 나타내는 것인데 만약 "쇠의 갑옷을 입으라"고 말할 때 쇠가 갑옷을 소유하는 것이 아니라 쇠와 갑옷은 동격 관계에 있다. 결국 그 두 가지는 같은 것이다. 그렇다면 이 말씀은 하나님 자신이 갑옷이라는 뜻일까? 하나님께서는 우리 자신의 본성과는 이질적인 것들을 입으라고 하신다. 이것은 하나님께 속한 것이며 우리는 적에게서 자신을 보호하기 위해서 각각을 어떻게 입어야 하는지 알아야 한다. 이 갑옷의 보호를 받는 것은 다시 나 자신의 노력으로 돌아가는 것 같다. 하지만 하나님 자신이 바로 갑옷이다. 우리는 하나님을 우리의 보호막으로 입는 것이다. 신약에는 "예수 그리스도로 옷 입으라"는 명령을 여러 번 듣는다. 성경은 그리스도인들이 '그리스도 안에' 있다고 말한다.

그렇다. 진리의 허리띠와 의의 흉배와 다른 모든 장비를 하나님께서 우리에게 주셨다. 우리가 그것들을 몸에 지니기만 한다면 우리가 굳게 서서 적에 맞설 때 반드시 승리를 준다. 하나님께서는 사탄의 전술에 맞설 수 있는 모든 무기를 주셨지만 이것을 사용할 능력과 의지는 그리스도 안에서 우리의 위치에 달려 있다.

승리는 그리스도 안에 거하는 것이다

그리스도는 십자가에서 사탄을 패배시키시고 그를 무력하게 하셨다. 우리는 우리 자신의 힘과 노력에 의해서가 아니라 그리스도 안에 거함으로써 승리를 우리 것이 되게 할 수 있다. 우리는 하나님의 갑옷을 입고 우리가 자아에 대해서 죽을 때 그리스도로 옷 입게 된다. 그리스도는 언제나 우리 안에 거하신다. 나는 이 갑옷과 무기를 매일 나 자신의 노력으로 입지 않는다. 그렇게 했다가는 사탄의 공격에 취약해진다. 그렇다. 우리는 구원과 의와 진리와 평안과 하나님의 말씀이 필요하다. 그러나 우리가 믿음으로 예수 그리스도를 옷 입을 때 하나님께서 우리의 피난처가 되시고 우리의 방패가 되시고 우리의 요새가 되셔서 우리가 승리할 수 있게 하신다.

하나님께서 우리의 갑주가 되실 때 우리에게 무엇이 있는지 살펴보자.

| 사탄의 모든 거짓말을 분쇄할 수 있는 진리의 허리띠가 있다. 예수님께서는 요한복음 8장 32절에서 "진리를 알지니 진리가 너희를 자유케 하리라"고 말씀하셨다.

| 하나님 안에서 우리에게는 의의 흉배가 있다. 이것은 우리의 의가 아니라 하나님의 의다. "하나님이 죄를 알지도 못하신 이를 우리를 대신하여 죄로 삼으신 것은 우리로 하여금 그 안에서 하나님의 의가 되게 하려 하심이라"(고후 5:21).

| 평안의 복음이 준비한 신을 신는다. "보내심을 받지 아니하였으면 어찌 전파하리요 기록된 바 아름답도다 좋은 소식을 전하는 자들의 발이여 함과 같으니라"(롬 10:15). 하나님의 성령은 우리로 하여금 땅 끝까지 가서 복음을 전하는 증인이 되라고 명하신다.

| 우리가 하나님으로 옷 입을 때 믿음의 방패를 갖게 된다. 하나님께서는 사탄의 불화살을 막을 수 있는 믿음을 주신다. "세상을 이기는 승리는 이것이니 우리의 믿음이니라"(요일 5:4). 그러나 믿음은 하나님께로부터 온다. 이는 하나님의 믿음이다. 에베소서 2장 8절은 이렇게 말한다. "너희는 그 은혜에 의하여 믿음으로 말미암아 구원을 받았으니 이것은 너희에게서 난 것이 아니요 하나님의 선물이라"(엡 2:8).

| 오직 하나님 안에서만 우리는 구원의 투구를 가질 수 있다. 하나님을 떠나서는 구원을 받을 수 없다. 하나님과 하나님의 구원 안에서 사탄은 하나님의 말씀과 우리 구원의 확실성을 위협하는 의심과 망상을 일으킬 수 없다.

| 하나님께서는 우리가 하나님 안에 있을 때 말씀으로 우리를 먹이신다. 즉 성령의 칼이다. 하나님은 우리가 하나님의 약속을 믿고 예수님을 좇아 하나님 말씀을 사용하고 우리 것으로 만들도록 인도하시고 우리를 혼동시키고 패배시키려고 하나님 말씀을 왜곡하는 사탄을 믿지 않도록 하신다.

승리는 믿음을 기초로 시작한다. 승리는 현실을 진리 되신 하나님의 말씀을 통해서 보고 하나님의 약속과 말씀을 믿는 것을 선택하는 마음을 새롭게 함으로써 진전된다. 이 과정은 하나님과 진리이신 말씀에 끊임없이 새롭게 헌신하는 과정이고 그리스도의 주권에 복종하는 과정이다. 그 결과로 성령의 인도함을 받는 순종의 삶, 말과 행위에 있어서 의로운 삶이 나온다. 그러나 그에 따른 궁극적인 승리는 그리스도 안에 거하는 데서 온다. 그리스도야 말로 사탄을 정복하시고 우리에게 사탄을 이길 모든 권세를 주신 분이다. 우리의 갑옷이자 보호막이다. 새롭게 사탄의 유혹과 거짓에 맞서 우리가 안전하게 거할 수 있는 피난처다. 유혹에 맞서고, 하나님께 순종하고 성령의 힘을 입어 사탄을 이기는 것은 우리가 무슨 일을 함으로써가 아니다. 나는 어둠 가운데서 일하는 보이지 않는 적에 대항해서 굳건히 설 수 없다. 그러나 그리스도 안에 있을 때 나는 승리할 수 있다.

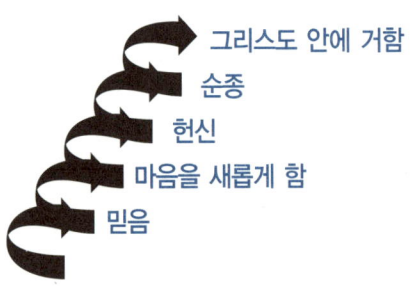

죄에 빠지고 실족하지 않는 유일한 방법은 그리스도 안에 거하는 것이다. 우리가 하나님 앞에서 의롭다 여김을 받고 흠 없이 설 수 있는 유일한 길은 매일 그리스도 안에 숨는 것이다. 하나님께서 영광을 받으시고 우리가 하나님이 주기 원하시는 모든 축복과 기쁨을 누리며 살 수 있는 유일한 길은 그리스도를 통해서다. 유다서는 이를 분명히 표현하고 있다. "능히 너희를 보호하사 거침이 없게 하시고 너희로 그 영광 앞에 흠이 없이 기쁨으로 서게 하실 이 곧 우리 구주 홀로 하나이신 하나님께 우리 주 예수 그리스도로 말미암아 영광과 위엄과 권력과 권세가 영원 전부터 이제와 영원토록 있을지어다 아멘"(유 24-25).

승리를 위한 여러 요소와 그 관계에 대한 도표가 어느 정도는 도움이 되지만, 어떻게 해야 이것이 실제 삶의 현실이 될 수 있을까? 에베소서의 하나님의 전신 갑주에 관한 마지막 구절에서 실마리를 찾을 수 있다. "모든 기도와 간구를 하되 항상 성령 안에서 기도하고 이를 위하여 깨어 구하기를 항상 힘쓰며 모든 성도를 위하여 구하라"(엡 6:18). 기도는 하나님과 함께 먹고 마시고 교제하는 것이다. 이것이 아마도 다른 모든 장비보다 더 중요한 요소일 것이다. 끊임없이 하나님의 임재를 의식하는 열쇠는 기도이다. 데살로니가전서 5장 17절의 "쉬지 말고 기도하라"는 말씀은 쉬지 않고 소리 내서 기도하라는 뜻은 아니다. 또한 아침에 하는 기도가 하루 종일 영적인 싸움을 지탱해 준다는 뜻도 아니다. 유혹이나 도전을 만날 때마다 하나님께서 이를 맡아 주실 것을 믿고 모든 것을 주님께 드리는 관계를 말한다. 하지만 그보다 더 중요한 것은 우리가 잘못된 길로 나갈 때 하나님의 인도를 받아들이고 하나님께서 죄를 깨우쳐 주심에 민감한 마음을 갖는 것이다.

처음 인도네시아에 갔을 때 한 동료 선교사가 자기의 습관을 말해

주었다. "나는 아침마다 정해진 시간에 기도하고, 가족끼리 식사할 때 기도하고 또 누구와 대화를 할 때 뭔가 기도할 일이 있으면 언제든지 기도를 했지만 뭔가 더욱더 나의 생각을 하나님께로 돌려줄 수 있는

> 성령 안에서 쉬지 않고 기도할 때 우리가 모든 장비를 다 갖추고 있고 승리를 얻을 수 있음을 확신할 수 있다.

것이 필요하다는 생각이 들었습니다. 나의 활동과 관심들, 심지어는 선교사로서 하는 일들조차도 하나님의 임재에 대한 의식적인 깨달음으로부터 나의 주의를 분산시킨다는 것을 알게 되었습니다." 그는 하나님의 임재와 하나님의 뜻, 하나님께 순종하는 것에 초점을 새롭게 맞추도록 해줄 수 있는 기도 방식이 필요하다고 생각했다. 그는 이슬람 국가인 인도네시아에 살고 있었다. "이슬람 교인들은 기도 시간을 알리는 소리를 듣고 일을 멈추고 기도한다는 것이 떠올랐습니다. '나도 그렇게 하면 되겠구나. 내 기도생활이 그들의 기도생활만도 못해서야 되겠는가? 이 사람들의 기도는 그냥 일상적인 예식에 불과하다. 그들은 하나님을 모르기 때문에 기도에서 아무것도 얻을 수 없다. 기도시간을 알리는 소리를 들을 때마다 나도 하던 일을 멈추고 기도해야겠다' 그런 생각을 하게 되었습니다." 우리도 그를 따라 하기로 했다. 처음 인도네시아에 갔을 때 이슬람 회당에서 들리는 기도시간을 알리는 소리가 귀에 거슬렸었다. 특히 새벽 4시 30분에 들리는 소리는 더했다! 그러나 이제는 이 소리가 우리에게 주님을 향할 것을 알려주는 소리가 되었다. 우리는 이 시간을 하나님의 임재를 경험하고 이슬람 교인들과 잃어버린 사람들을 위해서 기도하고 우리가 하나님을 개인적으로 안다는 사실에 감사하는 시간으로 삼게 되었다.

또 한 동료 선교사의 사례도 인상 깊었다. 그의 삶에는 기도제목이 되지 않는 일이 없었다. 그는 공항에서 우리를 만나자마자 무사히 도착한 것에 대해서 하나님께 머리 숙여 감사기도를 하자고 제안했다. 그의 집으로 가는 차 안에서 그는 막 개척한 교회에 들렸다 가자고 말했다. 우리는 작은 집 앞에서 차를 내려 현관에 들어섰다. 그는 신자들과 예배 장소를 주신 것에 대해 하나님을 찬양하는 기도를 드렸다. 그의 집에 도착해서 짐을 현관에 내려놓자마자 그는 우리 손을 잡더니 "하나님께서 당신들을 오게 해주신 것을 감사하고 당신들의 방문을 축복하시기를 기도합시다"라고 말했다. 얼마 뒤 고속도로를 달리고 있었는데 그는 갑자기 차를 길가에 세웠다. 나는 "뭐가 잘못되었나요? 왜 멈췄지요?"라고 물었다. 그는 "계기판의 주행거리가 또 16,000킬로미터를 넘었습니다. 그럴 때마다 매번 저는 멈춰서 이 자동차를 주신 것을 하나님께 감사드리고 또 우리가 이 차를 가질 수 있도록 '로티 문 크리스마스 헌금'을 낸 사람들에게 감사하는 기도를 합니다." 그의 삶의 모든 일이 다 기도제목이었다.

마라톤을 하는 친구로부터 중간에 정기적으로 멈춰서 걸어감으로써 성적이 눈에 띄게 좋아졌다는 말을 들은 적이 있다. 8킬로미터마다 속도를 늦추고 5분 동안 걸어가는 편이 계속해서 뛰는 것보다 전체 경주를 위해 도움이 되었다는 것이다. 이 중간 휴식을 통해서 쉼을 얻고 다리에 새 힘이 생기고 폐에 새로운 공기를 공급할 수 있었고 더 빨리 뛸 수 있고, 쉬지 않을 때보다 특히 경주의 마지막 부분에 더 꾸준한 속력을 낼 수 있었다는 것이다. 나는 또, 고생스러운 환경에 살면서도 자신감 있고 활력에 찬 젊은 선교사를 만난 적이 있다. 그는 이렇게 설명했다. 신학대학교에 다닐 때는 50분 동안 수업을 하고 10분을 휴식했다. 그는 무슨 일을 하든지 쉬지 않고 한 번 멈춰서 10분 동안 주님과 대화하고 주님의 인도하심을 구하고 암송 중인 성경구절을 다시 한 번 외운다는 것이었다. 이렇게 함으로써 일의 효율이 얼마나 더 높아졌는지는 확실히 알 수 없지만 계속적으로 하나님의 임재를 느끼는 데 도움이 되었고, 확실히 하루 종일 긍정적인 태도와 기쁜 마음을 유지할 수 있게 되었다는 것이다.

성경은 항상 성령 안에서 기도하라고 말한다. 성령 충만하고 성령의 인도를 받고 성령 안에서 행하며 모든 행동과 태도와 말에서 성령의 다스림을 받는 것이 결정적으로 중요하다. 성령께서 우리의 기도를 인도하시기를 원하지 않으시겠는가? 성령 안에서가 아니면 어떻게 하나님의 뜻에 따라 기도한다고 확신할 수 있겠는가? 고린도전서 2장 11절은 이렇게 말한다. "하나님의 일도 하나님의 영 외에는 아무도 알지 못하느니라." 우리는 어떻게 기도해야 할지를 알지 못한다. "오직 성령이 말할 수 없는 탄식으로 우리를 위하여 친히 간구하시느니라"(롬 8:26). 성령 안에서 행하는 것이 항상 기도하는 생활의 열쇠가 된다. 매일의 생활이 우리 안에 계시는 성령님의 사역을 통해서 아버지와의 끊임없는 교제가 된다.

전 세계에서 놀라운 교회와 선교 조직의 성장이 일어나고 있다. 대부분은 교단에 속하지 않은 교회들이고 속한 경우에는 오순절 교회나 순복음 교회들이 많다. 물론 침례교 등 전통적인 교단에 속한 교회들도 복음에 아주 적대적인 사회 속에서조차 성령 대부흥의 역사를 경험하고 있다. 또한 많은 사람들의 인생을 변화시키는 경험으로 인도하는 교회들이 도처에서 성장하고 있다. 그런데 이를 은사파라고 무시하는 교회들이 많다. 그들은 이런 역사가 성경의 진리를 왜곡하고 영적인 은사나 실제적인 내용 없는 감정을 지나치게 강조하는 얄팍한 신앙을 조장한다고 비판한다. 그러나 우리는 이런 교회들이 이방인, 전통적으로 비기독교 문화 가운데 살아온 사람들 사이에서, 다른 교단들이 성공적으로 복음을 전하지 못한 지역의 사람들에게 복음을 전하고 있다는 사실에 주의를 기울여야 한다. 이 새신자들은 자신들의 문화와 종교적 전통에 등을 돌리고 헌신적으로 예수 그리스도를 예배하고 찬양하고 있다. 이를 단순히 감정주의라고 매도해선 안 된다.

나는 해외에서 사역을 할 때 뭔가 큰 성령의 역사가 있을 때마다 그 교회들을 관찰하고 비공식적인 조사를 해왔다. 그 교회들의 목사들과 선교사들을 만나고 가끔 예배에도 참석했다. 모든 사람들이 다 은사주의적인 교단 사람들은 아니었다. 사실 침례교회도 있었다. 성경에 나오지 않은 방식으로 영적인 은사를 사용하는 사람들도 있었지만 그것이 그들의 주안점은 아니었다. 나는 복음에 저항하는 문화에서도 두드러진 성장이 일어나는 곳에는 몇 가지 공통점이 있다는 것을 알게 되었다.

첫째로 이들은 예수 그리스도를 전하려는 열정과 열심이 있는 사람들이었다. 조심이라는 말은 그들의 사전에 없었다. 그들은 예수 그리스도를 알면서 인생이 변한 사람들이었다. 그들은 자기 주위의 사람들은 잃어버린 사람들이라는 것을 늘 의식하고 예수님과 예수님을 전하는 것에 대해 열정과 열심이 있었다.

둘째로 그들은 하나님께서 정말로 일하실 것이라는 믿음이 있었다. 그들은 무슨 문제든지 기도를 했고 하나님께서 자기들의 기도에 응답하실 것을 온전히 믿었다. 누군가 직업이 필요하거나 귀신에 들린 상태에서 벗어나야 될 필요가 있을 때 그들은 기도했고, 병 고침이 일어난 사례도 있었다. 그들은 기적이나 표적이라고 불릴 만한 일들이 현실에 일어나리라는 담대한 믿음을 가지고 있었다.

셋째로 그들은 기도에 헌신한 사람들이었다. 그들은 새벽기도와 철야기도, 금식기도를 행했다. 예배 시간에도 기도를 자주 오랫동안 했다. 이 개인적인 조사에 관한 나의 결론은 이 모든 공통점은 우리의 믿음과 전혀 모순되지 않는다는 것이었다. 그러나 우리 자신은 얼마나 이런 기도를 향한 열정과 담대한 믿음과 전도의 열심을 갖고 있는가?

우리는 영적인 전쟁에서 승리하기 위한 몇 가지 실제적인 훈련을 강조했다. 성경공부는 승리의 기초인 우리의 믿음을 강화해 준다. 기도는 우리를 그리스도와 연결시켜 주고 성령님의 인도를 받을 수 있게 해준다. 범사에 주님께 감사하는 것, 특히 어려움이 닥쳤을 때 감사하는 것은 우리 마음을 새롭게 해주고 우리의 시각을 바꿔주며 사탄이 이런 상황을 이용해서 우리를 낙심시키고 패배시키지 못하도록 해준다. 금식은 하나님을 더 잘 알고 하나님의 축복을 더욱 경험하고 하나님께로부터 자기중심적인 육의 본성을 극복하는 힘을 얻기 위해 의도적으로 육신을 부인하게 해준다. 그리스도의 몸인 교회 안에서의 생활은 우리가 계속 신실하고 세상의 유혹에 항복하지 않기 위해 필요한 상호 책임과 지원과 용기를 준다.

그러나 하나님의 말씀의 또 하나의 실제적인 측면이 흔히 간과되어 왔다. 궁극적인 승리를 얻는 문제에 대한 논의를 마치기 전에 이 문제를 다루지 않으면 안 된다.

내가 동남아시아 지역 지도자로 있을 때 자주 긴 여행을 했다. 나는 방콕에 살면서 인도 지역의 선교사역과 협력했고 다른 15개국에 있는 5백 명의 선교사들과 연락을 취하고 있었다. 나는 가족을 떠나 있는 시간이 10일에서 2주일 정도를 넘지 않도록 나의 여행 스케줄을 조정했다. 그러나 흔히 다른 상황들이 발생해서 여행 계획을 변경해서 날짜를 연장하지 않을 수 없는 일들이 생겼다. 아내는 나의 여행 스케줄을 훑어보며 "여보, 안식일은 어디 갔어요?"라고 묻곤 했다. 내 스케줄은 최소한의 시간 동안 최대한 많은 지역을 돌 목적으로 완전히 빡빡하게 짜여 있었다. 일요일도 쉬는 안식일은 아니었다. 물론 예배를 드리는 날이지만 일주일 중 가장 바쁜 날이었다. 나의 아내는 나와 함께 자주 여행을 해봤기 때문에 내가 만약 혼자서 휴식시간을 가지 않으면, 문제들을 다루고 선교사들에게 조언을 해주는 데 필요한 생산성과 민감함, 인내심, 그리고 지혜가 급속히 떨어진다는 것을 잘 알고 있었다. 그래서 그녀는 "안식일은 어디 있어요?"라고 물었던 것이다.

구약에서 이스라엘 백성에게 안식일을 지키라는 명령은 아주 중요한 명령이었다. 출애굽기에 나오는 안식일에 관한 명령을 살펴보자.

> 여호와께서 모세에게 말씀하여 이르시되 너는 이스라엘 자손에게 말하여 이르기를 너희는 나의 안식일을 지키라 이는 나와 너희 사이에 너희 대대의 표징이니 나는 너희를 거룩하게 하는 여호와인줄 너희가 알게 함이라 너희는 안식일을 지킬지니 이는 너희에게 거룩한 날이 됨이니라 그 날을 더럽히는 자는 모두 죽일지며 그 날에 일하는 자는 모두 그 백성 중에서 그 생명이 끊어지리라 엿새 동안은 일할 것이나 일곱째 날은 큰 안식일이니 여호와께 거룩한 것이라 안식일에 일하는 자는 누구든지 반드시 죽일지니라 이같이 이스라엘 자손이 안식일을 지켜서 그것으로 대대로 영원한 언약을 삼을 것이니 이는 나와 이스라엘 자손 사이에 영원한 표징이며 나 여호와가 엿새 동안에 천지를 창조하고 일곱째 날에 일을 마치고 쉬었음이니라 하라(출 31:12-17).

하나님께서 안식일의 목적이 무엇이라고 말씀하시는가? 오늘날에 와서는 안식일이 일요일에 적합한 활동과 적합하지 않은 활동의 문제가 되어버렸다. 주일에 운동 경기를 보러 가거나 외식을 하거나 장을 보러 가도 되는가, 안 되는가? 나는 사탄이 우리의 그리스도인의 삶을 패배하게 하려고 안식일의 의미를 왜곡시킨 것이 아닌가 의심이 든다. 구약의 율법은 안식일에 할 수 있는 일들을 정의했지만 바리새인의 율법은 이를 변형시키고 왜곡시켰다. 우리가 어떤 일은 해도 되고 어떤 일은 하면 안 되는지가 문제가 아니다. 하나님은 안식일을 하나님과의 관계의 표시로 다른 날과 구분하셨다. 이것은 우리를 거룩하게 하시는 분은 하나님이라는 것을

> 안식일을 지키라는 명령에 순종하는 것은 거룩한 삶을 사는 한 열쇠다.

인정하는 계약관계를 의미한다. 우리는 거룩한 삶을 살기를 원하고 승리하기를 원하지만 우리의 힘으로는 그렇게 할 수 없다. 안식일은 우리를 거룩하게 하시는 분은 하나님이시라는 것을 상기시켜 준다. 실제로 하나님은 이 계약관계를 지키는 것이 하나님께 너무나 중요하기 때문에 안식일을 범하는 것보다는 죽는 편이 낫다고 말씀하셨다. 안식일에 대한 이해와 시각과 필요를 완전히 왜곡시킨 것이 누구라고 생각하는가? 우리의 적은 우리가 하나님께서 주시는 거룩함을 우리 것으로 취하여 승리하기를 원하지 않는다.

내가 처음 국제선교위원회 회장이 되었을 때 그전 23년간 해외에서 보냈고 국제적인 선교 조직을 지도하는 데 필요한 훈련을 거의 받지 못한 상태였다. 각종 보고서와 읽어야 할 문서들이 책상에 넘쳐흘러서 바닥에까지 쌓아놓아야 할 지경이었다. 쏟아져 들어오는 이메일은 도저히 다 읽을 시간이 없었다. 매일같이 모임과 스태프와의 상담이 이어졌다. 전화, 편지, 그밖에 써야 하는 문서들이 산적해 있었다. 나는 선교사로 일할 때 계속해서 설교를 하지 않았다. 그러나 이제는 매주 열 몇 번의 설교와 강연 계획이 잡혀 있었다. 나는 매일 평균 15시간, 일주일에 7일간 일을 했다. 나는 이 모든 책임과 업무에 눌렸다. 매일 아침 주님과의 관계를 갖는 것이 생존할 힘을 주었지만 나의 스케줄이 나의 영

적인 휴식을 빼앗아 간다는 것은 분명했고 나는 절대적으로 휴식이 필요했다. 여가는 물론이고 말씀을 준비하고 모든 업무를 다 수행할 시간이 전혀 없었다.

하나님께서는 우리가 인도네시아에 있었을 때의 일을 생각나게 해 주셨다. 우리는 중국인들 사이에서 좋은 반응이 있는 것을 알게 되었다. 중국인들은 주로 점포 주인들로 상업에 종사하고 있었다. 그들은 이슬람교도들처럼 열성적인 종교 신봉자들은 아니었다. 우리는 그들이 영적으로 열려있고 전도에 반응하고 있는 것을 알게 되었다. 하지만 나는 그들에게 일요일에 교회에 가기 위해서 가게 문을 닫아야 한다는 확신을 주는 데 성공하지 못하고 있었다. 나는 내가 믿는 대로 그들에게 일요일에 주님을 예배하고 찬양하기 위해서 가게의 문을 닫으면 7일 동안 문을 여는 것보다도 더 많은 복을 6일 동안에 주실 거라고 말했다.

재미있게도 하나님께서는 내가 하루 24시간 일주일에 7일 동안 일해야 하는 책임을 놓고 씨름하면서 주님을 만나서 주님께서 주시는 말씀을 준비할 수 있는 시간이 있는지 의심하고 있을 때 나 자신이 한 말을 생각나게 하셨다. 주님께서는 내가 토요일을 떼어내서 하나님과 하나님의 말씀과 함께 시간을 보내고 평소에 하는 일을 하지 않는다면 하나님께서 나의 족함이 되실 거라는 확신을 주셨다. 나는 일요일에는 대개 말씀을 전하러 다른 사람들과 함께 여행을 가야 했다. 그러나 나는 평상시의 일 중에서 주님께 초점을 맞추는 데 적당하지 않은 일은 제외시켰다. 유대인들의 안식일은 그 전날 해질녘부터 시작한다. 그리고 나는 일요일 아침에 뜻 깊은 예배를 드리기 위해서는 토요일 저녁부터 주님께 초점을 맞추어야 한다는 것을 알게 되었다. 토요일 저녁을 온통 세상적인 일들로 보낸 뒤 일요일 아침에 갑자기 하나님의 존재를 의식하게 될 수는 없다.

일요일 오후에 주말의 일정에서 돌아오면 나는 종종 그 동안 쌓였을 이메일들과 다음 주의 일정과 할 일들이 생각나서 당장 컴퓨터를 켜고 월요일 아침에 해야 할 일들을 하고 싶은 유혹을 받았다. 주님은 어김없이 나의 영을 살피시고 성경책을 들고 말씀 준비를 하게 하셨다. 실제로 나는 스태프들에게 내가 만약 일요일에 이메일을 보내거든 나한테 주의를 주라고 말했다. 하나님께서 어떻게 우리가 하나님께 순종하려는 결단을 축복하시는지 정말 놀라웠다. 하나님은 우리 일의 압박을 알고 계신다. 우리를 창조하신 하나님께서는 우리의 피로와 우리의 투쟁을 아시며 그런 것들이 얼마나 우리를 유혹과 걱정과 패배에 취약하게 하는지 잘 알고 계신다. 그리고 하나님께서는 이미 해결책을 우리에게 주셨다. 우리는 단순히 이를 인정하고 존중하고 실천에 옮기기만 하면 된다.

하나님께서는 이렇게 말씀하신다. "너와 나는 계약관계를 맺었다. 나는 네가 하루를 따로 떼어서 다른 활동을 그만두고 나와 우리의 관계에만 초점을 맞추기를 바란다. 내가 너에게 거룩한 삶을 주기 위해서는 반드시 이렇게 해야 한다." 안식일은 단순히 구약 시대의 유대인들에게만 해당되는 것이 아니다. 우리는 영적으로 아브라함의 자손이며 하나님의 백성이다. 그리고 이것이 바로 안식일의 근본적인 의미다. 안식일은 우리가 일요일에 무엇을 할 수 있고 무엇은 할 수 없다는 식의 율법주의적인 규칙이 아니다. 안식일은 우리가 승리하고 그리스도 안에 거하고 하나님과 동행하는 열쇠로 주신 것이다. 안식일이 반드시 토요일이나 일요일이 아닐 수 있다. 심지어는 매주 하루씩 안식일을 지키지 못할 수도 있다. 하지만 만약 우리가 하나님께서 명령하신 안식일조차 지키지 않을 정도로 하나님과의 관계를 소홀히 하면서 어떻게 하나님께서 우리에게 능력을 주시고, 사탄을 이기는 데 필요한 모든 것을 주심으로써 하나님을 드러내시기를 기대할 수 있겠는가? 누차 말했듯이 영적 전쟁에서 승리하는 열쇠는 우리 마음이 하나님을 바라고 하나님을 온전히 알고자 하는 것이다. 안식일을 지키는 것은 우리가 얼마나 하나님을 바라는지를 알게 해주는 실제적이고 성경적인 훈련이다.

매일매일의 영적 전쟁에서의 궁극적인 승리에 관한 결론을 내리기 전에 우리의 도표에 한 가지 더해야 하는 요소가 있다. 승리는 하나님을 믿는 믿음을 기초로 시작된다. 하나님께 복종하여 마음을 새롭게 함으로써 우리의 생각이 바뀌고 사탄의 속임수에 넘어갈 가능성이 줄어든다. 하나님께 헌신하고 예수 그리스도를 주로 모심으로써 우리의 삶은 하나님의 의에 순종하게 된다. 하나님의 성령에 의해 인도되고 능력을 받기 때문이다. 이는 그리스도 안에서의 우리의 위치를 확인해 주고 자신의 노력으로 승리를 얻으려는 헛된 노력을 그만 두게 해주고, 그리스도로 하여금 약속하신 모든 축복과 능력과 승리를 주실 수 있게 한다.

승리를 확보할 수 있는 실제적인 훈련	
• 하나님의 말씀을 먹는다.	• 금식을 통해 육을 부인한다.
• 항상 기도한다.	• 다른 사람들과 상호 책임관계를 맺는다.
• 범사에 감사한다.	• 안식일을 지킨다.

끝으로 성경은 순종과 의와 율법의 완성을 어떻게 요약하는가? 그것은 갈라디아서 5장 13절의 한 마디 말, 즉 사랑이다. 사랑은 타자 중심이다. 사랑은 자기중심적인 육의 본성에 반대되기 때문에 사탄의 공격에 대한 해독제가 된다. 사랑은 또한 승리의 최후 단계다. 왜냐하면 사랑은 하나님 자신으로부터 나오기 때문이다. "사랑하는 자들아 우리가 서로 사랑하자 사랑은 하나님께 속한 것이니 사랑하는 자마다 하나님으로부터 나서 하나님을 알고"(요일 4:7). 우리는 하나님을 알고 헌신하지 않고는 남들을 사랑하고 자신보다 남들에게 더 초점을 맞출 수 있는 능력이 없다. 성령 안에서 행하는 것은 자기를 부인하고 남을 사랑하는 것과 하나님께 헌신하는 것으로 나타난다. 바울은 고린도전서 16장 13~14절에서 영적 전쟁에 대해 이렇게 말하고 있다. "깨어 믿음에 굳게 서서 남자답게 강건하라 너희 모든 일을 사랑으로 행하라."

아래의 그림은 승리를 위한 공식은 아니지만 승리의 요소들 간의 상호관계를 반영하고 있다. 사랑은 영적인 전쟁에서 승리의 궁극적인 표현이다. 왜냐하면 사탄은 사랑을 모르기 때문이다. 사탄은 자기를 남에게 주고 자기 자신보다 남에게 더 관심이 있는 사람들을 이해할 능력이 없다. 그가 전투에서 사용하는 무기, 용서하지 않음, 분노, 교만, 자기중심적인 동기, 죄된 욕구의 충족 등 모든 것은 다 자기에게 초점을 맞추는 데서 온다. 우리를 패배시키는 그의 전략의 힘은 모두 자신의 자기중심적인 본성에서 나온다. 사탄은 왜 어떤 사람이 자기를 주는지 이해하지 못한다. 그는 너무나 자기중심적이기 때문에 사랑이라는 개념은 그에게 완전히 낯선 개념이다. 사탄은 예수께서 십자가에 못 박히실 때 자기가 이겼다고 생각했다. 하지만 그는 완전히 착각을 했고 패배했다. 사탄과 그의 모든 전략은 자기중심적이지 않고 자기의 생명을 남을 위해 기꺼이 내놓는 사람들에 의해서 완전히 무력화된다. 그 한 이유는 사랑이 자신을 위해서 살기 보다는 남들을 위해서, 그리고 잃어버린 사람들을 위해서 자기의 생명을 주는 희생을 가능하게 하기 때문이다.

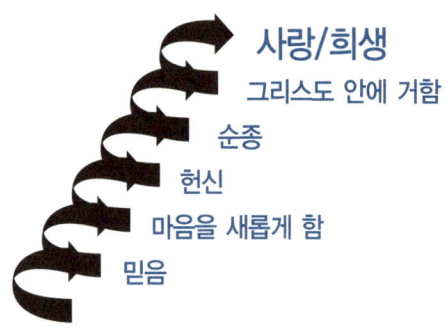

몇 년 전 다나 커리Dana Curry와 헤더 머서Heather Mercer가 아프가니스탄의 탈레반에 의해 감금되었던 사건을 기억하는 사람들이 있을 것이다. 그들은 영화 〈예수〉Jesus를 보여 주었다는 이유로 체포되어 전도죄로 사형선고를 받을 거라고 협박을 당했다. 재판이 다가왔지만 그들이 석방될 가능성은 희박해 보였다. 이 젊은 아가씨들은 몇 달간 감옥에 있으면서 혹독한 대우를 받았다. 그때 그들이 속한 교회는 그들이 보낸 편지를 신문에 실었다. 헤더는 완전히 주님께 맡긴 삶에 관해 썼다. "나는 매일 주님을 마음과 뜻과 생명과 힘을 다해서 사랑한다는 것이 무슨 뜻인지 배우고 있습니다. 나는 무엇이든 내게 유익으로 여기던 것을 그리스도를 위해 배설물로 여기기를 바랍니다. 나는 예수 그리스도의 존재만으로 만족한다는 것이 무엇인지 그리고 내 생명을 주님을 위한 산 제물로 바치는 것이 무엇인지 배우고 있습니다." 이런 사람을 사탄이 어떻게 할 수 있겠는가? 자기의 생명을 내놓는 경지에까지 도달한 사람에 대해서 사탄이 무슨 방법이 있겠는가? 사탄은 더이상 인간의 이기적인 본성에 호소할 수 없다. 그가 옭아맬 만한 육에 대한 사랑과 육적인 욕망이 없는 것이다.

예수님을 향한 사랑에서 자기의 생명을 던지고자 하는 헌신을 무너뜨릴 수 있는 사탄의 불화살은 없다. 로마서 12장 1절은 성도들에게는 자기를 부인하는 사랑이 기대된다고 말한다. "그러므로 형제들아 내가 하나님의 모든 자비하심으로 너희를 권하노니 너희 몸을 하나님이 기뻐하시는 거룩한 산 제물로 드리라 이는 너희가 드릴 영적 예배니라." 예수께서는 이렇게 말씀하셨다. "누구든지 나를 따라오려거든 자기를 부인하고 자기 십자가를 지고 나를 따를 것이니라"(마 16:24). 사랑의 결과와 표현은 희생이다. 우리가 포기하지 못하는 것, 제단에 드리지 못한 것이 있는가? 우리 자신의 즐거움과 안락과 만족을 위해서 희생하지 못하고 붙잡고 있는 것이 있는가? 그리스도를 향한 우리의 사랑과 잃어버린 세상을 향한 사랑에 어떤 조건이 있는가? 나는 대다수의 그리스도인들이 하나님께서 완전한 헌신으로 부르시는 것을 알고 그들도 그리스도를 위해서 기꺼이 죽기를 원할 것이라고 생각한다. 하지만 우리는 주를 위해서 매일 자기를 부인하는 식으로 죽으려 하지 않는다. 대다수의 사람들이 입으로는 그럴싸하게 자신들이 의도적으로 그리스도를 부인하지 않을 것이며 그를 위해 죽기까지 하겠다고 말한다. 왜냐하면 정말로 순교를 당하는 상황을 맞이할 가능성이 없기 때문이다. 그러나 사랑은 우리를 자기부인의 삶으로 몬다. 요한계시록 2장 10절은 이렇게 말한다. "네가 죽도록 충성하라 그리하면 내가 생명의 관을 네게 주리라."

요한계시록 12장 10~11절에서 어떻게 영적인 전쟁의 궁극적인 무기를 말하고 있는지 살펴보자. 이 구절은 사탄이 마지막으로 패배하는 날을 묘사하고 있다. "이제 우리 하나님의 구원과 능력과 나라와 또 그의 그리스도의 권세가 나타났으니 우리 형제들을 참소하던 자 곧 우리 하나님 앞에서 밤낮 참소하던 자가 쫓겨났고 또 우리 형제들이 어린 양의 피와 자기들이 증언하는 말씀으로써 그를 이겼으니 그들은 죽기까지 자기들의 생명을 아끼지 아니하였도다."

이 사람들은 마지막 날들에 승리를 얻은 사람들이다. 승리는 그들의 투쟁이 아니라 어린 양의 피로 인해 얻어진 것이다. 승리는 예수 그리스도께서 십자가에서 죽으심으로 사탄을 패배시키시고 우리에게 악한 자에 대한 모든 권세를 주셨다. 그러나 이는 또한 그들의 증거, 그들의 하나님과 말씀에 대한 믿음의 고백에서부터 온다. 그들은 핍박과 시

힘과 역경 속에서 흔들리지 않았고 하나님의 말씀에 자기 목숨을 걸었다. 그러나 마지막으로 그들은 자기의 생명을 사랑하지 않기를 죽기까지 했다. 사탄은 이런 사람들에게 대적할 방법이 없다. 어떻게 그들을 유혹하겠는가? 그들이 자기를 위해서 살고 있지 않은데 어떻게 의심하게 하고 주의를 분산시키겠는가? 그들이 모든 것을 기꺼이 희생하고 심지어는 자기 생명까지 희생하고자 하는데 어떻게 세상에 속한 것들로 유혹을 하겠는가? 오직 그리스도 안에 있는 사랑만이 이를 가능케 한다. 즉 하나님을 마음과 뜻과 목숨과 힘을 다해서 사랑함으로써만 우리는 남을 사랑하고, 잃어버린 세상을 사랑하여 우리 자신을 완전히 줄 수 있다.

오직 사랑만이 우리에게 끝까지 희생하고자 하는 욕구를 준다. 만일 우리가 기꺼이 죽기를 바라는 데까지 미치지 못할 때 사탄은 우리의 제한된 헌신으로 우리를 파탄시킬 것이다. 오직 십자가를 지고 죽을 때만 승리를 얻고 우리를 죄로 이끄는 모든 두려움과 갈등과 분쟁과 이기적인 욕구의 충족으로부터 자유로울 수 있다. 우리는 우리의 몸을 산 제사로 바치도록 부르심을 받았다. 하나님께서는 우리에게 하나님을 위해 살고 하나님을 섬기는 특권을 주셨다. 그러나 하나님께 영광이 되는 거룩하고 승리하는 삶은 죽음 없이는 오지 않는다.

스티브 그린Steve Green의 '들어오세요'라는 노래는 오직 희생과 자기에 대한 죽음을 통해서만 오는 승리를 잘 묘사하고 있다.

죽음의 문을 지나가는 것보다 더 사람의 마음을 떨게 하는 것은 없다.
그러나 매일 그 문으로 들어가는 사람에게는 죽음은 영광스러운 운명이다.

사랑하는 사람들아, 우리는 그의 거룩한 신부가 되기 위해서 여기 모였다.
매일 십자가를 지고 죽음의 문턱을 넘어 거룩한 삶으로 들어가라.

들어가라 들어가라, 성령님의 죽음으로의 부르심에 순종하여 들어가라.
들어가라 그 안에서 평화를 찾으라, 거룩한 삶이 기다린다, 들어가라.

전투는 지금도 계속된다. 나의 영혼 깊은 곳에서.
영은 나의 육에 대항해서 싸워 주권을 잡으려 한다.
나의 유일한 희망은 완전한 항복뿐, 그러므로 매번의 빌린 호흡에서.
나는 더욱 깊은 죽음을 죽으라는 성령의 뜻을 들이마신다.

애도하는 자들은 살아있는 자들을 위해서 울라고 하라.
나의 의지가 죽어야만 나의 영이 살 수 있기 때문이다.
들어가라, 들어가라, 죽음으로 부르는 성령의 뜻에 항복하고 들어가라.

들어가라, 안에서 평화를 찾으라.
거룩한 삶이 너를 기다린다. 풍성한 삶이 너를 기다린다. 들어가라.[12]

2003년 2월, 나는 국제 선교위원회에 속한 모든 동아시아 선교사들의 연례 모임을 하고 있었다. 이 모임은 예멘에서 세 명의 우리 선교사들이 비극적으로 살해당한 직후에 열렸다. 미국에서 추도식을 한 뒤 나는 우리 선교사들과 국제 스태프들과 함께하기 위해 예멘에 갔다. 내

평생에 가장 힘든 시간들 중 하나였다. 나는 그 가족과 동료들을 위로하고 회의 시간에 사람들에게 왜 선교사들이 위험한 곳에 가는지를 설명해야 했다. 병원에서 그 운명의 아침에 일어난 일에 대해 자세히 설명을 듣고 아직도 생생히 남아 있는 총탄의 흔적과 핏자국을 보고 나서 우리는 두 명의 선교사, 빌 콘Bill Koehn과 마르다 마이어스Martha Myers가 묻힌 병원 뒤의 언덕으로 걸어 올라갔다. 나는 감정이 복받쳐 거기서 무릎을 꿇고 울음을 멈출 수 없었다.

그 후 동아시아의 모임에 참석한 나는 중국 전역에서 하나님께서 얼마나 강력하게 일하고 계시는지를 듣게 되었다. 핍박과 제한과 협박에도 불구하고 가정교회들이 폭발적으로 성장하고 있었다. 나는 감금당하고 매 맞고 순교한 목사들의 이야기와 그리스도에게로 나오는 많은 사람들의 이야기를 들었다. 또한 이 젊은 가족들이 동아시아에서 그리스도를 전하기 위해 얼마나 헌신적이고 열정적으로 복음을 전하고 있는지를 듣고 깊은 감명을 받았다. 나는 예멘의 동료들의 죽음과 그들의 삶과 죽음을 통해 교회들이 개척될 것이라는 확신을 전했다. 그리고 그들이 지블라 침례교 병원에서 총을 든 사람에게 죽은 것이 아니었다고 몇 번이나 강조해서 말했다. 왜냐하면 그들은 예멘에 선교사로 갈 때 이미 자기에 대해서 죽었기 때문이다. 이미 자기 삶을 내놓은 사람에게서 그것을 빼앗을 수는 없다. 그들은 매일 아침 일어날 때마다 그들의 생명을 제단 위에 올려놓았으며 사람들을 섬기기 위해서 자기의 생명을 주었다.

나는 원래 계획에 없었던 말을 했다. 당시 아직도 감정이 격해 있던 나는 즉흥적으로 이렇게 말했다. "중국의 가정교회 신자들과 목사들이 그리스도를 위해 목숨을 내놓은 이야기들을 들었습니다. 성도들의 희생과 고통을 통해서 교회가 세워지고 있다는 것을 여러분이 증언해주었습니다. 만약 당신들과 당신들이 사는 도시에 복음이 뿌리를 내리고 하나님의 나라가 확장되기 위해서 예멘의 선교사들의 경우처럼 당신의 피와 당신의 생명을 대가로 치뤄야 한다면 여러분은 어떻게 하겠습니까? 여러분은 중국인들, 잃어버린 사람들이 주님을 알게 하기 위해서 그런 대가를 기꺼이 치르겠습니까? 만약에 이 지역의 많은 사람들의 구원을 위해서 생명까지 내놓기 원한다면, 죽음도 무릅쓸 각오가 되어 있다면, 자리에서 일어서 주시기 바랍니다."

나는 몇 명의 사람들이 일어날 것이라고 생각했다. 그리고 그 사람들을 보고 따라서 일어나는 사람들이 좀더 있을 거라고 예상했다. 그러나 놀랍게도 그 거대한 강당에 모인 대다수의 사람들이 즉각적으로 일어났다. 그들은 이미 그리스도를 따르는 대가를 치르고 있었기 때문이다. 그들은 그 위험과 대가를 알고 있었지만 그리스도를 향한 사랑이 그들로 하여금 생명을 내놓게 하고 있었다. 이것이 바로 승리다. 자기 생명도 아끼지 않고 죽음까지 불사할 때 사탄은 무장해제를 당하고 무력해진다. 사탄은 우리를 이기적인 욕망을 가지고 우리를 얽어맬 수 없다. 그들은 사탄을 이겼다. 왜냐하면 그들은 생명을 아끼지 않고 죽음도 불사하기 때문이다.

해외에서 주님을 섬기다가 죽은 사람들은 그 외에도 더 있다. 베이커스필스의 캐런 왓슨Karen Watson은 2004년 3월 15일 이라크에서 순교한 4명의 선교사 중의 한 명이다. 캐런은 우리가 다 텔레비전 뉴스에서 본 전쟁과 파괴를 보았다. 그녀는 절망과 혼란을 보고 진정한 해답은 예수 그리스도라는 것을 알았다. 그녀는 누군가가 가서 그들을 사랑하고 그들의 필요를 채우고 예수님 안에서만 찾을 수 있는 희망을 나누지 않는다면 이 사람들은 결코 예수를 알지 못할 것임을 깨달았다.

일 년 전 그녀는 직장을 사퇴하고 자기 집과 차를 팔아서 자기 소유의 대부분을 나눠주었다. 그녀는 남은 것을 큰 손가방에 넣고 전쟁으로 파괴된 이 나라에서 사

> 나의 소명은 순종이다. 고난은 기대하고 있다. 하나님의 영광이 나의 상급이다.

역하고자 하는 팀의 일원으로 이라크로 떠났다. 위험 부담을 알고 있었던 그녀는 편지를 써서 무슨 일이 생겨서 돌아올 수 없게 되면 열어보라는 부탁과 함께 남겨두고 떠났다. 그녀가 속한 교회의 목사님은 그녀의 사망 소식을 듣고 그녀가 맡긴 편지가 생각났다. 손으로 쓴 편지에는 이렇게 쓰여 있었다. "당신이 이 편지를 읽고 있다면 그것은 내가 베이커스필드의 집으로 돌아오지 못한다는 것을 뜻합니다. 나는 예수님과 함께 있으니까요! 그리고 큰 대문자로 그녀는 이렇게 썼다. "절대로 후회는 없습니다!" 편지는 다시 이렇게 이어졌다. "나의 소명은 순종입니다. 시련은 기대하고 있습니다. 하나님의 영광이 나의 상급입니다. 하나님의 영광이 나의 상급입니다."

하나님은 우리 한 사람 한 사람의 삶에서 영광을 받기를 원하신다. 사탄은 하나님의 영광을 빼앗기 위해서 가능한 모든 방법을 다 사용한다. 사탄은 우리를 죄로 유혹하고 자기를 위해서 살라고 말한다. 사탄은 하나님의 말씀과 모순되는 말로 우리에게 의심을 불어넣고 속여 패배시키고자 한다. 사탄은 우리로 하여금 물질주의적이고 육적인 가치에 영향을 받아서 세상과 타협하게 만든다. 하지만 하나님께서는 우리에게 이미 승리를 주셨다. 우리의 소명은 그의 거룩하심에 순종하고 성령의 인도함을 받는 것이다. 우리는 세상과 이기심과의 전투가 고통을 내포한다는 것을 알아야 한다. 하지만 자기에 대해 죽고 그리스도가 주시는 사랑 때문에 안락한 삶과 자기중심적인 욕구의 충족을 희생함으로써 하나님께서 영광을 받으시는 승리의 삶을 살 수 있다.

Note

1) 역주: 인도네시아의 민족 중 하나. 인구 약 3천1백만 명으로 두 번째로 큰 민족이며 주로 자바섬 서쪽에 살고 이슬람교도가 가장 많다.

2) Jack R. Taylor, *Victory over the Devil* (Nashville, TN: Broadman Press, 1973), p. 5.

3) Beth Moore, *When Godly People Do Ungodly Things* (Nashville, TN: B&H Publishing Croup, 2002), p.20.

4) 역주: Miss Bertha라고 널리 불려진 Bertha Smith(1888-1988) 여사는 1917년에서 1948년까지 중국 대륙선교사, 1948년에서 1958년까지 대만 선교사로 일했다. 중국의 산동에 있을 때 버사 스미스는 당시의 선교사들과 중국 교인들이 그들의 삶을 통해 하나님을 기쁘시게 하지 못한다고 느꼈다. 한 해 여름 앤타이에서 여름 집회가 열렸는데 선교사들이 자신의 죄를 고백하며 부흥을 위해서 기도했다. 주님께서 그들의 기도에 응답하셨고 이렇게 해서 세계적으로 유명한 산동 대부흥(1927-1937)이 일어났다.

5) C. S. Lewis, *The Screwtape Letters* (Unrichsville, OH: Barbour Publishing, 1990), p. 29

6) Ibid., 58.

7) "Open the Eyes of My Heart, Lord," Words and music by Paul Baloche, ⓒ 1997 Integrity's Hosanna! Music/ASCAP, c/o Integrity Nedia, Inc., 1000 Cody Foad, Mobile, AL 36695. All Rights Reserved. International Copyright Secured. Used by Permission.

8) 2. Ken Anderson, *Bold as a Lamb* (Grand Rapids, MI: Zondervan, 1991), 16.

9) C. S. Lewis, *The Screwtape Letters* (Unrichsville, OH: Barbour Publishing, 1990), n.p.

10) 역주: 스콧 펙Scott Peck 저 「아직도 가야 할 길」, 신승철, 이종만 역, 열음사, 2007.

11) M. Scott Peck, *The People of the Lie*, Chearwater, FL. Touchstone Books, 1998, p. 83.

12) "Enter In" by Greg Nelson, Jon Mohr, and steve Green. CopyrightⒸ1986 Birdwing Music/Jonathan Mark Music. All Rights Reserved.

21C 교회성장과 축복의 통로

교회진흥원은 기독교한국침례회 총회의 교육, 문서선교 기관으로서 교회의 교육, 목회, 선교활동에 관한 실제적인 연구와 프로그램 개발, 기독교 정보를 제공하고, 자료 출판 및 보급사역을 하고 있습니다.

- 각 연령별 교회학교 공과, 구역공과, 제자훈련 교재, 음악도서를 기획, 출판하고 이와 관련된 각종 강습회를 실시합니다.
- 요단출판사를 운영하며 매년 70여 종의 각종 신앙도서와 제자훈련 교재를 기획, 출판합니다.
- 3개의 직영서점을 운영하고 있습니다.

요단출판사의 사역정신

그리스도인들의 올바른 신앙성장과 영성 개발에 필요한 신앙도서를 엄선하여 출판, 보급함으로써 이 땅에 하나님나라 확장을 위해 헌신하고 있습니다.

- **F**or God For Church
  하나님과 교회의 유익을 위하여 도서를 기획 출판합니다.
- **O**nly Prayer
  오직 기도뿐이라는 자세로 사역합니다.
- **W**ay To Church Growth & Blessings
  교회성장과 축복의 통로가 되기 위해 사명을 감당합니다.
- **G**ood Stewardship & Professionalism
  선한 청지기와 프로정신으로 사역합니다.
- **C**reating Christianity Culture & Developing Contents
  각종 문화 컨텐츠를 개발함으로 기독교 문화 창달에 기여합니다.

직영서점

요단기독교서적 교회용품센타 서울특별시 서초구 잠원동 69-14 반포쇼핑타운 6동 2층
TEL 02)593·8715~8 FAX 02)536·6266 / 537·8616(용품)
둔산침례회서관 대전광역시 서구 둔산동 1092번지 신둔산 빌딩 2층
TEL 042)472·1919~20 FAX 042)472·1921
대전침례회서관 대전광역시 동구 중동 21-27
TEL 042)255·5322, 256·2109 FAX 042)254·0356
요단인터넷서점 www.jordanbook.com

"그러므로 너희는 가서 모든 민족을 제자로 삼아 아버지와 아들과 성령의 이름으로 침(세)례를 베풀고 내가 너희에게 분부한 모든 것을 가르쳐 지키게 하라 볼지어다 내가 세상 끝날까지 너희와 항상 함께 있으리라 하시니라." _마 28:19~20